Joseph Kleiber

Amerika wie es ist

Joseph Kleiber

Amerika wie es ist

ISBN/EAN: 9783743406421

Hergestellt in Europa, USA, Kanada, Australien, Japan

Cover: Foto ©ninafisch / pixelio.de

Weitere Bücher finden Sie auf **www.hansebooks.com**

Amerika

wie es ist

als: Städte, Land, Verkehr, Eisenbahnen, Schifffahrt, Maschinerien, Handel, Erwerb
Verdienst, religiösen Zustände, Pfarreien, Klöster, Regierung, Rechtspflege, Politik
Sitten, Gebäude, alte und neue Länder, Vereine, Familienleben, Schulen, Bildungs-
anstalten, Einwohner, Militär, Kriegswesen, Macht, Reichthum, Einwanderung,
mexikanische Zustände etc.

Erlebnisse

von

R. P. Jos. Kleiber,
apostolischer Missionär.

München.
Jos. Ant. Finsterlin.
1877.

Druck von Hier. Mühlberger in Augsburg.

Vorrede.

Durch meine Erlebnisse „Zehn Jahre in Indien" bin ich nicht nur dem verehrten Publikum hinlänglich bekannt geworden, sondern es hat mich auch bis an die Gestade der Vereinigten Staaten von Nordamerika begleitet. Nach diesem Lande wandern nicht nur jährlich Tausende, sondern auch Tausende haben den Willen ihnen zu folgen. Ich brauche nicht zu sagen, jedermann weiß es, daß in unserm Vaterlande bereits kein Dorf mehr ist, aus welchem sich nicht Einzelne in diesem großen Reiche befinden. Doch was rede ich von Städten und Dörfern, hat ja bereits jede deutsche Familie seine Verwandten und Bekannten in diesem Lande und findet sich kaum jemand in Deutschland, für den nicht Amerika von einigem Interesse wäre.

So verschieden nun aber die Leute sind, die nach Amerika auswandern und von dort zurückkehren, so verschieden sind auch die Berichte von da und man steht bereits an, was man von diesem Lande denken oder glauben soll. Während der Eine nur von goldenen Bergen berichtet, weiß ein Anderer nur von Elend und Noth zu schreiben. Selbst von den Schriftstellern über dieses Land ist mir keiner bekannt, der das Land in seinem ganzen Umfange, wie es ist, beschrieben hätte. Gewöhnlich berichtet man nur die ersten Eindrücke, die das Land gemacht hat. Daß diese Eindrücke oft trügen, ist mir um so mehr bekannt, als ich mich noch recht wohl des mächtigen Eindruckes erinnere, welchen die neue Welt bei meiner ersten Landung auf mich machte.

Wie jeder gute Katholik bei seiner Landung der Kirche zueilet und Gott für die glücklich überstandene Seefahrt danket, so that auch ich. Da sich aber in der Nähe des Landungsplatzes keine katholische Kirche befand, hatte ich bereits durch die Hälfte der Stadt zu gehen, bis ich zu einer deutschen katholischen Kirche gelangte. Wie war ich erstaunt über die Stadt nnd wie über die Kirche! Ich erwartete weder eine solche Kirche noch eine solche Stadt in der neuen Welt. Da ich von Indien kam, stellte ich mir Amerika Indien ähnlich vor, wie diejenigen, welche aus Deutschland kommen, es sich Deutschland gleich vorstellen. Ich hatte vergessen, daß das, was Asien war, Europa geworden ist, und das, was Europa ist, Amerika werden wird. Die Vergangenheit gehörte nemlich Asien an, die Gegenwart gehört Europa und die Zukunft Amerika. Asien ist im Absterben, Europa in seiner Blüthe und Amerika in seinem Werden. Wird auch heute schon der amerikanische Einfluß in China und Japan wie in Europa und Afrika verspürt, so geht doch die amerikanische Macht selbst erst ihrer Entwicklung entgegen.

Noch vor 385 Jahren war dieses Land von den Ureinwohnern allein bewohnt, welche nichts von der übrigen Welt wußten wie die übrige Welt nichts von ihnen. Christoph Columbus, ein frommer Katholik aus Genua, entdeckte Amerika 1492 und pflanzte auf der St. Salvatorinsel, seiner ersten Entdeckung, das Kreuz auf, beschränkte jedoch alle seine Entdeckungen auf den Süden. Von den Vereinigten Staaten wurden Connecticut, Massachusets und New-Hamschire von englischen Pilgern angesiedelt, welche den religiösen Verfolgungen des Heimatlandes entflohen waren, Märyland von verfolgten Katholiken, welche dem Henkerbeil Heinrich VIII. entrannen, Newyork, Vermont und Deleware von den Holländern, Virginien von Abendtheurern und Schwindlern, welchen Europa zu klein geworden war, Nordkarolina und die übrigen Südstaaten von einzelnen reichen Herren. England maßte sich die Herrschaft über diese Völker an und behandelte sie wie die Völker ihrer übrigen Colonieen. Sie hatten jährlich 52½ Millionen Dollars Steuren zu bezahlen, mußten ihr Eisen, Blei, Kupfer, Silber und Gold ꝛc. von England beziehen und durften keine Fabrik, Eisenhammer oder Schmelzofen bauen. Sieben Jahre hatten sie an der Seite Englands in Canada gekämpft und als Canada 1763 beim Friedensvertrag von Paris an England abgetreten wurde, sollten sie erhöhte Steuren zahlen und neue Staatsschulden übernehmen. Ich kann nicht sagen, ob Frankreich nicht seinen Einfluß nach dem Verluste von Canada Amerika zuwendete, nur soviel kann ich sagen, daß die Amerikaner nichts mehr von England beziehen wollten, sich an den König wie an die Kammern von England wendeten, und als ihre Bitten nicht gehört wurden und 1773 eine neue Ladung Thee in Boston landete, eine Schaar frecher Burschen, als Indianer verkleidet, dieselbe in's Meer warf. Hatte bis jetzt England alle Hebel in Bewegung gesetzt, Uneinigkeiten unter den Amerikanern anzuschüren, und war dieses auch zum Theile gelungen, so schickte es jetzt Soldaten, der verzweifelte Kampf begann und wiederholter Malen wurde das Land verwüstet und verheert. Beim ersten Treffen hatte Washington, der Führer der amerikanischen Armee, mit 2000 Soldaten gegen 7000 englische zu kämpfen, welche gleich hierauf von 7000 auf 30,000 vermehrt wurden. Oft waren Washington ohne Geld, seine Soldaten ohne Munition und Kleidung und doch mußte er den Feind hinzuhalten bis zum 4. Juli 1776. Um diese Zeit hatte die Muthlosigkeit den höchsten Grad erreicht, Alles sehnte sich nach Frieden, Adams, Jefferson und Washington allein ausgenommen. Diese 3 Männer allein verloren nie den Muth, versammelten sich bald da bald dort, suchten die Sympathie des Auslandes zu wecken und sorgten möglichst für die Soldaten. Unter solchen Umständen erschien am 4. Juli 1776 die Unabhängigkeitserklärung der Vereinigten Staaten, welche den Muth des Volkes belebte und die Armee bis auf 7000 Mann verstärkte. Mit dieser Armee überfiel Washington einzelne Truppenabtheilungen des englischen Heeres am 25. Dezember 1776 mit Erfolg, 1777 gelang es ihm 11,000 Engländer gefangen zu nehmen, worauf Amerika bereits von allen europäischen Mächten als kriegsführende Macht anerkannt wurde. England rief die Indianer zu Hilfe, Amerika Frankreich. Wenn man hört, daß in Frankreich 1778 eine Revolution ausbrach und seine Truppen, welche sich an der Seite der Amerikaner mit den Engländern schlugen, aus Amerika zurückziehen mußte, so möchte man bereits glauben, die Revolution in Frankreich sei von England ausgegangen. Amerika war sich nun wieder selbst überlassen und Washington mußte wieder den Feind mit einem Heere voll Mißmuth, ohne Munition, Lebensmittel, Kleidung und Sold hinhalten, bis die französische Revolution unterdrückt war und die Franzosen 1780 mit 6000 Soldaten, Geld und Munitionen abermals landeten. Den vereinten Kräften gelang es am 19. Oktober 1781 den englischen Ge=

neral, Lord Cornwallis, so einzuschließen, daß er die Waffen strecken mußte, worauf England Friedens=
unterhandlungen anknüpfte, beim Friedensschlusse 1783 aber nicht die Unabhängigkeit der Vereinigten Staaten sondern eines jeden einzelnen Staates an=
erkannte. Es wird dieses wohl kaum in einer andern Absicht geschehen sein, als die einzelnen Staaten selbst gegen einander zu hetzen, gegenseitig aufzureiben und die Unabhängigkeit von Amerika zu verhindern. Sechs Jahre konnte so England die Erwählung eines Präsidenten verhindern und als im Jahre 1789 Washington erwählt wurde, standen die eng=
lisch und amerikanisch gesinnten Parteien einander schroff entgegen und England hatte seine Hoffnung noch nicht aufgegeben, die Vereinigten Staaten wieder zu erobern. „Bald," sagen die Amerikaner, „gelang es dem klugen Washington alle Parteien zu befriedigen, und als England einsah, daß Amerika für England auf Immer verloren sei, schürte es in Frankreich Revolution an, brachte König Ludwig XVI. und seine fromme Gemahlin auf's Schaffot, was leider Washington nicht verhindern konnte, da er im eigenen Lande mehr als genug zu thun hatte." Diese Behauptung muß ich dahingestellt sein lassen und sage nur, daß damals die Union kaum 2 Millionen Einwohner zählte. Es sind jetzt seit der Unabhängigkeitserklärung der Vereinigten Staaten gerade 100 Jahre verflossen und es wird dem Leser angenehm sein zu hören, wie dieselben jetzt aussehen, was er in diesen Erlebnissen finden wird.

Ich habe hier nur noch meinen lieben Herren Abonnenten zu danken, für ihr freundliches Entgegen=
kommen und Sie zu versichern, daß ich Ihre Güte nur in Anspruch nahm, weil ich kein Parteibuch schreiben wollte und so keinen genehmen Verleger fin=

ben konnte. In unsern Tagen sehen die Buchhandlungen gewöhnlich nur den Verleger an und lassen nicht selten ein Buch liegen, wenn ihnen die Verlagsbuchhandlung nicht genehm ist. Auch bedaure ich die Mißstände auf dem religiösen Gebiete berühren zu müssen und würde mich freuen, wenn sie nicht bestehen würden; erkläre mich jedoch hiemit bereit, zu widerrufen, wenn ich mich etwa geirrt haben sollte.

Gott segne meine Arbeit und der geneigte Leser gedenke im Gebete des

Verfassers.

Inhalt.

	Seite.
Newyork	1
Landreise	34
Weiterreise	76
Urwälder	102
Amerikanische Zustände	119
Neues Land	142
Religiöse Zustände	183
Regierung	209
Familienleben	240
Die Revolution und das amerikanische Kriegswesen	252
Wasserreise auf dem Mississippi	273
Mexiko	313
Reise durch Frankreich über Rom nach Hause	325
Einwanderung	350
Einwohner	365
Reichthum und Macht	381

Newyork.

Wie bereits alle Ankömmlinge in der neuen Welt, von woher sie auch kommen mögen, in Newyork landen, so auch ich. Es gehen nemlich von diesem Seehafen die Schiffe in alle Welt und landen allda von aller Welt. Newyork ist heute schon nach London die größte Handelsstadt der Welt, und wird, wenn nicht alle Anzeichen trügen, selbst London in Bälde überflügeln.

Will Jemand sehen, was die Civilisation zu leisten im Stande ist und welches Glück sie den Völkern bringt, so bietet sich ihm in Newyork die schönste Gelegenheit dar. Noch im Jahre 1626 war die Insel und Umgebung, wo jetzt die Hauptstadt der neuen Welt steht, von etlichen Indianern bewohnt, und heute schon leben gegen 2 Millionen Menschen auf eben diesem Platze. Wohnten diese armen Indianer in armen Hütten und ernährten sie sich von Fischfang und Jagd, so wohnen die gegenwärtigen Bewohner in schönen Häusern und guten Wohnungen und keiner leidet Noth, viele schwelgen in Ueberfluß.

Gegen Ende des sechzehnten und Anfang des siebenzehnten Jahrhunderts war man in Europa bemüht, einen nähern Seeweg nach Ostindien auszufinden. Auch die holländisch-ostindische Compagnie rüstete zu diesem Zwecke ein Schiff, Halbmond genannt, aus, und vertraute es dem Schiffskapitän Hudson an. Nach einer langen erfolglosen Fahrt landete Hudson auf seiner Rückkehr 1609 in der Bay der Manchatteninsel, dem Platze des heutigen Newyork. Im Jahre 1626 kaufte die holländisch-ostindische Compagnie den Indianern die Insel für 60 fl. ab, zahlte mit Waare und legte die Stadt an, welche sie Neuamsterdam nannte. Die ersten Ansiedler der Stadt waren Holländer, welche in der englischen Sprache „Dötschmen" heißen, und heute werden daher in Amerika alle Deutschen „Dötschmen" genannt, ein Name, der gerade von keiner besondern Achtung für die Deutschen zeigt. Im Jahre 1664 erschien ein englisches Geschwader vor Neuamsterdam und nahm gewaltsam Besitz von der Stadt. Von nun an wurde die Stadt Newyork genannt, zum Unterschied von York in Großbritanien. Um diese Zeit zählte Newyork kaum 200 holländische Hütten mit etwa 1500 Einwohnern. Nicht die Schätze und Reichthümer der Stadt konnten daher die Engländer herbeigelockt haben, wohl aber die Zukunft derselben. Eine Seemacht wie England, konnte die günstige Lage der Stadt würdigen und ihre Zukunft vorhersehen. Es setzt nemlich ein mehrere Stunden langer Bay die Stadt mit dem Meere in Verbindung, der Hudsonfluß umfließet die 3 deutsche Meilen lange und eine halbe deutsche Meile breite Insel, und das Wasser in diesem Flusse ist überall so tief, daß rings um die Insel die Schiffe landen können. Es ist der Seehafen von Newyork unstreitig einer der besten, geräumigsten und sichersten der Welt. Einem Schiffe in diesem Hafen wird kein Sturm schaden, noch wird es eine Macht der Elemente vernichten. Es ist aber auch kaum ein Seehafen in der Welt so belebt wie dieser. Hunderte von Schiffen harren beständig der Ladung, während andere ankommen und abgehen. In welcher Stunde des Tages man sich an diesem Seehafen einfinden mag, soweit das Auge reicht, überall dasselbe bewegte Leben, die einen Passagiere steigen ein die andern aus, das eine Schiff wird ein= das andere ausgeladen, das eine Schiff wirft Anker, das andere lüftet ihn, das eine Schiff kommt an, das andere geht ab. Ist nun gar ein schöner Sommertag, so scheint man sich nicht mehr in einem Seehafen, sondern in einer fröhlichen Gesellschaft zu befinden. An solchen Tagen machen die Newyorker gerne Ausflüge zu Wasser, verbinden zwei Schiffe mit einander, wovon das eine als Tanz= das andere als Speisesaal dienet. Begegnet ein solches Schiff neuen Ankömmlingen, so erscheint die ganze Gesellschaft auf dem Verdecke und das Schwingen der weißen Sacktücher und Willkommenrufen will kein Ende nehmen.

Doch warum so lange am Seehafen verweilen? Wenden wir uns lieber der Stadt zu. Der große Umfang derselben, die vielen Häuser, die schönen Thürme haben längst unsere Aufmerksamkeit auf sich gelenkt und uns überzeugt, daß sie keiner europäischen

Stadt viel nachstehen kann. Offen liegt sie da, kein Stadtgraben, keine Ringmauer umgibt sie, kein Thor führt zu ihr. Vermisset man auch die Spaziergänge und Anlagen um die Stadt, sind die Unterhaltungsplätze außerhalb derselben nur wenige und auch diese nur von Bäumen der wilden Natur beschattet, findet man noch öde und unkultivirte Strecken, arme Hütten und zerstreute Wohnungen, so sind doch die Felsenhügel allenthalben mit vielen Kosten abgetragen und die Sümpfe aufgefüllt. Da wir aber gerade vom Meere kommen und daher die Altstadt passiren müssen, um in die Neustadt zu gelangen, so wollen wir zuerst die Altstadt ansehen.

Altstadt wird jener Stadttheil genannt, welcher schon in den Zeiten der Engländer angelegt wurde. Er ist nicht recht groß, zieht sich am Seehafen dahin, erhebt sich allmählig gegen die Neustadt und wo die Lage der Stadt ihren höchsten Höhepunkt erreicht hat, beginnt die Neustadt. Die Straßen dieses Stadttheiles sind zwar mit einem guten Pflaster versehen und werden bei Nacht mit Gasflammen beleuchtet, sind aber größtentheils enge und unregelmäßig und haben nur schmale Trottoirs. Die Häuser sind in der Regel groß, aber alt und vernachläßigt. Bei Tag wimmelt es auf diesen Strassen von Menschen und Fuhrwerken so, daß man kaum genug ausweichen kann, und bei der Nacht sind sie so öde und verlassen, daß man sich oft unheimlich fühlet, wenn man durch sie wandeln muß. Es befinden sich nemlich an diesen Hauptstrassen Geschäftslokale und Waarenlager der großen Handelshäuser, deren Eigenthümer in einem andern Stadttheile wohnen. Diese Waarenhäuser sind in der Regel 4 und auch 5 Stock hoch und vom Keller bis unters Obdach mit Waaren gefüllt. Die abgelegenen Strassen dieses Stadttheiles sind von Diebsbanden und Leuten bewohnt, welche vom Meere leben. Im Allgemeinen gesprochen, macht dieser Stadttheil nicht immer den besten Eindruck auf den Fremden und er verläßt ihn sobald als möglich.

Treten wir nun in ein solches Großhandelshaus selbst ein und sehen wir es von Innen an. Das erste, welches ich sah, gehörte einem gewissen Stuart, einem Irländer, welcher arm nach Amerika kam und bei seinem Tode 1876 eine Wittwe mit einem Vermögen von 83 Millionem Dollars hinterließ. Von ihm sagte man, daß er in seinen letzten Jahren jährlich 8 Millionen Dollars im Handel umsetzte. Dieses (er hatte mehrere) Haus umfaßt ein ganzes Quatrat und ist 4 Stockwerke hoch. In dem Keller befinden sich die Packer, deren Zahl ich nicht angeben kann, zu ebener Erde die Seidenstoffe, nach Farbe und Qualität geordnet, im ersten und zweiten Stockwerke die wollenen= und dritten und vierten die baumwollenen Stoffe. Jedes Stockwerk ist in große Säle abgetheilt und jeder Saal enthält bestimmte Stoffsorten. Hatte man nun das ganze Haus durchwandelt und in jedem Saale seine passende Waare ausgesucht, so fand man im Bureau seine Rechnung bereit und zu Hause seine Waare, und es fallirte weder Rechnung um einen Pfenning, noch mangelte an der

Waare ein Stück. Es befanden sich im Bureau 40 Schreiber und die Zahl der Commis anzugeben, wird wohl schwer sein. Diese Großhandlung wird für die größte in der Welt gehalten, wenn auch hundert andere in Newyork ihr kaum viel nachstehen. Es gibt unzählige Großhandlungen in der Stadt, von welchen die einen alle möglichen Gattungen von Schnitt- oder Spezereiwaaren führen, während andere nur Schirting, nur Perse, nur Tuch, nur Seidenstoffe, nur Schuhe, nur Uhren, nur Eisenwaaren, nur Schmucksachen, nur Modewaaren, nur Kleider, nur Thee, nur Kaffee 2c. halten. So viele aber auch dieser Großhandlungen sein mögen, so sind sie hierin alle einig, daß sie nicht auf Credit verkaufen oder länger als 3 Monate borgen.

An die Großhandlungen schließen sich die Lagerhäuser an. Um von diesen auch nur einigen Begriff zu bekommen, muß man wissen, daß in den Vereinigten Staaten mehr wächst, als verzehrt wird und der Ueberfluß der Produkte des halben Reiches von Newyork in's Ausland verschickt wird. Vom Auslande werden wieder viele Artikel bezogen, welche größtentheils wieder in Newyork gelandet und von da im großen Reiche verschickt werden. Es werden hier jährlich gegen 4000 Millionen Dollars im Handel umgesetzt.

Noch vor etlichen Jahren trieben die Gassenbuben, ob zufällig oder nicht, kann ich nicht sagen, in der Mitte der Stadt ein Paar aus ihrer Mitte in ein Schlachthaus, banden sie unter Weinen, Heulen und Schreien, schlugen sie mit dem Schlagbeile todt, zogen sie auf und nahmen ihnen die Eingeweide aus.

Um dergleichen Unfug für alle Zukunft zu steuern, sah sich die Stadt genöthigt, ein allgemeines Schlachthaus zu bauen. Zu diesem Zwecke wurde ein Platz in der Altstadt unweit des Seehafens ausersehen. Seit ein paar Jahren ist dieses Gebäude ausgebaut und alles Schlachtvieh der Stadt muß in selbem geschlachtet werden. Das Fleisch wird hier nur in größern Quantitäten (Viertel) verkauft und Wirthe und Metzger finden es zu ihrem Vortheile, hier ihr Fleisch zu kaufen und in ihren Fleischläden in der Stadt im Kleinen auszuhacken oder in ihrem Hause selbst zu verbrauchen. Es werden in diesem Schlachthause jährlich gegen 3 Millionen Stück Schlachtvieh getödtet. Das Schlachthaus ist wohl das größte der Welt.

Ist auch Newyork mehr Handels- als Fabrikstadt, so ist doch auch dieser Erwerbszweig ziemlich gut vertreten. Die hauptsächlichsten Fabriken befinden sich in der Altstadt. Habe ich auch keine Spinn- und Webefabriken gesehen, so fehlen doch Zucker-, Eisen-, Meubel-, Näh-, Wasch-, Clavier- und Handwerkszeugfabriken nicht. Kommen auch die Fabrikgebäude den europäischen an Größe und Schönheit nicht gleich, so gehen aus ihnen doch Arbeiten hervor, welche auch den europäischen Fabriken Ehre machen würden. Beschäftigt eine solche Fabrik auch nicht die Anzahl von Arbeitern, welche oft in europäischen Fabriken beschäftiget werden, so sind die Arbeiter doch besser bezahlt und werden nie zu mehr als 10 Stunden Arbeit des Tages angehalten.

Gerade hatte ich eine Fabrik verlassen, als ich

eine Lokomotiv pfeifen hörte. Ich sah in den Strassen umher, konnte aber keine Eisenbahn sehen. Der Lärm kam immer näher, ich blickte in die Höhe und über meinem Kopfe dahin rollten die Eisenbahnwägen, gezogen von einer gewöhnlichen Locomotive. Die starken Gaspfeiler waren mit zwei starken Armen versehen, mit Eisenbahnschienen belegt und ohne das Volk auf der Strasse zu hindern, rollten die Waggons langsam dahin.

„Welch' schöne Thürme" riefen die aus Mexiko zurückkehrenden französischen Truppen, als ihnen 1865 Newyork zu Gesicht kam. In der That muß man die Schönheit dieser Kirchenthürme bewundern und kaum ist in der Welt eine andere Stadt, welche so viele und so schöne Kirchenthürme hat. Einer der schönsten und höchsten dieser Thürme, welcher dem Ankömmlinge auf dem Meere auch zuerst zu Gesicht kommt, ist der Thurm der Dreifaltigkeitskirche. Diese Kirche stammt noch aus den Zeiten der englischen Regierung, wurde aber seitdem abgetragen und wieder erbaut. Diese Kirche ist im gothischen Style gebaut, groß und schön, der Thurm ist 300 Fuß hoch. Wie die Engländer für alle ihre Kirchen sorgen, so haben sie auch für diese Kirche gesorgt und heute noch ist sie die reichste in ganz Amerika. Es ist eine Episcopälienkirche (englische Hofkirche) am schönsten Platze an der Hauptstrasse der Altstadt gelegen, wo die Stadt ihren Höhepunkt bereits erreicht hat und der Verkehr am lebendigsten zu werden anfängt. Unweit dieser Kirche ist die in der ganzen Welt bekannte Mauerstrasse

(Wallstreet), auch Bankstrasse genannt, die Börse und das Zollhaus. Die Börse ist ein riesenhaftes, tempelartiges Gebäude aus Granit, das Zollhaus nach dem Muster des Panthenon in Athen erbaut und Wallstreet die Heimath der Banquieur. In dieser Nähe steht auch Barnums, des kühnsten und glücklichsten Schwindlers der Welt, Museum, die weißmarmorne Citihall, das prächtige Rathhaus, umgeben von einem schönen Park, das majestätische Postgebäude, das Asterhaus und verschiedene andere Prachtgebäude, wie sie nicht jede andere Stadt aufzuweisen hat. Hier ist der Platz, wo man für einen Laden jährlich 100 000 Gulden Miethzins bezahlt, hier ist aber auch der Ort, wo die Kirche am wenigsten besucht wird, obgleich sie die einzige in der ganzen Altstadt ist.

Die Stadt ist von nun an ganz eben, hat kein Hügelchen und Bergchen mehr, die Sümpfe sind längst aufgefüllt, die Hügel und Berge abgetragen und die Strassen regelmäßig im Quadrat ausgelegt. Jene Strassen, welche von Süden nach Norden gehen, werden jetzt Aevenus genannt und jene von Osten nach Westen Strassen.

Die Aevenus werden mit Buchstaben von einander unterschieden und also Aevenus A, B, C. rc. genannt; die Strassen mit Zahlen und heißen erste= zweite rc. Strasse. Eine Ausnahme hievon machte nur Broadway (sprich Brodwe), die Hauptstrasse von Newyork, und Baueri, die Nachbarin von Brodwe. Diese beiden Strassen ziehen sich in der Mitte der Stadt von Süden nach Norden und je nachdem die übrigen Straßen Brodwe westlich oder östlich liegen, werden sie West- oder Oststraßen genannt. Dieses Brodwe ist so berühmt im Lande, daß jede andere größere Stadt seinen Brodwe hat.

Der berühmte Broadway von Newyork ist 80 Fuß breit, fast eine deutsche Meile lang und wird die Lebensader von Newyork genannt. Nicht nur während des Tages, sondern bis Mitternacht ist diese Straße überfüllt von Fußgängern, Chaisen, Wägen und Omnibussen. Die Fußgänger können oft eine ander kaum ausweichen, bei den Wägen tritt oft eine völlige Stockung ein und lebensgefährlich wird es, wenn man über die Straße zu gehen hat. In diesem letztern Falle bedienen sich die Damen gewöhnlich eines Polizeidieners zu ihrer Sicherheit. Es herrscht hier ein so bewegtes Leben, wie kaum in einer andern Stadt der Welt. Selbst die Hauptstraßen von Paris schienen mir todt zu sein im Vergleich zum bewegten Leben des Broadways von Newyork. In dieser Straße sind aber auch die Kunstschätze der Welt aufgehäuft, die kostbaren Erfindungen der Neuzeit zu sehen, die Erzeugnisse der Natur der weiten Welt zu haben und was kostbar und theuer genannt werden kann, zu bekommen. Eine Ladeneinrichtung überbietet die andere, und wenn man alle gesehen hat, ist es schwer zu bestimmen, welcher man den Vorzug vor der andern einräumen soll. Der Name Broadway hat einen solchen Ruf, daß selbst der Schwindler sich in dieser Straße sein Bureau — wenn auch unter dem Dache oder in einem Keller — miethet, um

seinen Schwindel im Großen betreiben zu können.
Die Häuser sind mit geringer Ausnahme aus Ziegel=
steinen gebaut und 3 bis 4 Stock hoch, aber sehr
häufig ohne besondere Zierde, Umfang, Größe und
Schönheit. Noch denkt man kaum daran, so hat
man schon eine Stunde und mehr auf dem Broadway
zugebracht, der Reichthum und die Kostbarkeiten haben
sich immer mehr verloren und man langet am After=
platze an.

Dieser Platz hat seinen Namen von einem Deut=
schen, welcher sich After schrieb und im Jahre 1814
in Newyork gelandet haben soll. Wie die meisten
Deutschen brachte auch er nicht viel mehr als seine
Kleider in die neue Welt, wurde jedoch bei seinem Tode
1848 für den reichsten Mann in den Vereinigten
Staaten gehalten. Von ihm erzählt man, daß er
bei seiner Ankunft von der Stadt als Strassenkehrer
angestellt war und gegen das Ende seines Lebens
nur mehr Geld zählte. Einige wollen wissen, daß
er sich sein Vermögen im Pelzhandel mit den In=
dianern erworben habe, andere geben seine glück=
lichen Spekulationen als die Ursache seines Reich=
thumes an. Soviel ist gewiß, daß ihm die Häuser
ganzer Stadttheile von Newyork gehörten und ein
großer Theil von Grainbay und andern Städten.
Er scheint es verstanden zu haben, zu rechter Zeit
Bauplätze anzukaufen und auf selbe Häuser zu bauen.
Wenn er auf sein Eigenthum nicht selbst baute, schloß
er mit Baulustigen einen Vertrag auf 10 Jahre und
behielt sich das Recht vor nach dieser Zeit den Bau

abzulösen, wenn es der Bauunternehmer nicht vorzog, den Platz auf 10 weitere Jahre zu miethen. Da er ein anspruchsloser sparsamer Mann war, hatte er bald die Mittel, seine Spekulationen weiter auszudehnen und auch in andern Städten bedeutendes Eigenthum anzukaufen. Newyork nahm von Jahr zu Jahr an Bevölkerung zu, die Sümpfe und Moräste wurden ausgefüllt und viele der Bauplätze Asters kamen in die Mitte der Stadt zu liegen, wo sie einen bedeutenden Werth erhielten. Aehnlich ging es in andern Städten und Aster wurde der reichste Mann in den Vereinigten Staaten. Bei seinem Tode hinterließ er einen Sohn und eine Tochter, von welchen der erstere kein anderes Vergnügen kannte, als Geld zählen, die letztere aber, was im Lande der Gleichheit nicht selten geschieht, ihren eigenen Kutscher heirathete und mit ihm ihren elterlichen Antheil verzehrte.

Mit dem Asterplatze ist Broadway zu Ende, die Strasse theilt sich und wird von nun an fünftes und sechstes Avenue genannt. Am Eingange dieser beiden Strassen steht, wenn auch nicht die größte, doch eine der schönsten Kirchen von Amerika. Sie ist ganz aus italienischem Marmor im gothischen Style erbaut, hat zwei schöne Thürme, deren äußerste Spitze ein gothisches Kreuz zieret. Es haben nämlich die katholischen und episkopal Kirchen ein Kreuz auf dem Thurme und alle übrigen begnügen sich mit einer Windfahne. Diese Kirche ist die Schwesterkirche ebenerwähnter Dreifaltigkeitskirche und von den Ueberschüssen derselben erbaut und fundirt. Sind auch mehrere der Episkopalkirchen im Lande sehr reich, ihre Prediger sehr gut bezahlt, so ist es doch noch Niemand im Lande eingefallen, diese Kirchen zu plündern oder ihres Vermögens zu berauben.

In der Gegend dieser Kirche bemerkte ich eine bequeme Eingangsstation mit einem hübsch ausgestatteten Wartsalone zu einer 24 Fuß unter Broadway befindenden Eisenbahnstation. Ich erkundigte mich näher und erfuhr, daß zwei Gesellschaften die Erlaubniß erhalten hatten, und zwar die eine vom Staate, die andere von der Stadt, eine Pferdeeisenbahn auf dem Broadway zu errichten. Da die eine der beiden Gesellschaften anfing die Schienen zu legen, hatte die andere auch schon einen Haufen Arbeiter in Bereitschaft, dieses zu verhindern und zugleich mit der erstern Besitz von der Stadteisenbahn zu ergreifen. Während so sich die Arbeiter gegenseitig den Besitz streitig machten, legten beide Parteien einige Schienen und der Streit wurde bei Gericht anhängig gemacht. Noch hatte das Gericht kein Urtheil abgegeben, so hatte sich schon eine dritte Gesellschaft gebildet, welche einsah, daß bei dem großen Verkehr auf dem Broadway eine Pferdeeisenbahn unmöglich bestehen könne und sich entschloß, eine solche unter dem Broadway zu bauen. Mit einer neuerfundenen Maschine wurde nun $21^{1}/_{3}$ Fuß unter dem Broadway ein Tunell von 9 Fuß im Durchmesser gegraben und mit Ziegel und Cement ausgemauert. Das Tunell ist nun mit Eisenbahnschinen belegt, statt des Locomotivs treibt ein starker Luftsturm den Wagen, in welchem die

Leute sitzen, in unerhörter Geschwindigkeit — 60 bis 120 englische Meilen in der Stunde — fort. Eine riesige Blasmaschine bringt den Wind hervor, die von einer Dampfmaschine von 100 Pferdekraft in Thätigkeit versetzt wird. Am Ende ist die Bahn breit ausgehend, der Wind verliert sich, die Waggons stehen stille und die Eisenbahnfahrer eilen der obern Stadt zu.

In dieser Umgebung wohnt die vornehme Welt der Stadt. Die Strassen dieses Stadttheiles unterscheiden sich nicht von den übrigen der Neustadt, die Häuser sind in der Regel einfach und schön, haben selten mehr als 2 oder 3 Stockwerke und sind selten breiter als 25 Fuß und tiefer als 50 Fuß. Begegnet man hie und da einem Främhause, so ist doch die bedeutende Mehrzahl aus Ziegelsteinen gebaut. Die Mauern der Häuser sind im Lande gewöhnlich einen Ziegelstein stark und so mit Eisen zusammengehängt, daß den Bewohnern keine Gefahr droht. Der Dachstuhl ist möglichst einfach und gewöhnlich mit Eisenblech gedeckt. Die Außenseite wird nie gepflästert, sondern nur mit rother Oelfarbe angestrichen und mit weißer so abgerumpft, daß man jeden Ziegelstein am Hause erkennen kann. Im Innern hat im Lande kein Haus eine Mauer, sondern die Zimmerabtheilungen bilden Lattenverschläge, welche auf beiden Seiten gepflästert werden. Diese Bauart ist im ganzen Reiche gebräuchlich und die Häuser der Reichen muß man von denen der Armen nur an der Lage erkennen. Bewohnt die noble Welt in jeder größern Stadt ihren eigenen Stadttheil, so ist es in Newyork der nordwestliche Theil, der mit dem fünften und sechsten Aevenu beginnt und in der Nähe des Centralparkes endet.

Newyork hat in der Stadt mehrere Parks, in welchen es besonders in den Sommertagen Abends sehr lebendig zugeht, aber der größte und schönste ist der Centralpark. Dieser Park liegt zwar bis jetzt so ziemlich am Ende der Stadt, wird aber Centralpark genannt, weil er zu seiner Zeit den Mittelpunkt der Stadt bilden soll. Sollte dieses je geschehen, woran kaum Jemand zweifeln wird, so muß Newyork 4 Millionen Einwohner zählen. Bis jetzt folgen dem Centralpark, welcher sehr schöne Anlagen hat, größtentheils unansehnliche Bretterhäuser und öde Grasflächen, auf welchen letztern auch bis jetzt nicht einmal die Strassen ausgelegt sind, bis man endlich an das Ende der Manhatteninsel gelangt, wo man wieder Kirchen, Klöster und schöne Häuser trifft. Auf der Ostseite des Centralparks begegnet man einem Gebäude, welches die Aufmerksamkeit in der Neuzeit auf sich lenket; es ist dieses die neue katholische Cathedrale.

Am 15. August 1858 legte der Erzbischof Huges (Hius) von Newyork den Grundstein zu diesem Gebäude. Die Grundmauern sind aus Granit, das Gebäude selbst aus weißem Marmor, der Flächenraum nimmt 46,500 ☐ Fuß ein, die Länge 332 ☐ Fuß, die Breite 132' und an den Trausepten 174'. Die Höhe vom Fußboden bis zur Gewölbekrone ist 110

Fuß und die der beiden Thürme 320 Fuß. Im Innern hat die Kirche längs der Seitenschiffe 14 Kapellen mit Altären, von denen jede 70 Fuß hoch ist. Es ist dieses die schönste Kirche in den Vereinigten Staaten, soll an 20 bis 25,000 Menschen fassen und übertrifft an Pracht und Eleganz jede Erwartung. Sie kostete über 2 Millionen Dollars ohne den Grund, welcher von der Stadt zu diesem Zwecke geschenkt wurde. Sie wurde nur mit freiwilligen Beiträgen erbaut. Am Tage der Grundsteinlegung sollen 10 Bürger der Stadt je 10,000 Dollars auf den Grundstein gelegt und sich verpflichtet haben, für 10 weitere Jahre jährlich denselben Betrag zum Baue beizutragen. Man sieht aus dem, daß es auch in der neuen Welt reiche Katholiken gibt, die große Opfer zum Besten ihrer Religion zu bringen bereit sind. Wo das Volk sich selbst regiert, wird es dem Herrn Altäre bauen, Himmel und Erde werden vergehen, aber nicht die Worte des Herrn.

Was die übrigen Theile der Stadt betrifft, so unterscheiden sie sich von den angeführten nur in so weit, als diese die Hauptgeschäftsplätze und Wohnungen der Vornehmen sind, jene aber die Wohnungen des Volkes. Uebrigens sind die Straßen in der ganzen Neustadt gleich breit und regelmäßig, die Trottoirs größtentheils mit Bäumen geziert, die Häuser von gleicher Bauart und Größe. Kommt auch keiner der übrigen Parks in der Stadt dem Centralpark an Schönheit und Größe gleich, so sind doch alle mit Bäumen bepflanzt und geräumig genug, frische Luft zu schöpfen und an den Abenden spazieren zu gehen. Omnibusse befahren bereits jede Strasse, welche keine Pferdeeisenbahn hat, und Kaufläden, Wirthshäuser, Kirchen, Schulen, Theater und Wohnhäuser, — alles neu — wechseln stets unter einander und unterscheiden sich wenig von den Häusern in den Hauptstrassen. Turnhallen gibt es nicht und die Theater sind von den übrigen Häusern wenig verschieden, da der Amerikaner an solchen Unterhaltungen wenig Vergnügen findet und solche Häuser auf Staats= oder Stadtkosten nicht baut und unterhält. Merkwürdig ist die Brücke, welche über den Hudsonfluß führet und noch merkwürdiger die Wasserleitung der Stadt.

Bis auf etliche Jahre führte keine Brücke über den Hudsonfluß und die Städte jenseits des Flusses standen mit der Hauptstadt nur mittelst der Dampfschiffe in Verbindung. Vor etlichen Jahren wurde der Beschluß gefaßt, eine Brücke über genannten Fluß zu bauen und bald hierauf mit dem Baue begonnen. Es ist dieses eine Riesendrahtbrücke von 5000 Fuß in der Länge, wohl die größte Brücke dieser Art in der bekannten Welt. Der Baumeister, welcher beim Baue sein Leben verlor, war ein Deutscher, und sein Sohn vollendete den Bau.

Hatte die Stadt auch an Wasser keinen Mangel, so wurde doch ein Bedürfniß nach besserm Wasser gefühlt. Die gegenwärtige Wasserleitung beträgt 10 englische Meilen bis zum Mittelpunkt der Stadt. Der steinerne Damm, welcher den Crotofluß faßt, ist 250 Fuß lang und 70 Fuß am Boden oben jedoch nur 7 Fuß breit und 40 Fuß hoch. Aus dieser 1800 Liter haltenden Abstauung fließt der für die Bedürfnisse der Stadt bestimmte Strom in einem unterirdischen Canal 8 Meilen, bis er auf einer 1420 Fuß langen und 114 Fuß hohen Brücke den Harlemfluß überschreitet und dann über Berg und Thal zu dem in Yorkhill in der 86. Strasse angebrachten Aufnahmsbehälter läuft, welcher 1826 Fuß lang und 836 Fuß breit ist, 6 Millionen Liter Wasser faßt und die Stadt auf 14 Tagen mit Wasser versieht. Von hier aus wird der in der 34. Strasse gelegene Vertheilungsbehälter gespeißt, eiserne Röhren verbreiten sich jetzt über das ganze Stadtgebiet, welche das Wasser bis in die obersten Stockwerke der Häuser leiten. Dieses gewaltige Werk wurde von 1835 bis 1842 erbaut und kostete 13 Millionen Dollars.

Newyork wird die Stadt der Kirchen genannt und verdient diesen Namen mehr als irgend eine andere Stadt in der Welt. Heute schon zählt man in dieser Stadt 4 bis 500 Kirchen und jährlich werden selbe vermehrt. Gewöhnlich sind diese Kirchen nur einfache Bethallen mit Kanzel und Stühlen versehen. Diese vielen Kirchen haben ihre Ursache in den verschiedenen Glaubensbekenntnissen, aber auch in den Spekulationen, welche damit getrieben werden. Mehrere dieser Kirchen sind auch, längst wieder zu anderen Zwecken verwendet, wie das alte Postgebäude, etliche Bankhäuser und mehrere Privatgebäude. Diese Kirchen gehörten verschiedenen Glaubensgesellschaften, keine aber den Katholiken. Die katholischen Kirchen belaufen sich gegenwärtig auf 75 und werden in Pfarr- und Klosterkirchen abgetheilt. Die Klosterkirchen gehören folgenden Orden an, als: Jesuiten, Redemptoristen, Dominikaner, Franziskaner, Kapuziner, Ursulinerinnen, Dominikanerinnen, Franziskanerinnen, Frauen vom guten Hirten, Schulschwestern und barmherzige Schwestern. Nicht selten hat ein Orden mehrere Niederlassungen in der Stadt. Einige dieser Klöster sind so großartig erbaut, wie sie ehedem in der alten Welt waren, andere nicht, alle aber sind sehr besucht und überall wird die Ordensregel strenge beobachtet. Haben auch etliche dieser Klöster liegende Güter, so verdienen sich doch gewöhnlich die Ordensleute ihren Unterhalt in der Seelsorge, in der Erziehung der Jugend und in der Krankenpflege. Die Stadt wie der Staat ignorirt die Klöster, jedoch stehen sie beim Volke in großem Ansehen und selbst Amerikaner vertrauen ihnen gerne ihre Kinder zur Erziehung an.

Der Augapfel der Eltern ist das Kind und aus Liebe zu ihm bringen die Eltern gerne jedes Opfer. In Amerika insbesondere glaubt jeder Vater an seinem Sohne einen Präsidenten und jede Mutter an ihrer Tochter eine Präsidentin zu erziehen. Diese Sorgfalt der Eltern auszunützen, versteht die moderne Welt in unsern Tagen. Newyork hat nicht weniger als 300 Stadtschulen und bereits eben so viele Privatschulen und die Schulhäuser zählt man mit Recht zu den schönsten Gebäuden der Stadt.

Aber auch der Hilfsbedürftigen vergißt der Newyorker nicht und weise Vorsorge ist getroffen für Waisen-, Kranken- und Armenhäuser. Mit Waisenhäusern ist die Stadt so gut versehen, daß selbst einige Kirchen ihre eigenen Waisenhäuser haben. Die Krankenhäuser befinden sich größtentheils außerhalb der Stadt, sind groß und schön und selten überfüllt, da der Amerikaner dem Grundsatze huldigt, welcher also lautet: „Wer mein Brod in gesunden Tagen gegessen, soll meine Sorgfalt in der Krankheit nicht entbehren." Für die Armen bestehen zwar noch keine Spitäler, wohl aber Armenhäuser, wo die Armen ihre ganze Verpflegung erhalten können, wenn sie nicht eine kleine Unterstützung an Geld dem Armenhause vorziehen. Bekannt sind die Zuchthäuser von Newyork und noch nie habe ich gehört, daß ein Züchtling, der einmal eine Strafe abzubüßen hatte, sich wieder nach selbem sehnte. Selbst die Todesstrafe kommt zu rechter Zeit in Anwendung.

Das erste Geschäft des Amerikaners am Morgen ist, seine Zeitung zu lesen. Es liegt daher jeden Morgen auf jeder Thürschwelle die Zeitung, um sie gleich beim Aufstehen zur Hand zu haben. So undankbar dieses Geschäft auch sein mag, so ist es doch bei einer Volksregierung bereits nothwendig. Dieses mag auch die Ursache sein, daß in Newyork 300 Zeitungen und Zeitschriften in 3 Millionen Exemplaren verbreitet sind. Das Zeitungsformat ist sehr groß und eine Zeitung enthält gewöhnlich mehrere Bogen. Der Preis einer täglichen Zeitung (Sonntags ausgenommen) ist jährlich 6 und einer wöchentlichen 2 Dollars. Neben den Zeitungen circuliren auf jedes Neujahr eine Masse Kalender, welche auf Kosten des Herausgebers verbreitet werden. Es geschieht dieses der Annoncen wegen, welche so die weiteste Verbreitung finden. Die übrige Lektüre besteht größtentheils in Romanen.

In der Stadt befindet sich nur ein Postgebäude, wie lebhaft es aber in selbem zugeht, ist dem begreiflich, der da weiß, daß in der Stadt jährlich gegen 24 Millionen Briefe circuliren, welche größtentheils auf der Post entweder abgegeben oder abgeholt werden. Es gibt zwar auch Briefkästen, welche in verschiedenen Theilen der Stadt angebracht sind, aber sie werden wenig benützt. Die Handels- und Geschäftshäuser halten sich gewöhnlich auf der Post ihre eigenen Schalter, (Postbox genannt), in welchen ihre Zeitungen und Briefe nach der Ankunft gelegt und von ihnen abgeholt werden. Es gibt zwar auch Briefträger, welche die Briefe für eine kleine Remuneration (1 Cent für den Brief) in's Haus des Adressaten bringen, aber nicht Jedermann traut ihnen seine Briefe an. Aehnlich verhält es sich mit den Telegraphenbureaus, nur daß diese Eigenthum verschiedener Gesellschaften sind und nicht Eigenthum des Staates, was bei der Post der Fall ist. Die Depeschen werden auch hier nach Millionen gezählt, was in einer solchen Handelsstadt leicht begreiflich ist.

Auffallend ist dem Fremden bei seiner Ankunft die Schnelligkeit, mit der der Amerikaner seine Geschäfte verrichtet. Er scheut sich nicht mit einem Korbe am Arme auf der Strasse einherzugehen, seine Einkäufe auf dem Markte zu machen und nach Hause zu tragen, aber wo man ihn sieht, rennt er so, daß man glauben möchte, von einer Minute hänge der Erwerb eines Tages ab. Selbst zum Essen nimmt er sich nur die nothwendigste Zeit, verliert während desselben kein Wort und eilt gleich nach demselben wieder seinen Geschäften zu. Läßt er sich in einer Restauration sehen, so setzt er sich nie nieder, trinkt sein Bier, Whisky (Brandwein) oder Wein stehend am Canter und eilt, ohne ein Wort zu verlieren, wieder seinen Geschäften zu. Die Wirthe, welche bereits immer Deutsche sind, sind auf diese Sitte vorbereitet, halten ihr Bier immer hinter dem Canter in der Schenkstube und legen es im Sommer auf Eis. Auch die Einwanderer haben die Sitte von den Amerikanern angenommen und es sind höchstens die neuen Ankömmlinge, welche eine kleine Ausnahme hievon machen.

Die Hauptgetränke im Lande sind Kaffe und Thee, jedoch ziehen die Deutschen diesen Getränken Bier vor und die Irländer Whisky (Brandwein). Bier wird in Newyork gegen 49,000 Eimer getrunken. Ist auch das Newyorker Bier nicht als das beste im Lande betrachtet, so steht es doch dem deutschen Bier wenig nach. Der Preis im Faß stellt sich auf 30 Pfennige per Liter, im Wirthshause jedoch wird es um den doppelten Preis verschenkt. Die deutschen Bewohner haben hier ihr eigenes Viertel und in diesem Viertel ist jedes dritte Haus ein Wirthshaus, in Amerika Saloon genannt. In diesen Saloons wird nur Bier, Wein und Whisky geschenkt und man kann weder übernachten, noch etwas zu essen bekommen.

Brandwein wird in Newyork jährlich für 40 Millionen Dollars getrunken. Bedenkt man, daß in vielen Gegenden der Hektoliter Weizen nicht mehr als von 10 zu 12 Mark kostet, so wird man einsehen, daß der amerikanische Whisky ein viel edleres Getränk ist als unser Brandwein. Da aber 10 Cent im Lande weniger geachtet werden, als 10 Pfennige in Deutschland und eine Gallon, welche 5 Liter sind, nicht mehr als 10 Cent kostete, so nahm die Trunkenheit so sehr zu, daß die Regierung sich genöthigt sah, auf jede Gallon Whisky eine Steuer von 2 Dollars zu legen. In den Saloons kostet gewöhnlich ein Glas Whisky wie ein Glas Bier 5 Cents, jedoch ist das Glas Bier wie das Glas Whisky nur ein Trunk. Zudem haben die Saloonhälter immer einen Haufen Gesindel zur Hand, welcher jeder Zeit in Bereitschaft steht, sich auf Kosten eines Fremden den Magen zu füllen. Es ist nemlich im Lande gebräuchlich, daß einer für alle Anwesenden bezahlt, was man im Lande tritten nennt. Eine amerikanische Frau, wird nie ein Solon besuchen.

Eine Amerikanerin wechselt dreimal des Tages ihr Kleid, sitzt die übrige Zeit in ihrem Schaukel=

ſtuhle, lieſt die Zeitung, zeigt ſich gerne auf der Straſſe und findet Vergnügen ſich bei Frauenvereinen zu zeigen. Wie ſie Gemächlichkeit und Wohlleben liebt, ſo läßt ſie auch ihre Töchter in derſelben erziehen. Selbſt im gewöhnlichſten Leben wendet man alle Aufmerkſamkeit den Mädchen zu und nie wird man eine Frau oder Mädchen ſehen mit einem Korbe an der Hand, oder mit einem Schubkarren fahren oder Mörtel tragen oder ſonſt eine öffentliche Arbeit verrichten. Eine Amerikanerin entſchließt ſich nur in der höchſten Noth zu dienen, weßwegen alle Dienſtmädchen mit geringer Ausnahme Einwanderer oder Kinder eingewanderter Eltern ſind. Anders iſt dieſes bei den Männern und Knaben, die auf Kleidung wenig halten und nur für ihre Geſchäfte zu leben ſcheinen. Die Mädchen ſuchen ſich daher möglichſt ſchnell zu verehelichen, um einen Ernährer zu erhalten, was beim Amerikaner in der Regel keine Eile hat.

Newyork gibt den Ton in allen Stücken für ganz Amerika an. Die Art der Kleidung, die Manieren im Umgange, das Kochen der Speiſen, das Bereiten der Getränke, das Bauen der Häuſer, das Eintheilen der Straſſen geht von Newyork aus und erſtreckt ſich über das ganze Reich. Was in Newyork gebräuchlich iſt, iſt im ganzen Reiche Mode und je nachdem ein Artikel theurer oder billiger in Newyork iſt, iſt er theurer oder billiger im ganzen Lande. Selbſt die Hotels und Gaſthäuſer ſtellen ihre Preiſe nach Newyork. Auch der Arbeiter macht hievon keine Ausnahme und stellt seine Arbeitszeit wie seinen Arbeitslohn nach der Zeit und dem Lohne von Newyork. Stehen die Geschäfte in Newyork still, so stehen sie im ganzen Lande still, ist in Newyork Geld schwer zu bekommen, so fühlt man den Mangel noch mehr im Innern des Landes, wird in Newyork die Arbeit schlecht bezahlt, so wird sie an andern Orten nicht besser bezahlt; kurz, Newyork gibt nicht nur den Ton in den Sitten und Gebräuchen des Landes an, sondern in allen Stücken. Newyork steht mittelst der Eisenbahnen und Schifffahrt mit dem Norden, Süden und Westen von Amerika in Verbindung und zwei Dritttheile aller in Amerika eingeführten Waaren werden in Newyork gelandet. Newyork ist aber nicht nur der Stappelplatz der Waaren für das ganze Hinterland, sondern auch die Einwanderer landen größtentheils in dieser Stadt, finden hier ihre erste Beschäftigung, eignen sich hier die Sitten und Gebräuche des Landes an und tragen sie von hier in's Innere des Reiches.

Der Arbeiter wird nun wohl begierig sein zu hören, wie es in dieser Stadt mit Arbeit und Lohn aussieht. Was die Arbeit betrifft, so ist kein Mangel an Arbeitern, aber auch selten Mangel an Arbeit. Handwerker und gewöhnliche Arbeiter finden in der Regel leicht Beschäftigung, aber nicht solche Leute, welche ihr Brod leicht verdienen wollen. Unter diesen Letzten verstehe ich studirte Leute, Commis ꝛc. Da die Amerikaner selbst eine leichte Beschäftigung lieben, so lassen sie selbe nicht recht gerne den Ausländern zukommen. Der Lohn ist verschieden und läßt sich wohl kaum genau bestimmen. Ich habe Handwerker und selbst Taglöhner gesehen, welche täglich in harten Zeiten nur einen Dollar verdienten, während sie in guten Zeiten für 3 und 4 gesucht waren. Kost und Logie gibt der Arbeitgeber nie, sondern der Arbeitnehmer hat dafür selbst zu sorgen. Der Preis für Kost und Logie richtet sich nach den guten oder schlechten Zeiten. Zur Zeit, wo der Arbeiter während des Tages nur einen Dollar verdiente, bezahlte er die Woche für Kost und Logie zwei Dollars, und zur Zeit, wo er des Tages 3 bis 4 Dollars verdiente, hatte er die Woche 3 bis 4 Dollars zu bezahlen. Können auch die Arbeiter und Handwerker nach Belieben logieren, so quartieren sie sich doch gewöhnlich in Wirthshäusern ein, wo sie ein anständiges Zimmer mit Bettstatt und Matraze ꝛc. und dreimal des Tages ihre gute Kost erhalten. Gewöhnlich steht die Kost auf dem Tische, wenn man am Morgen sein Zimmer verläßt und besteht aus Fleisch, Brod, Butter, Kaffee ꝛc. Zur Mittagszeit ist die Kost um ein paar Speisen mehr und beim Nachtmahle nicht viel weniger. Es unterscheidet sich überhaupt ein Mahl von dem andern nicht viel. Bei jeder Mahlzeit kann man nach Belieben essen, ohne zu fürchten, daß man deßwegen weniger oder mehr zu bezahlen habe. Ich bemerke dieses, weil ich später einen Böhmen im Lande traf, der mir erzählte, wie es ihm bei seiner Landung in Newyork erging. Dieser gute Böhme hatte Vormittags ohne alle Mittel gelandet und getraute Niemand seine Noth zu entdecken, weil er glaubte, es werde ihn Niemand über Nacht behalten, wenn man von seiner Dürftigkeit Kenntniß erhalte. Er aß den ganzen Tag nichts und selbst des andern Tages gegen 11 Uhr hatte er noch keine Speise in seinen Mund gebracht. Der Hunger quälte ihn nun heftig und mit seiner Violine unter dem Arme ging er auf den Strassen auf und ab, als endlich ein Halbbetrunkener aus einem Wirthshause kam und ihn in selbes einführte, um einige Tänze aufzuspielen. Die kleine Gesellschaft unterhielt sich vortrefflich eine kurze Zeit und mein Halbbetrunkener nahm hierauf seinen Hut und machte eine kleine Collekte für den armen Böhmen, welche von 5 bis 6 Dollars ergab. Wer war glücklicher als der arme Böhme! Er setzte sich hierauf zu Tische, aß nach Belieben, behielt jedoch den Gastgeber beständig im Auge, weil er die große Zeche fürchtete. Da er alle Speisen auf dem Tische verzehrt hatte, fragte er schüchtern um seine Schuldigkeit und erhielt zu seinem größten Erstaunen ein „Nichts" zur Antwort. Es ist mir kein Fall bekannt, wo einem Armen ein Essen verweigert worden wäre, wenn er um selbes bat. Auch ist mir nicht bekannt, daß ein armer Arbeiter Arbeit suchte und nicht fand. Zwar laufen in den Strassen beständig Tausende von Müssiggängern einher und jammern um Arbeit, aber es sind dieses gewöhnlich solche, welche ihren eigenen Begriff von Arbeit haben und nicht selten Arbeit mit Stehlen verwechseln.

Solche professionelle Diebe gibt es in Newyork bei Tausenden, die ihre eigenen Häuser haben gestohlene Sachen zu verbergen und mit der Polizei in der Regel auf gutem Fuße leben. Ich selbst ging einmal durch eine Strasse, sah ein Telegramm angeschlagen und las es. Bald hatte sich eine bedeutende Anzahl Menschen um mich gesammelt und als ich mich umwendete, den Ort zu verlassen, wurde ich in das Getümmel hineingeworfen. Ich fiel gegen etliche Frauenzimmer, wollte mich bei selben entschuldigen und bemerkte, daß mir meine Uhr fehle. Ich schaute auf der Strasse einher, kein Dieb lief davon und kein Polizeidiener, welche doch sonst immer an den Strassenecken stehen, war zu sehen. Ein anderes Mal bemerkte mich ein solcher Gauner in der Altstadt, lockte mich in die nächste Seitenstrasse unter dem Vorwande als hätte er mit mir etwas besonders Wichtiges zu reden, zeigte mir eine goldene Uhr und wollte mich bereden, sie ihm um einen Spottpreis abzukaufen, da er sich, wie er sich ausdrückte, gerade in größter Geldnoth befinde. Er mochte wohl kaum eine andere Absicht gehabt haben, als meine Geldbörse zu sehen, um selber habhaft zu werden. Nicht selten werden auch die Leute in schlechte Häuser gelockt und ihres Geldes beraubt. Es ist mir bekannt, daß an der Außenseite der Versteigerungsläden das strenge Verbot des Schwindels angeschlagen war, um ihn im Laden selbst großartig betreiben zu können. Wo möglich werden bei solchen Gelegenheiten den Leuten andere Artikel eingehändigt, als sie gekauft haben. Auch geschieht es manchmal, daß von diesen Leuten andere auf offener Strasse bei der Nacht angefallen werden, aber es sind dieses eben Dinge, die in allen großen Städten vorkommen und nur zur Vorsicht mahnen.

Kaum ist ein Tag im Jahr, wo man in Newyork keinen Feuerlärm hört. Bei Tag wie bei Nacht eilt bei einem solchen Lärm die freiwillige Feuerwehr der Brandstätte zu, rettet aber nicht selten nur die umstehenden Häuser. Es ist zwar das Anzünden der Häuser, wie überall, so auch hier strengstens verboten, jedoch ist unter den gegenwärtigen Verhältnissen kaum vorherzusehen, wann diesem Uebel abgeholfen wird. Die Feuerversicherungsanstalten sind ganz in den Händen von Gesellschaften, die alten Bretterhäuser werden immer mehr vermindert und der Insasse kommt in solchen Fällen ohne Hauszins davon, während der Eigenthümer ein neues Haus bekommt.

Verlassen wir nun die Manhatteninsel für einen Augenblick und begeben wir uns auf der Südseite über den Fluß, so finden wir dort 3 Städte, die ich zwar bei der Angabe der Einwohnerzahl zu Newyork gerechnet habe, die aber dessenungeachtet in andern Staaten liegen und ihre eigene Verwaltung haben. Da bis auf kurze Zeit keine Brücke von Newyork zu diesen Städten führte, so mußte man sich eines kleinen Dampfschiffes Ferriboot, genannt, bedienen, um zu selben zu gelangen. Diese Ferriboots sind während des ganzen Tages und bis zur Hälfte der Nacht in Bewegung, selten oder nie leer, besonders aber Morgens und Abends überfüllt mit Fuhrwerken und Menschen aus allen Ständen. Die Ueberfahrt, welche 3 Minuten dauert, kostet etwa 10 Pfennige. Jede dieser Vorstädte ist wieder durch ein Wasser von der andern geschieden und führt ihren eigenen Namen. Es befinden sich hier die Schiffswerften, wo jährlich mehr als 100 Schiffe vom Stapel gelassen werden und unter diesen bedeutende Dampf- und Segelschiffe. Der Schiffbau allein, welcher hier seinen Stapelplatz hat, soll täglich 25,000 Menschen beschäftigen. Es sind daher die Strassen ziemlich lebhaft, Schwarze und Weiße tummeln in den Straßen umher, sprechen die Sprache ihrer Heimat und oft sogar den Dialekt ihrer Gegend. Dem Wasser entlang ist jedes Plätzchen verbaut und jedes Haus bewohnt. Die Häuser unterscheiden sich von jenen auf der Manhatteninsel nur dadurch, daß man die Hauptgebäude vermisset. Die Strassen sind regelmäßig ausgelegt und gepflästert, die Trottoirs mit Bäumen geziert. Es sind auch hier alle Geschäfte vertreten und an Kirchen, Schulen, Banken ist kein Mangel; jedoch zeigt es sich nur gar zu bald, daß diese Städte noch neu sind und ein großer Theil seiner Bewohner sich seinen Unterhalt auf der Manhatteninsel suchet, denn sind auch die ersten Häuserreihen aus Ziegelsteinen, so machen sie nur gar zu bald Främhäusern Platz, bis sich endlich auch diese immer mehr verlieren und Oeden Platz machen, welche der neuen Ansiedler harren. Die Namen dieser Städte sind: Brucklin, Neutschersi und Hoboken. Brucklin hat einen katholischen Bischof und der katholische Bischof von Neutschersi befindet sich bis jetzt in Newark, etwa 2 Stunden von Neutschersi.

Wenn wir uns nun die Hauptstadt der neuen Welt im Geiste vorstellen, die Strassen der Pracht, der Schätze und des Reichthumes der neuen Welt mit ihren dicht an einander gebauten Häusern im Geiste überblicken, die wogenden Menschenmassen bis gegen Mitternacht uns denken, an die Erzeugnisse und Erfindungen des Jahrhunderts uns erinnern, welche hier zu finden sind, und den Handel der Stadt uns in's Gedächtniß zurückrufen, so werden wir wohl um die Ursache dessen fragen. Andere große Städte mögen den Fürsten ihren Ursprung und Umfang verdanken, Newyork aber hat keinen Fürsten; kennt nicht einmal den Namen eines Abeligen. Für die Ureinwohner war die ganze Manhatteninsel nicht 60 fl. werth, heute wird der Grundwerth der Stadt auf mehrere Tausend Millionen Dollars angeschlagen und den übrigen Werth, welcher in der Stadt sich befindet, wird wohl kaum Jemand angeben können. Newyork ist die Schatzkammer der neuen Welt und selbst die Regierung der Vereinigten Staaten, wenn sie Geld braucht, unterhandelt mit den Banken dieser Stadt. Newyork hat heute schon 72 Banken mit einem Kapital von 90 Millionen

Dollars und 36 Sparkassen mit 88 Millionen Dollars Depositen, in Newyork leben die Millionär von Amerika und von Newyork borgt der Kauf= wie Geschäftsmann des Westens. Gleichwohl kommt Newyork Paris oder einer andern großen europäischen Stadt nicht gleich. Es macht einen widerlichen Eindruck auf den Fremden, wenn er die Strassen von Newyork durchwandelt, vom regsten Verkehr in eine Seitenstrasse geräth und öden Plätzen und armen Bretterhäusern begegnet; es thut wehe, wenn man selbst in den Hauptstrassen der Stadt bemerken muß, daß die schönen Häuser sich zu Ende neigen und das rege Leben sich zu verlieren anfängt, wo man glaubt, selbes werde erst recht beginnen; es erregt Widerwillen, wenn man in der ganzen Stadt kein Alterthum sieht, kein kostbares Denkmal bemerkt und der europäischen Kunstschätze bereits gänzlich entbehren muß. Doch Newyork ist eine noch neue Stadt, welche ihren Höhepunkt erst erreicht, wenn der letzte Einwanderer nach dem fernen Westen gelandet haben wird. Daß dieses noch nicht so schnelle geschieht, zeigen die großen Länderstrecken des fernen Westen, welche bis heute noch öde und unbewohnt sind. Unterdessen wird Newyork an Schönheit, Bevölkerung, Umfang und Reichthum gewinnen, seine alten Gebäude niederreißen und neue aufbauen, Kunstschätze sammeln und seinen Einwohnern Unterhalt und Arbeit verschaffen. Die Neuheit der Stadt, welche nicht selten beim Fremden Mitleid erregt, betrachtet der Amerikaner als ein Glück, welches vor gänzlicher Geschäftslosigkeit schützet und dem armen Mann Gelegenheit bietet, anständig zu leben und die Seinigen rechtschaffen zu ernähren. Auch haben unter diesen Verhältnissen Unzählige in Newyork ihr Glück gemacht, während andere für die Zukunft dieser Hoffnung nicht beraubt sind, wenn sie das zu benützen verstehen, was anfänglich gerade nicht den günstigsten Eindruck auf sie machte.

Frägt man mich nun noch, ob auch viele Deutsche unter diesen Glücklichen seien, so antworte ich, daß von den 700,000 Deutschen, welche in Newyork wohnen, sich Deutsche in allen Aemtern und Geschäften befinden. Die Deutschen bewohnen ihr eigenes Stadtviertel, haben ihre eigenen Kirchen, Schulen, Zeitungen, Gasthäuser, Theater ꝛc. und viele von ihnen sind sehr wohlhabend, alle aber können sich anständig ernähren. Redet man von der Achtung, die die Deutschen im Lande genießen, so kann ich nur sagen, daß sie geduldet sind und sich Achtung wie Vermögen erwerben können.

Landreise.

Viel hatte ich von Amerika gehört und gelesen und da ich mit Zulassung Gottes in's Land gekommen war, wollte ich die Gelegenheit benützen, es näher kennen zu lernen. Newyork hatte meine Erwartungen übertroffen und vom Innern des Landes erwartete ich noch mehr. Mein Gepäck war bald in Ordnung und meiner Weiterreise stand kein Hinderniß mehr im Wege. Ich konnte zu Wasser oder zu Land reisen; zu Wasser auf dem Dampfschiffe oder zu Land auf der Eisenbahn. Was ich zu Wasser an Kosten ersparte, verlor ich an Zeit und ich entschloß mich zu einer Landreise.

Wohl Jedermann weiß, daß Amerika das Land der Maschinerien und Eisenbahnen ist, aber kaum wird sich Jemand einen Begriff machen von der Ausdehnung, welche die Eisenbahnen im Lande genommen haben. Sie durchschneiden und kreuzen das große Reich in allen Richtungen. Schon im Jahre 1870 waren gegen 60,000 englische Meilen mit Schienen belegt, welche heute schon bis auf 75,000 englische Meilen vermehrt worden sind, so daß man in $25^{1}/_{2}$ Tagen mit Dampf von Newyork nach Japan fahren kann. Die Eisenbahnen werden alle auf Aktien gebaut, wie jedes andere Geschäft

betrieben und nie fehlt es an Leuten, welche in
diesem Geschäft ihr Glück zu machen versuchen. Kaum
ist eine Bahn gebaut, so fängt man mit der andern
an, und kaum rentirt sich eine Bahn, so wird auch
schon eine Oppositionsbahn gebaut. Gibt es aber
auch keine Staatsbahnen, so gewährt der Staat den
Unternehmern doch eine Unterstützung, wenn die
Bahn ihm von Nutzen ist, was besonders in neuen
Ländern der Fall ist. Diese Unterstützung besteht
gewöhnlich in großen Länderstrecken in den unkulti-
virten Ländern. Auch die Gemeinden unterstützen
solche Unternehmer, wenn die Bahn zu ihrem Vortheile ist. Gewöhnlich leisten die Gemeinden in
solchen Fällen einen Zuschuß an Geld, welchen die
Gesellschaft nach 20 Jahren zurückzuzahlen verspricht,
aber solche Bahnen sind gewöhnlich bankerott, bevor sie ausgebaut sind und nie habe ich von einer
Zurückzahlung der vorgeschossenen Summe gehört.
Es sind die amerikanischen Eisenbahnaktien selten
sicher, da die Unternehmer möglichst viele Aktien
beim Baue der Bahn ausgeben und dafür zu sorgen
wissen, daß eine Dividende nur dann ausbezahlt
wird, wenn neues Kapital nothwendig ist.

Der Amerikaner hat eine besondere Gabe, Alles
möglichst auszunützen. Noch ist daher nicht der
letzte Hammerschlag auf die Schienen gefallen, so
rollen schon die Waggons auf selben dahin und die
Passagiere, wie das Gepäck wird bald unter freiem
Himmel, bald in Bretterhütten ein- und ausgeladen.
Umsonst sucht man im Lande die großartigen Bahn-

höfe, welche man in Europa nicht selten findet. Da die Eisenbahnen von verschiedenen Gesellschaften erbaut wurden und jede Gesellschaft ihre eigenen Bahnhöfe hat, so kommt es, daß in jeder größeren Stadt mehrere Bahnhöfe sind. In der Regel sind die Bahnhöfe außerhalb der Stadt und der Reisende erhällt zugleich mit seinem Fahrbillet ein Omnibusbillet, um mittelst desselben unentgeltlich in einem Omnibus von einem Bahnhof zum andern zu gelangen. Auch gibt es in größern Städten Läden, wo Eisenbahnbillette verkauft werden. Kauft man in einem solchen Laden sein Billet und zahlt man 25 Cents über den Fahrpreis, so kommt ein Omnibus zur bestimmten Zeit zur Wohnung des Reisenden und bringt ihn und sein Gepäck zur Eisenbahnstation. Obgleich dieser der angenehmste und zugleich billigste Weg ist, zur Eisenbahn mit Gepäck zu gelangen, so machte ich doch von dieser Bequemlichkeit keinen Gebrauch, sondern kaufte mein Billet am Schalter und übergab mein Gepäck selbst. Das Fahrgeld ist gewöhnlich 15 Pfennige die englische Meile und bei langen Reisen treten besondere Begünstigungen ein. Es sind zwar nur 100 Pfund Gepäck für die Person frei, aber es wird in der Regel ein Uebergewicht nicht beanstandet, wenn es nicht sehr bedeutend ist. Mein Gepäck hatte wohl 200 Pfund und wurde nicht beanstandet. Bei der Uebergabe des Gepäckes erhält man eine Messingmarke, auf welcher die Nummer, wie der Bestimmungsort des Gepäckes bemerkt ist, bei dessen Zurückgabe man sein Gepäck erhält.

Kaum hatte ich meine Messingmarke verwahrt, so hörte ich eine Stimme rufen: "eilen sie meine Herrn, es ist dieses die letzte Ueberfahrt vor Abgang des Zuges." Jetzt merkte ich erst, daß sich die Eisenbahnwaggons jenseits des Flußes befinden, setzte mich in das Ferriboot und war in etlichen Minuten ohne die Bewegung desselben zu fühlen, auf der entgegengesetzten Seite des Flußes. Die Waggons standen unweit des Gestades in Bereitschaft und die Reisenden eilten ihnen zu. Es waren sechs Passagierwägen, von welchen jeder einen angenehmen Eindruck auf mich machte, besonders schön war der erste. Er war ganz neu, zeichnete sich an Eleganz und Schönheit aus, war reichlich vergoldet und schön verziert. Da ich bis jetzt keinen ähnlichen Eisenbahnwagen gesehen hatte, eilte ich ihm zu und bemerkte, daß der Eingang nicht von der Seite, sondern von der Front und dem Rücken sei. Man hatte 3 Treppen in die Höhe zu steigen, langte hierauf auf der Vorhalle des Waggons an und gelangte durch eine Thüre in das Innere desselben. Im Innern war hinter der Thüre ein Ort für die menschlichen Bedürfnisse abgeschlossen und auf der andern Seite stand ein Ofen. Ein zweiter Ofen war in der Nähe der entgegengesetzten Thüre. Das Innere selbst glich mehr einem Salon, als einem Eisenbahnwagen. Feste Sitze gab es nicht und die Schaukelstühle und Sessel konnten nach Belieben bewegt werden. Ich ließ mich auf einen solchen weichgepolsterten Sessel nieder, der Zug wurde in

Bewegung gesetzt, ein katholischer Geistlicher rückte
mir näher und lud mich ein, mit ihm eine Flasche
Bier zu trinken. Ich glaubte er führe das Bier
mit sich und war nicht wenig erstaunt, als ein
junger Neger mit einer Flasche Bier herbeikam, während ein anderer ein Tischchen in Ordnung brachte.
Freilich ein kostbares Bier, wenn die Flasche einen
Dollar kostet und das Bier nicht einmal gut zu
nennen ist.

Es war dieses ein Schlafwaggon, welcher während des Tages zum Speise= und Unterhaltungssalon dienet, bei der Nacht aber in Schlafkabinete
umgewandelt wird. Wer immer 3 Dollar des Tages
über das gewöhnliche Fahrgeld zahlt, kann einen
solchen Waggon einen Tag und eine Nacht benützen.
Will man in einem solchen Waggon essen oder trinken, so zahlt man gewöhnlich für Frühstück, Mittag=
oder Nachtessen, von je 3 zu je 5 Dollars und für
Wein, Bier, Thee, Kaffee verhältnißmäßig. Von
diesen Waggons pflegt man zu sagen, daß man
in ihnen Alles haben könne, was das Herz verlange,
wenn nur das Geld nicht ausgehe. Es sind diese
Waggons besonders bequem für Reisende von New=
york nach St. Franzisko, wo die Reise ununter=
brochen 8½ Tag währet und wo es in den un=
kultivirten Ländern an Restaurationen fehlt. In
den kultivirten Ländern werden sie gewöhnlich nur
vom reichen Publikum benützt.

Noch war die Flasche Bier kaum geleert, so
ging auch schon der Conducteur, welcher den Zug zu

leiten und die Billete einzusammeln hat, im Waggon
herum und besichtigte die Billets. Es ist nämlich
bei jedem Zug nur ein Conducteur und dieser immer
in Civilbekleidung und hat keine andere Auszeich=
nung als das Wort „Conducteur" auf seiner Haube.
Als er bemerkte, daß mein Billet nicht für diesen
Waggon laute, ersuchte er mich auf der nächsten
Station im nächsten Waggon Platz zu nehmen.
Ohne aus= oder einzusteigen oder die Schuhe zu be=
schmutzen, öffnete ich auf der nächsten Station ein
paar Thüren, machte in gerader Richtung ein paar
Schritte und befand mich im nächsten Waggon. War
auch dieser nicht so elegant wie der erstere, so bot
er doch jede Bequemlichkeit, die man auf Eisen=
bahnen beanspruchen kann. Der Eingang, die Thüre,
die Oefen, der Ort für die menschlichen Bedürfnisse
waren an gleichem Platze angebracht, durch die
Mitte führte ein schmaler Gang und auf den beiden
Seiten desselben waren die festgemachten mit Seiden=
damast gepolsterten Sitze angebracht, von welchen
jeder für 2 Personen bestimmt war. Die 4 Seiten=
wände des Waggons waren vergoldet, gemalen und
verziert und mit vergoldeten Eisenstäbchen versehen,
um das Handgepäck auf sie legen oder an sie hängen
zu können. Zwischen diesen Eisenstäbchen befanden
sich die Fensterchen und sechs in Feuer vergoldete
Hänglampen, welche bei der Nacht angezündet wur=
den. Der Plafond war hoch, in Form eines Doppel=
gewölbes, um im Sommer den Passagieren die Hitze
erträglich zu machen. Von der Außenseite waren

die Waggons roth angestrichen und mit schönen Verzierungen und reichen Vergoldungen geschmückt. Ein jeder dieser Waggons war 9 Fuß breit, 40 Fuß lang und für je 60 Personen bestimmt. Durch die Mitte des Waggons zog sich ein Seil, welches mit dem Lokomotive in Verbindung stand und an welchem gezogen wurde, wenn man den Zug vor der Zeit zum Halten bringen wollte. So sind alle Passagierwägen im Lande gebaut und eingerichtet. Es ist diese Einrichtung nicht nur sehr bequem für den Reisenden, sondern ganz besonders für den Conducteur. Kann der Reisende während der Fahrt im Zuge einhergehen und sich bald mit diesem bald mit jenem unterhalten, so geht der Conducteur während der Fahrt von einem Waggon zum andern, besichtigt die Billete oder nimmt das Fahrgeld ein. Es haben nämlich im Lande die Conducteure das Recht von denen, welche keine Billete gelöst haben, das Geld anzunehmen, ohne ein Strafgeld zu erheben. Bei längern Reisen erhält man vom Conducteur statt des Reisebillets ein Stationenbillet: d. h. ein Billet, auf welchem die Namen der Zwischenstationen und ihre Entfernung von einander angegeben ist. Während die Billets besichtigt werden, gibt der Conducteur auch die nöthige Auskunft, wenn er um solche angegangen wird. Sollte der Conducteur in deutscher Sprache um eine Auskunft gefragt werden und nicht selbst deutsch sprechen, so stehen ihm Deutsche in jedem Waggon zur Verfügung. Gewöhnlich kennt man diese Deutschen erst dann, wenn ihnen Gelegenheit deutsch zu reden geboten wird. Arme und Presthafte nehmen die Conbukteure öfters unentgeldlich mit, wenn sie darum ersucht werden. Gewöhnlich setzen sich diese Armen auf den letzten Platz im Waggon und werden vom Conbukteur nicht belästiget. Nur einmal bemerkte ich, daß der Conbukteur bei einer solchen Gelegenheit am Seile zog, der Zug stille stand und der Arme abgesetzt wurde. Es war dieses ein Landstreicher, der etwas hätte verdienen können aber nicht wollte.

Dem Conbukteur auf dem Fuße folgt durch diese Waggons ein Knabe von 12 bis 15 Jahren nach, welcher mit Zeitungen, Pamphlets und Büchern handelt. Kaum hat er alle Waggons durchwandert, so erscheint er mit Obst, Trauben, Süßigkeiten ꝛc. Er bietet diese Artikel jedem an, ohne jemand mit Zudringlichkeiten lästig zu werden. Will jemand eine Cigarre rauchen, so begibt er sich in den Rauchwaggon, wo ihm auch eine Cigarre verkauft wird. Alle diese Verkaufsartikel werden von der Eisenbahngesellschaft geliefert und der Knabe erhält für seine Mühe von Allem, was er verkauft, 12 Procent. Er macht in der Regel gute Geschäfte.

Die Gegend, durch welche wir fuhren, war weder reizend noch fruchtbar zu nennen. Oede Sandhügel, steinige Anhöhen, unfruchtbare Felder und Wiesen, arme Waldungen, war Alles, was wir zu sehen bekamen. Die Felder waren gewöhnlich mit einem Holzzaun umgeben, innerhalb desselben befand sich eine hölzerne Hütte, die Allem mehr als einer Menschenwohnung glich. Einige dieser Hütten waren neu, die bedeutende Mehrzahl aber alt, was wohl sicher andeutete, daß die Gegend längst angesiedelt wurde. Ich erkundigte mich, wer in diesen Hütten wohne und erhielt zur Antwort: "arme Ansiedler". Ich glaubte, sie seien nur von Sklaven bewohnt. O, welch' unfreundlichen Eindruck macht es auf den Europäer, wenn er durch diese Berge, Hügel und Thäler fährt und kein Schloß, kein Alterthum, keinen schönen Hof sieht, sondern immer wieder diese armen Blockhütten. Was aber auf den Fremden einen noch widerlichern Eindruck macht, sind die Holzstöcke, welche auf den Feldern stehen und sich nicht selten bis zur Hausthüre erstrecken. Wäre ich wieder zu Hause, denkt mancher Einwanderer bei diesem Anblicke. Hält man nun bei einer Bahnstation an, so sieht es nicht viel besser aus. Zwar werden diese Bahnstationen alle Städte genannt, aber sie bestehen nicht selten aus etlichen Brettern- und Blockhäusern. Hat aber eine solche Stadt auch mehrere Tausend Einwohner, so bekommt der Reisende, da die Bahnstation außerhalb der Stadt ist, selten etwas anderes zu sehen, als Bretterhäuser, Holzlager, Sand- und Kieshügel, Höhlen, Gruben und abgeengtes Gebüsch. Gewöhnlich begegnet man in je 15 Minuten einer Bahnstation, der Aufenthalt ist 5 Minuten und bei jeder Waggonthüre wird der Name der Station deutlich eingerufen. Sollte der Reisende an seinem Bestimmungsorte seinen Sitz nicht verlassen, so macht ihn der Conducteur auf die Station aufmerksam. Würde der Conducteur dieses zu thun unterlassen und der Reisende dadurch einen Schaden erleiden, so hätte ihm selben der Conducteur zu ersetzen.

Fährt man nur kurze Strecken, so sind die Reisen auf den Eisenbahnen nicht unangenehm; aber anders ist es bei weiten Reisen. Mit seinem Nachbar hat man sich bald ausgeplaudert, seine Cigarre geraucht, seine Zeitung gelesen, die Gegend überschaut und man fängt an Langweile zu bekommen. So erging es mir um so mehr, als ich im Waggon Niemand kannte. Ich fragte meinen Nachbar, wie weit es noch bis Philadelphia wäre. Er zog seine Uhr heraus und sagte: „Wir fahren jetzt 3 Stunden, 1½ Stunden mehr und wir werden nicht mehr weit von Philadelphia sein." Es sind nämlich, fuhr er zu reden fort, „von Newyork nach Philadelphia 90 Meilen und dieser Zug, der Postzug, macht regelmäßig 20 englische Meilen in einer Stunde."
„Machen die amerikanischen Eisenbahnzüge nur 20 Meilen die Stunde?" fragte ich begierig. „In der Regel nicht mehr," war die Antwort. „In einigen Gegenden sollen sie mehr gemacht haben," fuhr der genannte Herr zu erzählen fort, „aber der vielen Unglücke wegen, welche vorgekommen sind, legen sie nur mehr 20 Meilen in der Stunde zurück und in neuen Ländern dieses nicht einmal." Zwanzig englische Meilen, dachte ich bei mir selbst, sind 4 deutsche Meilen, welche der Postzug in meinem Vaterlande auch zurücklegt.

In 4½ Stunden langten wir von Newyork in Philadelphia an. Auch dieser Bahnhof war aus Holz gebaut, mit Brettern verschlagen und mit Silberfarbe angestrichen. Im Innern waren die Wände und die Zimmerdecken gepflästert, der Fußboden mit Teppichen belegt und man merkte nicht, daß man sich in einem Bretterhause befinde. Unweit der Eisenbahnstation lag die Stadt, zu welcher Pferdeeisenbahnen führten. Diese Pferdeeisenbahnen findet man im Lande in allen größern Städten und sie werden auch sehr fleißig benützt, da das Geld im Lande den Werth nicht hat, wie in vielen andern Ländern.

Philadelphia ist die volkreichste Stadt im Staate Pennsylvanien, die zweitvolkreichste in den Vereinigten Staaten und die achtzehnte unter den Städten der Welt. Dem Umfange nach ist Philadelphia größer als Newyork, zählt aber kaum mehr als 700,000 Einwohner. Im ganzen Lande, besonders aber in Philadelphia, bemerkt man das Streben der Wenigbemittelten möglichst schnell zu einem liegenden Eigenthum zu gelangen. In den Hauptstrassen der Städte werden die Bauplätze gewöhnlich sehr gut bezahlt und dem armen Einwohner bleibt nichts übrig, als im Hauszins zu verbleiben oder sich außerhalb der Stadt anzukaufen. Geschieht das Letzte, so läßt sich neben dem ersten Ansiedler bald ein zweiter und dritter Nachbar nieder und so entstehen die Vorstädte, bevor die Städte ausgebaut sind. Nimmt nun die Stadt an Bevölkerung zu, so kommen nicht nur

die Vorstädte zur Stadt, sondern bilden oft sogar
den Mittelpunkt derselben. Da aber immer wieder
andere außerhalb der Stadt anfangen und oft sogar
Stunden von ihr entfernt, so geschieht es, daß alle
großen Städte im Lande von sehr großem Umfange
sind. Da aber die Katholiken im Lande selten zu
den vermöglicheren Einwohnern gehören und ihre
Kirchen in ihrer Nähe zu haben wünschen, so findet
man selten in den Hauptstrassen dieser Städte
katholische Kirchen. Auch Philadelphia macht hierin
keine Ausnahme und es befinden sich außer der
schönen Cathedrale des Erzbischofes, welcher hier
seinen Sitz hat, von den 32 Pfarrkirchen und 26
Klosterkirchen nur wenige an den bessern Strassen.
Sind auch einige Pfarrkirchen schön zu nennen, so
sind sie doch nicht selten zu sehr überschuldet. An=
ders ist dieses bei den Klosterkirchen, die in der
Regel besser gestellt sind. Von den Orden, welche
hier theils in der Seelsorge, theils in der Schule
und Krankenpflege thätig sind, erwähne ich nur der
Jesuiten, Redemptoristen, Augustiner, Schulbrüder,
der Schwestern vom unbefleckten Herzen, der Schwe=
stern vom heil. Joseph, von der Vorsehung, vom
guten Hirten, vom III. Orden des heil. Franziskus,
von der Kindheit Jesu, vom heil. Franziskus, der
Schul= und barmherzigen Schwestern. Protestantische
Diakonissinen habe ich im Lande nicht gesehen.

Philadelphia ist auf einer fruchtbaren Ebene
erbaut und sehr regelmäßig im Quadrat ausgelegt,
hat schöne breite Strassen, einen Seehafen, viele

schöne große Häuser und ist berühmt wegen seiner vielen großartigen Heil= und Erziehungsanstalten. Auch die Gewerbe und Geschäfte sollen sehr gut gehen, aber mir, der ich gerade von Newyork kam, schien die Stadt nicht besonders lebhaft zu sein. Leider ist Philadelphia zu großartig angelegt und wohl kaum werden je alle Bauplätze verbaut werden, welche jetzt noch öde zwischen den Häusern liegen. Gegen 1 Uhr Nachmittags verließ ich Philadelphia und Abends 6 Uhr langte ich in Baltemore (sprich: Baltemor) an.

Auch auf dieser Reise wiederholten sich die frühern Erscheinungen, die armen Landhütten mehrten sich in den fruchtbaren Gegenden und verminderten sich in den unfruchtbaren, auf den Bahnstationen sah es nicht besser aus als früher und von den Städten sahen wir nur etliche Bretterhäuser. O wie hart kommt es den neuen Einwanderer an, sich an die neue Welt zu gewöhnen.!

Baltemore wurde von dem katholischen Lord (Fürst) Baltemore angelegt und führt auch von ihm seinen Namen. Während der Verfolgungen der Ka= tholiken in England unter Heinrich dem VIII. und seiner blutdürstigen Tochter Elisabeth flohen viele guten Katholiken in's Ausland, während andere die Gefängnisse im Heimatlande füllten oder den vater= ländischen Boden mit ihrem Blute färbten. Unter diesen, welche im fernen Amerika unter den wilden Indianern Gott nach ihrem Glauben zu dienen suchten, befand sich auch Lord Baltemore, den der

Herr mit zeitlichen Gütern reichlich gesegnet hatte. Er legte die Stadt Baltemore an und gründete den Staat Maryland, (Marialand). Ist aber auch der Staat wie die Stadt katholischen Ursprungs, so glaube man ja nicht, daß ihre Bevölkerung heute noch ganz katholisch ist. Freie Religionsübung wurde bei der Gründung allen Ansiedlern zugesichert und im Jahre 1745 waren schon alle katholischen Schulen in der Stadt wie im Staate aufgehoben. Als Dr. Caroll, welcher im Märyland geboren war und in Rom 1774 zum Priester geweiht wurde, in sein Vaterland zurückkehrte, fand er in ganz Märyland keine katholische Kirche mehr und mußte in einem Privathause die heilige Messe lesen. Als später Baltemore zum Bisthum erhoben wurde, wurde Dr. Caroll als Bischof der Vereinigten Staaten präconisirt. Heute führt beßwegen noch der Erzbischof von Baltemore den Titel Primas von Amerika und die allgemeinen amerikanischen katholischen Concilien der Bischöfe und Würdeträger der Vereinigten Staaten, wurden bis jetzt immer in dieser Stadt abgehalten. Märyland zählt gegenwärtig 800,000 Einwohner und unter diesen etwa 80,000 Katholiken; Baltemore aber unter 300,000 Einwohnern kaum 30,000 Katholiken. Von den Kirchen sind in der Stadt kaum mehr als 30 katholisch und diese, mit Ausnahme der Alphonsuskirche, von keiner besondern Größe oder Schönheit.

Die Stadt Baltemore wurde im Jahre 1633 angelegt und ist wohl eine der ältesten Städte in der Union. Sie ist an der Dschesabiebay gelegen, hat einen guten Hafen, bedeutende Bank- und Geschäftshäuser. Der Handel ist bedeutend, besonders in Mehl und gesalzenem Fleische, die Strassen sind gut gepflästert und bei der Nacht gut mit Gas beleuchtet, Pferdeeisenbahnen gehen durch die Strassen und schöne Gebäude sind nicht selten. Wie jedoch in allen Städten in den Vereinigten Staaten sich die schönen Häuser nur auf einige Hauptstrassen beschränken, so auch hier. Auch verlieren sich die schönen Häuser nur zu schnell und Bretterhäuser, arme Hütten und leere Bauplätze folgen ihnen. Auf den Europäer machen daher die amerikanischen Städte nicht den günstigsten Eindruck, da er sich, wenn er sich in der Mitte der Stadt zu befinden glaubt, schon in jenem Theile befindet, wo die Bretterhäuser und öden Bauplätze in der Mehrzahl sind. Man kann nie vergessen, daß man sich im neuen Lande befinde, wo jeder baut, wie er will, jeder nach eigenem Ermessen spekulirt und Niemand die zukünftige Größe einer Stadt bemessen kann. In Baltemore insbesonders ist in neuester Zeit zur Hebung des Handels und Wohlstandes sehr viel geschehen und man hofft, daß sich die Einwohnerzahl noch vermehren werde.

Die Denkmäler sind gewöhnlich im Lande auf die Gottesäcker beschränkt, nur Baltemore macht eine kleine Ausnahme. Die Bürgerschaft dieser Stadt setzte nämlich dem großen Feldherrn Washington, dem Befreier der vereinigten Staaten von dem englischen Joche ein prachtvolles marmornes Denkmal, welches von allen Künstlern bewundert wird und an einem der schönsten Plätze der Stadt aufgestellt ist. Von diesem Platze bis zur Stadt Washington sind nur 38 englische Meilen, welche in nicht ganz 2 Stunden auf der Eisenbahn zurückgelegt werden.

Washington wird von den Amerikanern so zu sagen angebetet und in der ganzen Union ist kein Staat, in welchem nicht ein Distrikt und eine Stadt bei seinem Namen genannt wird. Wenn nicht mehr Städte und Distrikte in jedem Staate bei diesem Namen genannt werden, so ist die einzige Ursache, daß es verboten ist, mehreren Distrikten oder Städten in einem Staate denselben Namen zu geben. Gewöhnlich gehören die Städte, welche Washington genannt werden, nicht zu den größten im Staate, eine einzige ausgenommen. Diese Ausnahme macht Washington im Staate Virginien, die Residenzstadt des Präsidenten der Vereinigten Staaten. In Amerika macht der Handel die Stadt und wo die Lage demselben am günstigsten ist, wird die volkreichste Stadt. Washington in Virginien ist nicht am Meere gelegen, wird zwar manchmal die Hauptstadt der Vereinigten Staaten genannt, ist aber erst die zwölftgrößte Stadt in der Union und zählt kaum mehr als 115,000 Einwohner. Schöne Anlagen, regelmäßige Straßen, großartige Paläste zieren die Stadt und unter diesen letzten zeichnet sich besonders das weiße Haus, die Residenz des Präsidenten der Vereinigten Staaten, aus. Es ist dieses ein königlicher Palast, würdig des Präsidenten der großen Union.

Meine Reise hatte mich jetzt durch fünf Staaten der amerikanischen Republik geführt und ich stehe an zu sagen, welchem aus ihnen ich den Vorzug einräumen soll. Das Klima schien mir in allen diesen Staaten so ziemlich gleich zu sein; der Boden jedoch schien mir in der Gegend von Newyork ziemlich hügelig, im Staate New-Yersi (Niyudscherfi) sandig, in Pennsylvanien und Virginien bergig. Ernährt aber auch jeder dieser Staaten seine Einwohner, so ist doch Pennsylvanien seiner Steinkohlen und Oelquellen wegen am weitesten bekannt. Unzweifelhaft viel fruchtbarer als einer der genannten Staaten ist der Staat Ohio (Oheio) aber er wird für sumpfig und ungesund gehalten. Im genannten Staate Ohio, durch welchen ich nun zu fahren hatte, bemerkte ich auf den Feldern zwar alle europäischen Feldfrüchte, jedoch besonders Türkenkorn und in den Wäldern, an welchen Ohio keinen Mangel hat, ganze Schweineheerden. Diese Schweine hielt ich für Wildschweine und auf den Feldern glaubte ich werde Türkenkorn gebaut, weil andere Früchte nicht so gut gedeihen, wurde aber bald belehrt, daß diese beiden Artikel der Hauptreichthum in diesem Staate sind. Heute schon werden in den Vereinigten Staaten mehr Schweine gezogen als in ganz Europa. Von Ohio bis an Missisippi allein werden jährlich gegen 2 Millionen Schweine geschlachtet, wovon 300,000 auf Cincinati kommen. Diese Schweine laufen während des Jahres in den Wäldern und Strassen einher, werden im Monat Oktober eingesperrt und mit

Türkenkorn gemästet, um bei eintretender Kälte geschlachtet und verkauft zu werden. Jeder Farmer schlachtet seine Schweine, mit geringer Ausnahme selbst, führt sie in die Stadt, wo sie verkauft, zerhackt, eingesalzen und in die weite Welt verschickt werden. Bezieht auch Frankreich und andere Länder etwas Fleisch von Amerika, so geht doch der größte Theil nach England. Nach England geht der Haupthandel von Amerika, mit England stehen die amerikanischen Banken in Verbindung, ohne England scheint der Amerikaner nicht leben zu können und doch haßt er keine Nation mehr, als die englische. In der Schule, Theater, bei Volksversammlungen, Unterhaltungen, in Liedern und Schriften wird dieser Haß genährt und unterhalten. Auch in meinem Waggon drehte sich das Gespräch um diesen Gegenstand, als die Lokomotive stilleftand und die Bediensteten bei den Thüren einriefen: „Fünfzehn Minuten Aufenthalt zum Frühstück."

Wo Personenzüge die kultivirten Länder ohne Unterbrechung durchschneiden, ist bei Nachtszeit für Schlafwaggons gesorgt, bei Tag für Restauration. Diese Bahnrestaurationen gehören gewöhnlich der betreffenden Eisenbahngesellschaft, welche sie verpachtet hat. Am Morgen, Mittag und Abends gelangt man bei einer solchen Restauration an, findet den Tisch gedeckt, die Speisen auf demselben, setzt sich nieder, ißt nach Belieben, begibt sich hierauf in ein Nebenzimmer und zahlt seine Zeche. Die Zeche ist gewöhnlich ein halber Dollar für die Person, welche sich an Tisch setzt, sie mag viel oder wenig essen. In 15 Minuten ist das Essen vorüber, mit einer Glocke wird ein Zeichen zum Einsteigen gegeben und dahin brauset der Zug. So war es auch hier und bald hierauf langten wir am Fuße eines ziemlich hohen Berges an. Die gewöhnliche Lokomotive wurde von einer außergewöhnlichen ersetzt und langsam setzte sich der Zug in Bewegung. Es war dieses meine erste Eisenbahnfahrt über einen Berg und ich konnte die Kühnheit der Amerikaner nicht genug bewundern. In etlichen Stunden hatten wir den höchsten Gipfel des Berges erstiegen und ließen uns auf der entgegengesetzten Seite wieder über denselben hinab. Kaum war dieses geschehen und die Lokomotive wieder gewechselt, so gelangten wir an eine Stelle, wo das Wasser die Straße abgerissen hatte. Hier hatte ich Gelegenheit, Zeuge zu sein von der Sorgfalt, die das amerikanische Eisenbahnpersonal in solchen Fällen den Verunglückten angedeihen läßt. In möglichster Schnelligkeit standen die Omnibusse zu unserer Verfügung, welche uns in die nächsten Hotels brachten, wo für uns bis zu unserer Weiterreise am nächsten Tage gesorgt war. Thut es schon wohl, im Lande zu sehen, wie der Amerikaner, wenn er seine Mitmenschen auch nur aus Versehen beschädigt zu haben glaubt, vom Pferde springt, um Entschuldigung bittet und Schadenersatz anbietet, so thut es noch mehr wohl, zu sehen, wie das Eisenbahnpersonal bei einem Eisenbahnunglücke alle Hebel in Bewegung setzt, den

Verunglückten möglichst schnelle Hilfe angedeihen zu lassen. Ist auch der Amerikaner dienstfertig, so scheint mir im genannten Falle die Ursache seiner Dienstfertigkeit ein Gesetz zu sein, welches in diesen Umständen mildernd wirkt. Es sind mir Fälle bekannt, wo die Eisenbahngesellschaft ganze Familien ernähren mußte, weil der Vater auf der Eisenbahn verunglückte.

In der Nähe von Cincinati beginnen die Weinberge und je näher man der Stadt kommt, desto mehr mehren sie sich. Um die Stadt selbst sind am Ohiofluß alle Berge, Hügel, Thäler, Ebenen mit Reben bepflanzt. Besonders gedeiht hier die Cataubarebe, welche einen sehr starken Wein liefert. Die Quantität dieses Weines ist hier sehr bedeutend, doch läßt sich selbe nicht genau bestimmen. Der Preis richtet sich nach der Quantität des Jahrganges, ist jedoch gewöhnlich von 70 zu 90 Pfennige die Flasche.

Cincinati möchte ich eine deutsch=amerikanische Stadt nennen. Wo man steht oder geht, hört man die deutsche Sprache sprechen, wohin man sich bewegt, bemerkt man deutsche Sitten und Gebräuche. Alle Geschäfte und Gewerbe sind von den Deutschen vertreten, in allen Aemtern findet man Deutsche und die deutschen Kirchen werden zu den schönsten der Stadt gerechnet. Unter diesen Kirchen zeichnen sich die katholischen aus, von welchen 22 den deutschen Katholiken gehören. In der Nähe einer jeden deutschen Pfarrkirche befindet sich eine katholische Schule, welche von den deutschen Katholiken erbaut wurde und unterhalten wird. Die Schulgebäude sind alle aus Ziegelsteinen gebaut, 3 Stockwerke hoch, groß und geräumig und werden zu den schönsten Gebäuden der Stadt gerechnet. Es ist wohl kaum in der ganzen Union eine zweite Stadt, in welcher die Deutschen einen ähnlichen Einfluß ausüben. Sind auch alle deutschen Nationen hier vertreten, so sind doch die Plattdeutschen in der Mehrzahl.

Zu den treuesten Söhnen der Kirchen zählt man die Irländer und ihnen nicht viel nach stehen die plattdeutschen Katholiken. Der Plattdeutsche mußte in der alten Heimat sparsam leben, ist thätig und arbeitsam, und wird in der neuen Welt nicht selten bald wohlhabend, wenn nicht etwa reich. An Armuth und Entbehrung gewöhnt, theilt er seinen Mitmenschen gerne mit und trägt bereitwillig seine Scherfchen zum Besten seiner Religion bei. Kommt ein Priester in seine Wohnung und nimmt seine Mildthätigkeit zum Baue einer Kirche, Schule, Kloster, Waisen- oder Krankenhaus in Anspruch, so wird er ihn selten mit leerer Hand abziehen lassen. So wohlthätig er ist, so eifrig kommt er seinen Religionspflichten nach. Findet man im Lande aus allen Nationen abgefallene Katholiken, so ist doch ihre Zahl bei den Plattdeutschen sehr geringe. Abgefallene Katholiken nennt man im Lande alle jene, welche im Glauben Schiffbruch gelitten haben. Zu diesen gehören von den Plattdeutschen in der Regel nur jene, welche alle Moral und Sittlichkeit längst über Bord geworfen haben. Im Jahre 1815 zählte die Stadt Cincinati nur sieben katholische Familien und so erbittert waren die Bewohner gegen die Katholiken, daß keiner derselben ihnen einen Bauplatz zu einer katholischen Kirche verkaufte. Es wurde deßwegen die erste katholische Kirche zwei Meilen außerhalb der Stadt in Sümpfe und Wasser erbaut. Heute wohnen in Cincinati gegen 100,000 Katholiken. Sind die amerikanischen Städte in der Regel sehr ausgedehnt, so macht Cincinati hievon eine Ausnahme. Es kommt dieser Stadt die Ehre zu, wenn dieses eine Ehre zu nennen ist, die dichtbevölkerste Stadt der Welt zu sein. Es kommen hier 36,000 Bewohner auf eine englische Quadratmeile und, während in London 40 und in Dublin 32 Gebäude auf $^5/_4$ Tagwerk Land (Aecker genannt) stehen, so hat Cincinati 58 Häuser auf derselben Grundfläche. Es ist daher wegen Mangel an Hofräumen, gehöriger Ausdünstung und Ventilation der Luft die Stadt nicht sehr gesund. Man fühlt dieses besonders im Sommer, wo es in Ohio schon ziemlich warm ist.

Die Strassen in der Stadt sind größtentheils 60 Fuß breit, einige sogar 100 Fuß, sind gut gepflästert, mit Pferdeeisenbahnen versehen und mit Gas bei Nacht beleuchtet. Die Häuser sind in den ältern Stadttheilen kompakt gebaut, oft 5 und 6 Stock hoch, in den neuern aber sind Holz- und Steinhäuser, wie in den übrigen Städten, gemischt durcheinander. Jede Nation bewohnt ihren eigenen

Stadttheil und im Centrum treiben alle Nationen durch einander Handel und Gewerbe. Sind im südöstlichen und südwestlichen Theile die größern Fabriken und Maschinenwerkstätten, so hört man im westlichen, nordwestlichen und nördlichen Theile kaum ein anderes Wort als ein deutsches. Man findet hier nur deutsche Sitten und Gebräuche und sieht sich nicht selten in die alte Heimat versetzt. Hier setzt man sich beim Bier oder Wein, spielt Karten oder Billard und unterhält sich vertraut mit einander. Kommt der Sonntag, so hört man deutsche Musik, vernimmt in deutscher Sprache das Wort Gottes, singt deutsche Lieder und findet sich in deutschen Wirthshäusern ein. Sollte auch die Wirthsstube geschlossen sein, was in Cincinati damals der Fall nicht war, so findet man leicht einen Eingang, und oft sogar einen deutschen Polizeidiener, der mit seinen deutschen Landsleuten gemüthlich zecht. Recht gerne gönnt der Deutsche dem Amerikaner seinen Kaffee und Thee, wenn er nur bei seinem Glas Bier nicht gestört wird. Auch läßt er die Andersgläubigen, wie im Lande gebräuchlich ist, ihren Gottesdienst Mittags und Nachts halten, aber der deutsche Gottesdienst muß Vormittag und Nachmittag gehalten werden, wie er es in der alten Heimat gewohnt war. Hört man in andern Kirchen keine Musik, werden immer dieselben Lieder gesungen und dieselben Gebete gebetet, in den deutschen katholischen Kirchen muß die Kirche prachtvoll geschmückt sein, der Chor gut besetzt und die Kanzel mit einem guten Prediger versehen. Die Zahl der Priester in der Stadt ist ziemlich bedeutend und von den religiösen Orden erwähne ich nur der Jesuiten, der Franziskaner, der Dominikaner, der Schulschwestern, der barmherzigen Schwestern, der Frauen vom guten Hirten ꝛc. Neben den katholischen Elementarschulen befindet sich hier ein katholisches Gymnasium, ein Priesterseminar, ein prachtvolles katholisches Institut und viele Pensionate und Fortbildungsschulen. Würde in dieser Stadt nicht der Apologet, ein methodistisches Blatt, so heftig gegen die Katholiken Lärm schlagen, so würde man sich in Cincinati in eine ganz katholische Stadt versetzt glauben.

Ist auch Cincinati keine Seestadt, so ist dessenungeachtet der Handel sehr bedeutend. Es ist am Ohiofluß gelegen und die Eisenbahnen kreuzen sich hier nach allen Richtungen. Ist auch der Ohiofluß keiner der bedeutensten Flüsse des Landes, so trägt er doch hier schon ziemliche Schiffe. Auch bestehen Dampfschiffgesellschaften, welche die Stadt mit den Südstaaten und selbst dem Meere in Verbindung setzen. Bekanntlich bildet der Ohiofluß von Cincinati bis zu seiner Mündung in den Mississippi die Grenze zwischen den Staaten Ohio, Cantuky und Indiana. Da aber in Cincinati sehr bedeutende Meubel-, Stahl- und Eisenfabriken sind, auf dem Lande sehr viel Wein und Getreide gebaut und sehr viel Vieh gezogen wird, so bietet dieser Fluß und die Eisenbahnen Gelegenheit, diese Gegenstände nicht nur im Inlande, sondern sogar ins Ausland zu verschicken und andere Produkte dafür zu beziehen. Gegenwärtig ist Cincinati die volkreichste Stadt im ganzen Staate und vor hundert Jahren war die Stadt der Welt fremd. Erst im Jahre 1790 wurde der Boden, auf dem Cincinati erbaut ist, den Indianern um 125 Dollars abgekauft, im Jahre 1800 zählte Cincinati erst 750 Einwohner, heute hat es gegen 250,000 Einwohner und für einen Bauplatz von 25 bis 100 Fuß zahlt man von 1000 bis 50,000 Dollars. Die Strassen sind regelmäßig ausgelegt, prachtvolle Gebäude zieren sie, Kirchen und Klöster schmücken sie und Handel und Gewerbe beleben sie. Was würden heute die Indianer denken, wenn sie nach Cincinati kämen und bald ein Dampfschiff anrollen, bald einen Eisenbahnzug abfahren sehen, die Menschenwogen auf den Strassen und das Leben und Treiben in der Stadt sehen würden? Und doch können noch Indianer leben, welche ehedem an diesem Orte ihre armen Zelte aufgeschlagen hatten und hungern mußten, wenn sie nicht jeden Tag ein Wild erlegen konnten.

Wie keine Stadt in Amerika ausgebaut ist, so auch Cincinati nicht, und wie keine Stadt eine Ringmauer umgibt, so liegt auch diese Stadt frei und offen da. Sind auch ein paar Hügel in der Nähe der Stadt und befinden sich selbst auf diesen schon Kirche und Häuser, so ist doch der größte Theil der Stadt auf einer Hochebene gelegen. Anlagen oder Spaziergänge entbehrt bis jetzt jede Stadt im Lande; andere Merkwürdigkeiten als: große Theater, Denkmäler,

Sammlungen, Museen, Erinnerungen an geschichtliche Ereignisse haben die amerikanischen Städte bis jetzt im Allgemeinen nicht und hievon macht auch Cincinati keine Ausnahme. So wie Newyork durch einen Fluß von seinen Vorstädten getrennt ist, so auch Cincinati. In neuester Zeit hat man über diesen Fluß eine Kunstbrücke gebaut und sie so hoch gestellt, daß die Schiffe ungehindert unter derselben durchfahren können.

Von Cincinati reiste ich nach Louisville im Staate Cantuky. Bei meiner Ankunft im Eisenbahnhofe war der Zug gerade am Abfahren und ohne Billet setzte ich mich in einen Eisenbahnwagen. Während wir dahin fuhren, sammelte der Conducteur die Billete ein und da ich eben keines hatte, bezahlte ich ihm mein Fahrgeld bis an die Grenze des Staates. Hier hatte ich zu warten, bis ein anderer Zug ankam. In einer Stunde wurde er erwartet und nach acht Stunden traf er ein. So unangenehm ein solcher unfreiwilliger Aufenthalt sein mag, so kommt er doch öfters vor, da sich keine Eisenbahngesellschaft verpflichtet, zu der bestimmten Zeit an einem Orte einzutreffen. Uebrigens ist es deßwegen nicht unangenehmer zu reisen als in andern Ländern, da der Amerikaner sehr dienstgefällig ist, nie die Passagiere belästigt, nie um einen Paß fragt oder ein Gepäck durchsucht. Man fährt von einem Staate in den andern ohne es zu merken und reist durch das ganze Reich ohne sich auszuweisen. So befand ich mich im Staate Cantuky, ohne zu wissen, daß ich Ohio verlassen hatte.

Gewöhnlich werden die Vereinigten Staaten in Süd- und Nordstaaten, je nach ihrer Lage, eingetheilt; die Südstaaten waren Sklavenstaaten, die Nordstaaten nicht. Zu den Südstaaten gehörte auch Cantuky. Auf den Feldern sah ich nur Neger arbeiten und als ich um die Ursache dessen fragte, wurde mir erzählt, daß sich die Weißen weigern mit den Schwarzen zu arbeiten. Gegen Mittag langte der Zug in Louisville an, die Omnibusse und Gepäckwägen standen wie gewöhnlich in Bereitschaft, ich setzte mich in den nächsten besten, übergab mein Gepäckzeichen dem Treiber, fuhr zu einem Hotel und fand bei meiner Ankunft im Zimmer auch mein Gepäck. Es gibt nämlich im Lande weder Fiaker noch Packträger, sondern nur Omnibusse und Gepäckwägen, welche gewöhnlich einer und derselben Gesellschaft angehören, die Hotelomnibusse ausgenommen. Zu den schönsten Gebäuden der Stadt gehören die Hotels. Auch dieses Hotel machte hievon keine Ausnahme. Es war aus weißem Marmor, 4 Stockwerke hoch, in der schönsten Lage der Stadt. Zu ebener Erde befanden sich, wie gewöhnlich in den Hotels im Lande, Kleider- und Weißwaarenhandlungen, eine Restauration und das Telegraphenbureau; im ersten Stocke der Speisesaal, welcher wie gewöhnlich in Hotels sehr groß war aber nur Tische und Rohrstühle enthielt, wenn ich die Vorhänge an den Fenstern und die Teppiche auf dem Boden abrechne. Das Parloir ist gewöhnlich am besten eingerichtet. Auch hier war in demselben der Boden mit schönen

Teppichen belegt, Kanapees und gepolsterte Sessel umgaben die runden Tische, Spiegel mit Goldrahmen zierten die Wände, schöne Vorhänge die Fenster und die den Amerikanerinen unentbehrlichen Schaukelstühle fehlten nicht. Die Schlafzimmer sind in der Regel klein und man findet in ihnen gewöhnlich nur Bett, Stühle, Ofen, Tisch, Waschstand und Spiegel. Das Bett besteht in der Regel aus einer Federmatratze mit einer wollenen Decke und der gehörigen Weißwäsche. Jeder Gast hat gleiche Kost und Bedienung und zahlt gleichen Preis, er mag im ersten oder zweiten Stocke wohnen. Das Zimmer wird den Gästen angewiesen, bei Tisch wählt sich aber jeder Gast selbst seinen Platz, nur wird dem Frauengeschlecht der Vorsitz eingeräumt. Frühstück, Diner und Abendessen sind gemeinsam und wer sich dabei nicht einfindet, braucht auch dafür nicht zu bezahlen. Zur Zeit eines gemeinsamen Essens wird mit einem für diesen Zweck bestimmten Instrumente ein Zeichen gegeben und beim Eintritte in den Speisesaal findet man hierauf alle Speisen auf dem Tische, mit Ausnahme von Suppe Fleisch und Gemüse. Hat man einen Platz eingenommen, so bringt auch schon ein anständig gekleideter Diener die Suppe und frägt, ob man Kaffee oder Thee wünsche. Noch ist die Suppe kaum gegessen, so steht auch schon der Thee oder Kaffee auf dem Tische und der artige Diener zählt jedem Gast einzeln die verschiedenen Speisen auf, welche zu haben sind, und frägt hierauf, welche von genannten Speisen man wünsche. Die Fleisch=

portionen sind in der Regel nicht recht groß, aber man kann sie nach Belieben repetiren lassen oder auch wechseln. Hat man gegessen, so wird der Teller gewechselt und man ißt von den auf dem Tische stehenden Süßigkeiten nach Belieben. Bei Tisch wird weder Wein noch Bier getrunken und kein Wort geredet. In aller Schnelligkeit ißt man seine Mahlzeit und eilet hierauf dem Parloir, der Restauration oder seinen Geschäften zu. Wie der Amerikaner nur drei Mahlzeiten des Tages kennt, so wird auch in den Hotels nur dreimal des Tages gegessen. Die Bezahlung ist für jede Mahlzeit dieselbe und der Unterschied der einen Mahlzeit von der andern besteht in der Suppe, welche nur Mittags verabreicht wird. Das Schlafgeld ist gewöhnlich so viel als für eine der Mahlzeiten bezahlt wird. Der Preis in solchen Hotels ist gewöhnlich von 2 bis 5 Dollars des Tages. Die Hauptmahlzeit (Diner) wird um 12 Uhr Mittags genommen und ist in 10 Minuten vorüber.

Nach dem Diner erkundigte ich mich um die nächste katholische Kirche und erfuhr, daß ich mich in deren nächster Nähe befinde. Ich suchte sie auf und war nicht wenig erstaunt, eine solche prachtvolle gothische Kirche in der Stadt zu finden. Der Thurin war gleichfalls gothisch, 320 Fuß hoch und damals der höchste in den Vereinigten Staaten. Später erfuhr ich, daß diese Kirche vom Bischofe größtentheils aus seinen Privatmitteln gebaut wurde und bereits ohne Schulden sei. Mir war diese Bemerkung um so mehr auffallend, als ja die katholischen Kirchen gewöhnlich reiche Stiftungen haben, mußte aber bald einsehen, daß Schulden für die Kirchen vortheilhafter sind als Kapitalien; denn die Schulden nimmt ihnen Niemand, die Kapitalien aber sind zu großen Gefahren ausgesetzt. Auch würden sich die Gläubiger rühren, wenn man verschuldete Kirchen einziehen würde, während sich bei der Einziehung der Kapitalien Niemand kümmert.

Im Innern war die Kirche nicht weniger geschmackvoll als im Aeußern prachtvoll. Sie hatte 3 Schiffe und mit jedem Schiffe stand ein Altar in Verbindung. Die Kanzel, Bet- und Beichtstühle waren gleichfalls prachtvoll im gothischen Style gearbeitet und die gothischen Fenster, Wandverzierung und Emporkirche mit prachtvoller Orgel standen erstern nicht nach. Die Orgel auf der Emporkirche war abgeschlossen und die beiden Seitentheile waren für die Neger bestimmt, weil sich ein Weißer selbst in der Kirche nie neben einen Neger niederknien wird. An Werktagen war die Kirche wenig besucht, an Sonntagen überfüllt. An Sonntagen wurden drei heilige Messen gelesen, an Werktagen eine. An Sonntagen las der Bischof immer Messe und an Werktagen, wenn kein anderer Priester zu Hause war. Für einen Stuhl in dieser Kirche wurden 100 Dollars jährlich bezahlt.

Unweit der Kirche stand ein einfaches zweistöckiges Gebäude in einem kleinen Gärtchen. Das Gärtchen war mit einem eisernen Gitter umgeben, durch welches ein kleines Thürchen führte. Ich öffnete das Thürchen, marschirte schön langsam durch das Gärtchen, öffnete die Hausthüre und verlangte einen Priester zu sprechen. Der Herr Bischof, heißt es, ist nicht zu Hause, aber der Generalvikar ist im Zimmer, wenn sie gefälligst eintreten wollen. Jetzt merkte ich, daß die Kirche die Cathedrale sei und dieses die Wohnung des Bischofes. So bescheiden wie diese Wohnung war, sind gewöhnlich die Häuser der Bischöfe im Lande, und so einfach der Titel, „Herr Bischof" mir schien, so ist er doch der gewöhnliche eines Bischofes im Lande. Im Zimmer rauchte ein älterer starker Herr seine Cigarre und zwei jüngere Herrn leisteten ihm Gesellschaft. Der ältere starke Herr war der Generalvikar, die beiden jüngern der bischöfliche Sekretär und Hauskaplan. Es ist so gebräuchlich im Lande, daß der Bischof neben der Cathedrale wohnt und mehrere Geistliche im Hause hat. Hier war der Generalvikar auch zugleich Rektor der Cathedrale und die beiden andern Herrn seine Hilfspriester. Ich erkundigte mich um einen bekannten Geistlichen und der Generalvikar fragte mich, ob ich etwa selbst Priester wäre. Er lud mich nun ein, bei ihm zu verbleiben, bis sein Herr Bruder, der Herr Bischof, nach Hause kommen würde, was schon nach ein paar Tagen der Fall sein werde. In der Regel sind die amerikanischen Bischöfe gastfreundlich und für ihre Priester so weit besorgt, daß sie nicht in Wirthshäusern zu wohnen haben. Mehr als jeder andere Bischof war

dieses der Bischof von Luisville. Auch sein General=
vikar ließ gleich mein Gepäck im Hotel abholen und
mir ein Zimmer im zweiten Stocke anweisen. Das
Zimmer war nicht klein und schön austapeziert.
Man tapeziert die Zimmer im Lande recht gerne
aus, da die Tapeten billig sind. Außer ein
paar Rohrsesseln, einem Tische und Bett war
nichts im Zimmer. Gut genug, dachte ich bei mir
selbst, für einen Reisenden, konnte mich aber bald
überzeugen, daß weder das Zimmer des Bischofes
noch seines Generalvikars viel besser eingerichtet sei.
Auch die Kost war sehr einfach und bestand täglich
Mittag in Suppe, Rostbeaf und Gemüse, und Nachts
in den Ueberbleibseln des mittägigen Rostbeafes.
Blieb auch Nachts noch etwas Rostbeaf übrig, so
kam er am nächsten Morgen in einer sauren Sauce
auf den Tisch. An Brod, Butter, Thee und Kaffee
fehlte es bei keiner Mahlzeit.

Viele Geistliche glauben, daß sie in Amerika
ganz unbeachtet seien, irren sich aber sehr. Es ist
ein amerikanischer Grundsatz, jeden Menschen so
lange für schlecht zu halten, bis man sich vom
Gegentheil überzeugt hat. Auch die amerikanischen
Bischöfe huldigen diesem Grundsatze und glauben
nicht, daß ein Priester aus einer reinen Absicht bei
ihnen um Aufnahme nachsuche. Wie die geheimen
Gesellschaften die guten und schlechten Eigenschaften
ihrer Mitglieder kennen und ausnützen, so die
amerikanischen Bischöfe die Leidenschaften und Tu=
genden ihrer Priester. Um aber jeden Geistlichen

5

genau kennen zu lernen, wird er einem ganz vertrauten Priester anvertraut, der ihn, ohne daß er es merkt, strenge bewacht und oft sogar Gelegenheit bietet, seine Leidenschaften zu befriedigen. Auch bei mir wurde von dieser Regel keine Ausnahme gemacht und obgleich ich mich dem Anscheine nach ganz frei bewegen konnte, war doch meine Beschäftigung, meine Lektüre, meine Ausgänge, mein Umgang strenge überwacht.

Nach zwei Tagen traf in der Nacht der Bischof ein und schon am nächsten Morgen waren einige Männer bei ihm und ersuchten ihn um einen Priester. Wie gewöhnlich erhielten auch sie die Antwort, daß man keinen habe. Als sie ihn aufmerksam machten, daß einer im Hause sei, schickte er sie zu mir. Ich war auf meiner Reise nach Rom und dachte nicht daran, mich einem neuen Berufe zu widmen. Er ließ mich rufen, machte mich aufmerksam auf die Zustände in Rom und versprach meine Angelegenheiten in Rom zu besorgen. Ich willigte ein und wurde zum Stadtpfarrer von Louisville ernannt, sollte jedoch unterdessen im bischöflichen Hause wohnen. Hier hatte ich meine erste Gelegenheit, die amerikanischen Bischöfe sowohl als die Stellung des katholischen Klerus im Lande kennen zu lernen. Etliche Tage nach mir suchte ein getaufter Jude um Aufnahme nach, wurde aber nicht aufgenommen, weil keine Stelle mehr leer war. Er suchte beim nächsten Bischofe nach, wurde ordinirt und etliche Wochen später wieder entlassen. In der Stadt selbst war ein Pfarrer, der kaum lateinisch lesen konnte. Er war früher Meßner, wurde ordinirt und zum Stadtpfarrer gemacht. Da wir eines Tages zu Tische saßen, kam ein deutscher Geistlicher, welcher Pfarrer in der Umgegend war. Der Bischof trug ihm einen Sitz in seiner Nähe an und unterhielt sich sehr wohl während des Essens mit ihm. Nach Tisch begab sich die ganze Gesellschaft in das Zimmer des Bischofes, jeder rauchte seine Cigarre und trank eine Tasse Kaffee. Als die Gesellschaft auseinander ging, hielt der Bischof den obigen Priester allein bei sich zurück und entließ ihn. Er war angeklagt, an der Strasse unter einem Baume betrunken getroffen worden zu sein. Umsonst versicherte der Priester, daß er wegen zu großer Sonnenhitze unter dem Baume nur ausgeruht habe; umsonst schützte er sein früheres untadelhaftes Betragen vor; umsonst die Achtung, in der er bei seiner Gemeinde stand. So leicht als man Aufnahme findet, so schnell ist man wieder entlassen.

Nicht selten nannte bei Tisch der Bischof den Namen eines Priesters aus den Vereinigten Staaten oder aus Niederkanada, fragte, ob ihn Jemand kenne und berichtete, daß er suspendirt sei. Ich zweifelte daher nicht länger, daß die Bischöfe mit einander im schriftlichen Verkehr stehen und einander berichten, was in ihren Diözesen vorgehe. Unter diesen suspendirten Priestern befand sich auch ein Dr. Cahil, einer der berühmtesten Celebritäten Irlands seiner Zeit. Dieser ausgezeichnete Priester war nach Amerika gekommen, um den Irländern im Lande katholische Vorlesungen zu geben und sie in ihrem Glauben zu erhalten und zu stärken. Wo er auftrat, waren die Kirchen mit Zuhörern überfüllt. Es wurde ein Eintritt bezahlt und dieses Geld verwendete er größtentheils für die Waisen- und Krankenhäuser. Er kam auch nach Baltemoore und der Erzbischof, Dr. Kennrick, verbot den Katholiken seine Vorlesungen zu besuchen, ihm selbst aber die heilige Messe zu lesen. Da dieses um die Zeit geschah, wo ich in Louisville beim Bischofe wohnte, brachte der Bischof auch diese Angelegenheit bei Tisch zur Sprache und vertheidigte, wie sich von selbst versteht, die Handlungsweise des Erzbischofes. Keiner der anwesenden Geistlichen getraute sich etwas dagegen einzuwenden, ich hingegen bemerkte, „daß die Suspens in der katholischen Kirche nur als Strafe bei großen Vergehen angewendet wurde, in Amerika hingegen Allgemein in Anwendung gekommen zu sein schiene." Der Bischof und sein Sekretär schwiegen, der irländische Klerus aber, welcher für Dr. Cahil schwärmte, drückte mir nach Tisch seinen Beifall aus.

Ebenso genaue Kenntniß hatte der Bischof von dem, was in seiner Diözese vorging. Eines Vormittags wurden drei Kinder aus einer katholischen Schule ausgewiesen und Mittags schon erhielt der Hauskaplan den Auftrag, die Angelegenheit zu untersuchen. Fehlte auch beim Sonntagsgottesdienste nur ein Stuhlhalter, so hatte schon am Montage der Sekretär nachzusehen, ob er vielleicht krank sei.

Der Bischof war Amerikaner und bewegte sich so leicht wie jeder Amerikaner. Bei einer Feierlichkeit predigte er und nach der Predigt stellte er sich mit Chorrock und Stola unters Volk und schaute bis der Gottesdienst vorüber war, begab sich hierauf in die Sakristei und legte Chorrock und Stola ab.

O, wie wehe that es mir, wenn davongejagte Priester kamen und wie die Handwerksburschen ehedem um Aufnahme oder Almosen baten! Wie ein nobler Meister gab er einem Priester nie weniger als 5 Dollars, schickte ihn ins Krankenhaus, wenn er krank war und zahlte die Kosten.

Während der Hetze gegen die Katholiken im Jahre 1856 zogen auch hier einzelne Banden in der Stadt herum, versuchten in die Häuser einzudringen und morbeten einige Katholiken. Als sie zum Hauptthore der Cathedrale kamen, trafen sie den Bischof unter demselben, welcher sie in der Kirche herumführte und ihnen zeigte, daß er keine Waffen verborgen halte. Ich staunte über einen solchen Muth, mußte jedoch später erfahren, daß er selbst in der Loge in Neworleans Vorlesungen zu halten gewagt haben soll.

Hier hatte ich auch Gelegenheit, neben vielen andern Bischöfen den Erzbischof von Cincinati kennen zu lernen. Er traf in der Nacht ein, wohnte neben mir, sprang bis 3 Uhr Morgens aufgeregt in seinem Zimmer auf und ab, wurde bis 4 Uhr ruhig und war bis 5 Uhr wieder verschwun-

den, ohne daß Jemand wußte, nach welcher Richtung
er sich begeben hatte. Etliche Tage später kam ich
nach Cincinati und stieg bei einem deutschen Pfarrer
ab. Im Zimmer, welches mir angewiesen wurde,
fand ich Uhren, Kleider, Bücher ꝛc. so durcheinander,
daß es mir auffallen mußte. Ich erkundigte mich
um die Ursache dessen und erfuhr, daß der Erzbischof den zweiten Pfarrer augenblicklich fortgejagt
habe, ohne ihm Zeit zu gönnen, einzupacken. Er
sei in solchem Ansehen in der Stadt gestanden, daß
der Erzbischof bereits mit dem Gedanken umging,
ihn bei der nächsten Gelegenheit zum Bischofe vor-
zuschlagen. Da er jedoch eines Abends spät nach
Hause kam, sei des andern Tages gegen 10 Uhr
Morgens der Erzbischof im Pfarrhofe erschienen,
habe die beiden Pfarrer mit sich zur Kirche geführt,
sich alba in Gegenwart der beiden Priester auf die
Stufen des Altares niedergeworfen und mit tiefer
Stimme das de profundis zu beten angefangen,
plötzlich aufgesprungen und dem zweiten Pfarrer zu-
gerufen, wo er gestern Nachts gewesen sei. Er-
schrocken warf sich der gute Priester seinem Erzbischofe zu Füßen, bekannte seine Schuld und bat
um Vergebung, da es zum ersten Male geschehen
sei. Augenblicklich, rief ihm der Erzbischof zu, verlassen sie meine Diözese, wenn sie nicht suspendirt
sein wollen. Er nahm seinen Hut und Stock und
verließ Cincinati. Der erste Pfarrer hatte ihn
denunzirt. Dieser Erzbischof hat sehr viel für die
Religion gethan, aber man sagt von ihm, daß er

mehr Priester unglücklich gemacht als geweiht habe. Kehren wir nun wieder zur Stadt Louisville zurück.

Diese Stadt wurde, wie schon ihr Namen andeutet, von den Franzosen angelegt, war bis auf die neueste Zeit nur ein Dorf, zählte noch im Jahre 1845 kaum 20,000 Einwohner, welche sich jedoch heute schon bis auf 100,000 vermehrt haben. Sie ist die Hauptstadt vom Staate Cantuky, ist am Ohioflusse gelegen, welcher hier die Grenze zwischen Cantuky und Indiana bildet. Wie sich in allen großen Städten des Landes mehrere Eisenbahnen kreuzen, so auch in Louisville. Handel und Gewerbe sind daher sehr im Zunehmen begriffen, und da der Lohn des Arbeiters etwas höher ist, als in den Nachbarstaaten, so hat die Einwanderung sehr bedeutend zugenommen. Ist die Altstadt auch unbedeutend zu nennen, so ist die Neustadt von sehr großem Umfange. Bis ins Unzählige gehen die neuen kleinen Häuserreihen, welche sich an die Altstadt anschließen. Die Straßen sind größtentheils gepfläſtert, werden bei Tag mit Pferdeeisenbahnen befahren und bei Nacht mit Gas beleuchtet, die Trottoirs aber werden von Bäumen beschattet. Ist auch die Hitze im Sommer ziemlich groß, so ist doch der Winter kurz und angenehm. Unter den Einwohnern finden wir viele Amerikaner, die bedeutende Mehrzahl aber Deutsche und Irländer. Findet man hier auch Amerikaner, welche katholisch sind, so ist doch die bedeutende Mehrzahl deutscher und irländischer Abstammung. Es sind gegenwärtig 15 katholische Pfarrkirchen in der Stadt, von welchen bereits die Hälfte deutsch ist. Klöster gibt es mehrere, ich erinnere mich aber nur mehr der Franziskaner, Dominikaner, Jesuiten, Schulbrüder, barmherzigen Schwestern, Frauen vom guten Hirten, Ursulinerinen, Franziskanerinen, Dominikanerinen und Schulschwestern.

Waren auch hier nicht so viele Sklaven als in andern Südstaaten, so hatte doch bereits jede Familie in der Stadt wie auf dem Lande ihre Sklaven. Die Sklaven waren alle Neger, aber nicht alle Neger waren Sklaven. Es gab schon sehr viele Neger, welchen von ihrer Herrschaft die Freiheit geschenkt worden war. Waren diese Neger aber auch noch so vermöglich, so wollte doch kein Weißer mit ihnen arbeiten, an einem Tische mit ihnen essen oder in einem Bette mit ihnen schlafen. Selbst der reichste Mann der Stadt war ein Neger und doch konnte er keine andere weiße Frau als eine deutsche zur Ehe bekommen. Es bleibt dahin gestellt, ob die freien Neger oder die Sklaven sich besser befanden, wenigstens waren die Sklaven nicht minder geachtet als die freien Neger. Die Herrschaften liebten nicht selten ihre Sklaven wie ihre Kinder und es fiel ihnen gar nicht ein, einen ihrer Sklaven ohne Nothwendigkeit zu verkaufen. Zwar gab es hievon auch Ausnahme, aber selbst bei diesen Ausnahmen wurde Rücksicht genommen auf die Person, ihren Werth und ihr Verdienst. Es gab Sklaven von bereits allen Professionen. Bedurften die Sklavenhälter

ihrer Sklaven nicht zu Hause, so konnten sie für
andere Leute arbeiten, mußten aber ihrer Herrschaft
täglich eine bestimmte Summe für Wohnung, Kost
und Kleidung abliefern. Je nach dem Verdienst
wurde der Sklave geschätzt und während man für
den einen kaum 800 Dollars bezahlte, zahlte man
für den andern 8000.

Ich habe oft in meinem Leben bemerkt, daß je
gemeiner und ungebildeter der Mensch ist, desto jäh=
zorniger und reizbarer er sei. Der feine Jude ist
nicht leicht reizbar, der trockene Geldmann selten
zornig, hingegen der gemeine Mann gleich in der
Höhe. Selten hört man daher von Ehrenkränkungs=
klagen unter den gebildeten Ständen, desto häufiger
beim gemeinen Volke. Je größer der Narr, desto
mehr denkt er von sich, und je vernünftiger der
Mann, desto ruhiger ist er. Wenn wir nun hören,
daß auch der Neger stolz und reizbar ist, werden
wir uns dessen nicht wundern. —

Mein Besuch von Luisville galt meinem Freunde,
den ich leider unter den Todten fand. Der Weg zu
seinen sterblichen Ueberresten führte mich auf den
Gottesacker. Diese Gottesäcker sind in dem Lande
theils katholisch, theils allgemein. Die allgemeinen
Gottesäcker gehören auf dem Lande und in den
kleinen Städten den Gemeinden, in den größern
aber Privatunternehmern; die katholischen Gottes=
äcker aber den katholischen Gemeinden und nur in
Städten, wo der Bischof seinen Sitz hat, dem katho=
lischen Bischofe. Der Bischof kauft in diesem Falle

den Grund, umgibt ihn mit einer Mauer, läßt die
Wege anlegen und sie mit Bäumen zieren, gewährt
den Armen ein freies Grab, erhebt aber von den
Uebrigen für jedes Grab 7 Dollars, die geringste
Summe, welche in einem Privatgottesacker bezahlt
wird. Nur die deutschen Katholiken in Louisville
wollten für sich einen eigenen Gottesacker, kauften
mit den Kirchengelde einen eigenen Platz für sich
an, begruben ihre Todten auf selbem, erhoben für
jedes Grab gleichfalls 7 Dollars und zwangen nach
und nach den Bischof, selben einzuweihen. Dessen=
ungeachtet wurden die ansehlichsten deutschen Katho=
liken alle auf dem bischöflichen Gottesacker begraben
und unter diesen auch mein Freund und Landsmann.
Wie jeder Gottesacker im Lande sich außerhalb der
Stadt befindet, so war auch dieser etwa eine halbe
Stunde von der Stadt. Dieser Gottesacker war
sehr reinlich gehalten, die Bäume waren in ihrem
besten Wuchse, die Gräber waren sehr schön verziert
und in der Mitte desselben stand ein Kreuz und
neben demselben der Grabstein meines Freundes.
Der Bischof hatte für ihn den Platz selbst bestimmt
und seine Gemeinde ihm den schönen Grabstein
setzen lassen. Sind die Gottesäcker der Gemeinden
oft sehr vernachlässigt, so sind die der Privatunter=
nehmer oft völlige Todtenparks. Von einem leben=
digen Zaune umgeben, sind die Wege mit Bäumen
und Gesträucher geziert, hinter welchen oft pracht=
volle Monumente kaum bemerkbar hervorblicken, unter
welchen die Gebeine der Verstorbenen ruhen. Die

Wege werden auf Kosten des Eigenthümers stets rein gehalten und die Bäume wie das Gesträuch gepflegt. Wenn man einen solchen Gottesacker betritt, merkt man kaum, daß man sich in einem Todtenparke befinde. Der schönste unter allen Todtenparks in den Vereinigten Staaten, ist der Grünwudfriedhof unweit Brucklin bei Newyork. Dieser Todtenpark wurde am 2. September 1840 eröffnet und bis zum 9. März 1872 wurden nicht weniger als 155,958 Leichen daselbst beerdiget. Die Einnahmen beliefen sich im Jahre 1871 allein auf 223,057 Dollars. Die Länge der Fahr- und Fußwege dieses schönsten Todtenparkes der Welt beträgt 15$^{1}/_{2}$ englische Meilen. Dieser Todtenpark ist confessionslos und wird von den Katholiken nicht benützt, weil kein katholischer Priester in einem nichtkatholischen Gottesacker die Leichen einsegnen kann. Selbst die Todten versteht der Amerikaner auszunützen! —

Weiterreise.

Es war Abend als ich Louisville verließ und den Ohiofluß übersetzte. Wie man noch sehr selten Brücken im Lande findet und gewöhnlich in Dampfschiffen die Flüsse übersetzet, so auch hier. Auch war hier, wie gewöhnlich neben großen Städten im Lande, auf der entgegengesetzten Seite des Flusses der Hauptstadt ein kleines Städtchen angelegt, in welchem sich der Bahnhof zu meiner Weiterreise befand. Das Städtchen wurde Jefferson im Staate Indiana genannt, zählte kaum 200 Block- und Bretterhäuser, welche noch sehr zerstreut einherlagen und nur zu deutlich zeigten, daß ich mich im jüngsten Staate befinde, den ich bis jetzt bereiste. Hier hatte ich die erste Gelegenheit zu sehen, wie die Eisenbahnen in den neuen Ländern aussehen. Der Bahnhof war eine ärmliche Bretterhütte, die Schienen lagen nicht selten auf dem Grase auf, waren schlecht mit einander verbunden, neigten sich von einer Seite zur andern, und der Zug ging sehr langsam und hielt bald vor armen Hütten, bald unter freiem Himmel an, um Passagiere und Gepäck ein- und auszuladen. Da man im Lande keinen Bahnwächter hat und die Eisenbahngesellschaft für jeden Schaden haftbar ist, der von der Bahn angerichtet wird, so ist es in diesen neuen Ländern schon geschehen, daß der Führer abstieg und das Vieh von der Bahn entfernte, bevor er weiter fahren konnte. Bei uns war dieses nicht der Fall, da wir in den Urwäldern von Indiana, welche nicht weiter ausgehauen waren, als zur Durchfahrt nothwendig war, kein Vieh zu sehen bekamen. Hätte man doch in meinem Vaterlande das Holz, das hier verfault, dachte ich bei mir selbst, als ich durch diese Urwälder dahinfuhr und immer einen Baum über dem andern liegen und verfaulen sah. Dieser Urwald war sehr groß und erst nach einer Fahrt von vielen Stunden langten wir bei einer Oeffnung und bald hierauf vor Indianapolis an.

Indianapolis ist die Hauptstadt vom Staate Indiana und zählte damals kaum 18,000 Einwohner. Sie wurde vor etwa 20 Jahren auf dieser fruchtbaren Ebene angelegt, ist sehr regelmäßig im Quadrate gebaut, hat sehr schöne breite Strassen, welche auch schon ziemlich belebt waren. Die Häuser waren größtentheils, was bei diesen neuen Städten selten der Fall ist, aus Ziegelsteinen geschmackvoll gebaut. An allen Ecken und Enden wurde gebaut und die Stadt sah aus, als wenn sie einer schönen Zukunft entgegengehen würde. Seit 10 Jahren hatte sie sich jährlich um mehr als 1000 Seelen vermehrt und die schönen Gebäude, die großen Geschäftshäuser, die reichen Banken ließen auf eine noch schnellere Vermehrung schließen. Heute zählt die Stadt nicht weniger als 60,000 Einwohner und ist schon zu einem großen Geschäftsplatze geworden. Kirchen zählte ich 22, von welchen nur 2 katholisch waren, die eine davon war englisch, die andere deutsch. In neuester Zeit hat der Bischof von Vincennes seinen Sitz nach Indianapolis verlegt, eine neue Cathedrale daselbst erbaut und es unterliegt keinem Zweifel, daß daselbst auch mehrere andere katholische Kirchen und Klöster erbaut werden.

Auf meiner ganzen Reise von Newyork bis hieher fielen mir die vielen Kirchen auf, die ich in jeder Haltstation und in jedem Städtchen sah. Wenn auch die Stadt erst aus etlichen Häusern bestand, so waren neben denselben schon zwei oder drei Kirchen. Ich drückte daher zu einem Amerikaner, der neben mir saß, mein Befremden über die vielen Kirchen aus und er bemerkte, daß es ohne Kirchen nicht gehe. „Nicht recht weit von hier," sagte er, „legten Schweitzer eine Stadt, Tellcity genannt, an, in welcher keine Kirche gebaut werden durfte. Es blieb bei etlichen Häusern bis Kirchen gebaut wurden. Heute hat Tellcity Kirchen wie jede andere Stadt, ist aber auch ein blühendes schönes Städtchen geworden. In Minnesota legten einige andere Deutsche ein Stöbtchen, Neuulm genannt, an, bauten statt der Kirchen Theater, Wirthshäuser und Schulen, kamen aber bald zur Ueberzeugung, daß Theater die Kirchen nicht ersetzen, verwandelten die Theater und Tanzhallen in Kirchen und Neuulm berechtigt zu den schönsten Hoffnungen. Wir Amerikaner fuhr er fort zu erzählen, „tragen da-

her zu allen Kirchen gerne unser Schärflein bei."
Ich staunte der Vorsehung Gottes, die die Leute in diesem glaubenslosen Land aus zeitlichem Vortheile das zu thun zwingt, was unsere Vorfahren aus religiöser Ueberzeugung gethan haben. Unterdessen hatten wir Indianapolis verlassen und eilten den Prairies zu.

Unter Prairies versteht man die unübersehbaren Hochebenen im Lande. Soweit das Auge in diesen Hochebenen reicht, sieht man nur hohes starkes Gras, welches manchmal mit schönen wilden Blumen vermischt ist. Ist es schon ermüdend, wenn man Stunden durch diese Urwälder zu fahren hat, wo immer wieder dieselben großen starken Bäume sich wiederholen, so ist es noch ermüdender in den großen Prairies, wo das Auge selbst diese Abwechslung vermisset. Nur hie und da sahen wir eine Viehheerde bis über die Wampen im Gras, aber von einem Wild oder auch nur Vogel war keine Rede. Hätte man das Gras, das hier umsonst verdorrt, in meinem Vaterlande, dachte ich bei mir selbst, schlief ein und erwachte als ich Chicago (Tschicago) rufen hörte.

In Mitte der Nacht langten wir an der Eisenbahnstation daselbst an, der Bahnhof war spärlich beleuchtet und nur mehr ein oder der andere Omnibus stand zur Verfügnng. Ich setzte mich in den nächsten und fuhr zum Eisenbahnhotel, welches dem Bahnhof zunächst gelegen war. Die Aufnahme war, wie in allen amerikanischen Hotels ohne jede Cere=

monie und die Küche war, wie überall um diese Zeit, geschlossen. Ich begab mich gleich zur Ruhe, hörte während der ganzen Nacht das Sausen der Lokomotive und Stossen der Wägen und war schon am frühesten Morgen wieder auf den Füßen, die Stadt anzusehen, von der ich so viel gehört hatte.

Chicago war im Jahre 1834 noch der äußerste Grenzpunkt der Civilisation, nämlich ein Militärposten gegen die Indianer, und heute ist sie die drittgrößte Stadt der Union. Auf einer flachen, sumpfigen Ebene am Michigansee gegen 800 englische Meilen nordwestlich von Newyork gelegen, zählt sie nicht weniger als 300,000 Einwohner. Ein Kanal scheidet die Stadt in zwei Hälften, welche jedoch mittelst Brücken miteinander in Verbindung stehen. Bei der Ankunft eines Schiffes werden diese Brücken aufgetrieben, wodurch um die Schifffahrt auf dem Kanale nicht zu hemmen, der Uebergang auf einige Minuten gehemmt wird. Unweit des Kanales ist die Hauptstrasse der Stadt, welche Wabaschevenu genannt wird. In Wabaschevenu haben die bedeutensten Handelshäuser ihre Niederlagen, die Banken ihre Bureaus und die bedeutensten Hotels sind in dieser Nähe. Unter diesen Hotels zeichnete sich Shermans-Hotel aus, in welchem 1000 Gäste zugleich bewirthet und beherbergt werden konnten. So groß aber auch der Reichthum, der in dieser Strasse aufbewahrt war, sein mochte, so glich die Strasse doch nichts weniger als einer Hauptstrasse einer europäischen Stadt. Die Strassen

waren mit Holzposten gepflästert, die Trottoirs mit
Brettern belegt, die Häuser ohne Geschmack und
ohne Technik, selten 3 oder 4 Stockwerke hoch und
noch seltener aus Steinen gebaut. Da es in Chi=
cago selbst keine Sandsteine gibt und Ziegelsteine
aus der Ferne auf der Eisenbahn herbeigeschafft
werden müssen, so baute man größtentheils Bretter=
häuser und nur an den Hauptstrassen befanden sich
einige Steinhäuser. Da diese Bretterhäuser selten
mehr als zwei Stock hoch sind, so hatte die Stadt
einen sehr großen Umfang und eine große An=
zahl von Bretterhäuschen. Rechnen wir Pferdeeisen=
bahnen, Gasbeleuchtung ab, so glich die Stadt mehr
einem umfangreichen neuen Dorfe, in welchem neben
einigen reichen Leuten eine Anzahl von Sklaven
wohnen, von welchen jeder sein eigenes Häuschen
hatte als einer Stadt. Deßwegen glaube man aber
nicht, daß in der Stadt kein Geschäft ging. Chicago
ist die Hauptstadt des fruchtbarsten Staates von
Amerika, ist der Knotenpunkt der Eisenbahnen und
liegt an der Südspitze des Michigansees, welcher
22,000 englische Meilen Flächeninhalt hat. In
Chicago kommt der größte Theil des Ueberflusses
der Landesprodukte der nördlichen, westlichen und
südwestlichen Staaten zusammen und wird von hier
weiter befördert, während die Landesbedürfnisse
dieser Staaten größtentheils von hier bezogen wer=
den. Um vom Handel in Chicago nur einigen Be=
griff zu geben, führe ich nur an, daß in einem
Jahre 2 Millionen Schweine, 400,000 Stück Rind=

vieh, 60,000,000 Metzen Getreid und halbe Urwälder über Chicago in die weite Welt verschickt wurden. Chicago ist daher auch sehr belebt und der Verdienst so gut als irgendwo im Lande. Aber auch die Diebsbanden sind hier sehr gut vertreten und an arbeitsscheuen Leuten ꝛc. fehlt es nicht.

Gewöhnlich werden die Militär- und Indianerstationen in solchen Orten errichtet, wo man voraussehen kann, daß später große Städte entstehen werden. Die ersten Ansiedler beziehen gewöhnlich nach der Entfernung der Indianer oder des Militärs die Häuser, welche der Staat für seine Bediensteten gebaut hatte, oder sie lassen sich in deren Nähe nieder. Da nun aber die Militär- und Indianerstationen am gesundesten Platze der Gegend errichtet werden, so kamen die ersten Ansiedler von Chicago in Besitz des gesundesten Theiles der Stadt und es war ihren Nachfolgern vorbehalten, die Umgebung trocken zu legen. Die günstige Lage der Stadt für den Handel hatte bald mehrere wohlhabende Handelsleute angezogen und der Magistrat sah ein, daß sich die Trockenlegung der Sümpfe rentiren werde. Er beschloß daher die Trockenlegung eines Theiles dieser Sümpfe ꝛc. und borgte das Geld dazu. Die Arbeiter eilen immer dorthin, wo es etwas zu verdienen gibt, und so war es auch hier. Die Einwohnerzahl nahm jeden Tag zu, die Gemeindekosten vertheilten sich immer mehr und der Werth des Eigenthums stieg immer höher. Wie es nun in diesen neuen Städten und Ländern gewöhnlich im Lande zu geschehen pflegt, daß man zu Wucherprocenten von 40 und selbst 60 Procent Geld aufnimmt und Eigenthum ankauft, welches bei einer Geschäftsstockung, die in diesen neuen Ländern immer früher oder später eintritt, mehr als die Hälfte am Werthe verliert, so war es auch hier. Nach dem ersten Aufblühen kam ein Stillstand, viele Ansiedler verließen die Stadt, ließen sich auf dem Lande nieder oder gründeten andere Städte im Staate. So wurde der Staat Illinois immer mehr angesiedelt und der Handel in Chicago vermehrt. Der Magistrat glaubte nun, daß der Augenblick gekommen sei, neue Schulden auf die Stadt zu machen und die Stadt 10 Fuß höher zu legen. Es wäre nun ein Leichtes gewesen, das nöthige Erdreich auf der Eisenbahn herbeizuschaffen, die Strassen und freien Plätze 10 Fuß aufzufüllen, die Främhäuser (Bretterhäuser) 10 Fuß zu heben und von den übrigen Häusern das untere Stockwerk in Keller zu verwandeln, wenn der Magistrat nicht anders gedacht hätte. Mittelst der Hydraulischen Presse wurden ganze Häuservierecke, 200 bis 300 Fuß lang und eben so breit, viertelzollweise 10 Fuß in die Höhe getrieben und der leere Raum mit Erde aufgefüllt. Nach 7 Jahren war so die ganze Stadt 10 Fuß höher gelegt, und so ruhig ging die Hebung vor sich, daß man die Häuser bewohnte und seinen Berufsgeschäften nachging, während das Haus in die Höhe stieg. Daburch hatten sich wohl die Schulden der Stadt bedeutend vermehrt, aber auch die Einwohner, welche die Zinsen zahlen halfen.

So lange es an Beschäftigung nicht fehlte, fühlte man die neue Last wenig, als aber bald hierauf Geschäftsstockung eintrat, mußte man an ein anderes Unternehmen denken, um selbe erträglich zu machen. Das Trinkwasser mußte jetzt herhalten. Es wurden nun wieder neue Millionen Schulden gemacht, um gutes Trinkwasser zu gewinnen. Zwei englische Meilen sollte das Trinkwasser hergeleitet werden und zwar durch die oft stürmischen Fluthen des Michigansees. Diese letzte Schwierigkeit konnte man nur dadurch überwinden, daß man auf dem See eine Insel schuf. Kaum war dieses neue Unternehmen beschlossen, so lenkte man seine Schritte wieder Chicago zu und der Werth des Eigenthums ging wieder in die Höhe. Es wurde nun eine so genannte Krieb gebaut, um die Seeschacht zu schützen, welche 40 Fuß hoch war und 5 Seiten hatte, von denen jede 58 Fuß Länge und einen Durchmesser von 90 Fuß hatte. Das seltsame Ungethüm hatte 3 parallel laufende Wände, die äußere, innere und mittlere Wand, jede aus zwölfzölligen Balken bestehend und fest, wie Schiffwände zusammengefügt. Das Innere bestand aus 15 wasserdichten Abtheilungen. In der Mitte befand sich ein cylindrischer Brunnen, 25 Fuß im Durchmesser. Um das Ungethüm gegen das Eis zu schützen, waren an den Ecken dritthalbzöllige Eisenblatten angebracht. Es war ein allgemeiner Freudentag in der Stadt, als das Ungethüm vom Stapel gelassen und an seinen Bestimmungsort gebracht wurde. Hier wurden die wasserdichten Abtheilungen mit Steinen gefüllt, ein 203,000 Pfund schwerer eiserner Cylinder in der Mitte eingelassen, das Wasser mittelst der Luftpumpen ausgepumpt, tief in den zähen Lehm eingetrieben und 70 Fuß unter dem Spiegel des Sees ein im Lichten 4 Fuß weiter Tunell gegraben und mit Ziegelsteinen ausgemauert. Das Wasser wurde in den Cylinder mittelst künstlich angebrachter Thore eingelassen und am Ufer mittelst mächtiger Dampfpumpen in die Wasserwerke gepumpt und in die Stadt befördert. Die Arbeit wurde im März 1864 begonnen und im Dezember 1866 beendigt. Bald zeigte sich eine Unvollkommenheit, die losen Steine mußten aus ihren wasserdichten Abtheilungen herausgenommen und mit Mauerwerk aus Granitblöcken ersetzt werden. Die Wasserleitung versah die Stadt mit Wasser bis zum großen Brande, wo auch sie beschädigt und unfließbar gemacht wurde.

Nachdem die Wasserleitung beendigt war, traten bald wieder harte Zeiten, die auch in Amerika nicht fehlen, ein und die Stadtväter waren bald wieder gezwungen, der Stadt zu Hilfe zu kommen. Es fehlte an den gehörigen Abzugskanälen, was zur Folge hatte, daß sich im Sommer oft der widerlichste Geruch in der Stadt verbreitete. Man erachtete jetzt diesen Geruch der Gesundheit nachtheilig, machte neue Schulden und beschloß den Michigankanal, welcher den Michigansee mit dem Illinoisfluß verbindet, in einer Länge von 26 englischen Meilen von 8 bis 10 Fuß tiefer zu legen, um den

Unrath der Stadt mittelst des Wassers des Michigansees in den Illinoisfluß und von da in den mexikanischen Golf zu spielen. Diese Arbeit wurde gegen Ende des Jahres 1866 begonnen, kostete die Stadt 3 Millionen Dollars und würde im Jahre 1871 beendigt worden sein, wenn der große Brand nicht dazwischen gekommen wäre.

In den Monaten August und September des genannten Jahres 1871 herrschte eine außergewöhnliche Trockene. Die Schindelbächer, welche bereits alle Häuser von Chicago hatten, die hölzernen Häuser, die ⁷/₈ von Chicago ausmachten, die hölzernen Stadtpflaster und Trottoirs, die Holzmassen, Bretter und Steinkohlen, welche in der Stadt für den kommenden Winter aufgehäuft waren, waren ausgetrocknet und heftige Südwinde wehten. Auch mochten die großen Brände von Newyork, London und andern Städten gezeigt haben, daß solche Brände nicht immer zum Nachtheile solcher Städte ausfielen. Kurz Chicago war bereits zu einer Stadt herangewachsen, welche besserer Häuser und Stadtpflaster bedurfte, und am 8. Oktober des genannten Jahres, da gerade der Südwind am heftigsten wehte, brach an verschiedenen Hauptplätzen der Stadt Feuer aus, welches erst nach 9 Stunden bewältiget wurde. Zwar hatte sich die freiwillige Feuerwehr, welche im Lande so gut als anderswo organisirt ist, schnell eingefunden und war mit den besten Feuerwaffen versehen, aber die allgemeine Klage war, daß sie dorthin commandirt wurde, wo nichts zu löschen war. Viele der größten Gebäude und unter ihnen das Rathhaus waren niedergebrannt, das Volk hatte sich zur Ruhe begeben, Niemand dachte an eine weitere Gefahr, als plötzlich gegen Morgen des andern Tages, die Glocken abermals Feuerlärm schlugen und ein neuer Stadttheil in Feuer stand. Jetzt war auch das Wasserwerk so beschädigt, daß es keinen Tropfen Wasser mehr in die Stadt lieferte. Wer kann das Getöse auf den Strassen, das Geschrei der Männer, das Seufzen der Frauen und das Weinen der Kinder beschreiben? Die ganze Stadt war in Bewegung, und zwar die Einen um zu löschen, die Andern um zu stehlen und zu plündern und die Dritten um dem Feuer zu entfliehen. Während die Einen durch Fenster und Thüren aus den Häusern eilten, liefen die Andern selben zu und lagen besoffen in den Wein- und Bierkellern oder raubten, soviel sie konnten. Die Brücken über den Kanal waren bald niedergebrannt, kaum ein Ausgang mehr offen, der Weg zur Flucht abgeschnitten, die Verwirrung allgemein und der Untergang der ganzen Stadt in Aussicht. Mütter mit den Säuglingen an der Brust und den Kindern an den Armen, Väter mit dem Bette auf dem Rücken und den nothwendigsten Habseligkeiten in den Händen durcheilten die Strassen und fielen oft athemlos zur Erde nieder oder erstickten in den Flammen. Abermals 24 Stunden brannte die Stadt an verschiedenen Stellen, bereits zur Hälfte war sie in einen Schutthaufen verwandelt, die Kinder schrien nach Brod, die Erwachsenen nach Hilfe. Auch jetzt noch wurden Leute getroffen, die das Feuer schürten und weiter verbreiteten. So mancher aus ihnen wurde vom Volke ergriffen und am nächsten Laternenpfeiler aufgehängt. Endlich ist der Hilferuf in die benachbarten Städte gedrungen, die Feuerwehr derselben eilt zu Hilfe und mit Nahrung und Kleidung folgt man ihnen nach. Das Feuer hatte zwei dunkle Nächte in helle Tage verwandelt, 92,000 Menschen waren obdachlos, 7 englische Meilen in der Länge und zwei in der Breite waren ein Raub der Flammen geworden, als man endlich nach zweimal 24 Stunden dasselbe bewältigte. Weder die Annalen der Stadt, noch das Geld in den eisernen Schränken, noch die reichen Waarenlager in den Gewölben und Kellern, noch irgend eine Hauseinrichtung konnte gerettet werden. Was nicht verbrannte, war gestohlen und zerstört.

Mag auch der Amerikaner noch so kalt und herzlos scheinen, so vergißt er doch seinen Mitmenschen im Elende nicht, und selbst dann nicht, wenn er glaubt, daß dieser die Ursache seines Unglückes selbst sei. Noch war das Feuer nicht gelöscht, als schon für das unglückliche Chicago gesammelt wurde. Mag auch, wie gewöhnlich bei diesen Sammlungen, so mancher Dollar sich in die unrechte Börse verirrt haben, so wurde doch außer den Nahrungs- und Kleidungsstücken, welche zu diesem Zwecke geschenkt worden waren, über 2 Millionen Dollars verrechnet. Freilich eine geringe

Summe für 92,000 Obbachlose, aber immer eine schöne Summe, wenn sie unter diese armen Leute vertheilt worden wäre. Leider wurde für dieses Geld eine Verwaltung gewählt, welche provisorische Wohnungen baute und den Armen Suppen austheilen ließ. Es ist nun einmal so im Leben, daß die großen Herren von den Armen leben und nicht gerne den Armen zuviel zukommen lassen. Kehren wir zur Brandstätte zurück.

Noch glühen die Balken und rauchen die Schutthaufen, die Menge hat sich verlaufen und die noch vor ein paar Tagen wohlhabenden Einwohner der Stadt gehen an der Unglücksstätte untröstlich vorüber und suchen einen Freund oder Bekannten, der sie in seine Wohnung aufnimmt. Nicht alle Väter, Mütter und Kinder finden sich in selben wieder, viele sind in den Flammen oder im Wasser umgekommen. Kaum hat man bei einem Freunde Aufnahme gefunden, so eilet schon mancher dem Gottesacker zu, um der Beerdigung von Vater, Mutter, Tochter oder Sohn beizuwohnen. Schluchzend und seufzend verlassen sie das Grab und wanken der neuen Wohnung wieder zu. Würde man den Mann, die Ursache des Unglückes, kennen, Vater, Mutter und Kinder würden ihn erwürgen. Doch es ist schon gesorgt, die Kuh eines Mannes, wird dem Volke erzählt, hat eine Laterne mit einem Lichte umgestoßen und den großen Schaden angerichtet. Die Kuh muß geschlachtet werden und die Leute aus allen Theilen der Vereinigten Staaten kommen nach Chicago, um ein Bein von dieser Kuh nach Hause zu bringen oder sagen zu können, daß sie vom Fleische dieser Kuh gegessen haben. O wie leichtgläubig ist das Volk! Wie viele Kühe wurden geschlachtet und verzehrt!

Der Magistrat beschloß nun, daß die Stadt wieder erbaut werden soll, was ohnehin Jedermann wußte. Wie ein Lauffeuer verbreitete sich dieser Beschluß im Lande und die Arbeiter eilten wieder nach Chicago. Die schwarzen Balken und halbverbrannten Bretter waren bald unter den Schutthäufen hervorgesucht, die Schutthäufen entfernt und mit dem Wiederaufbau der Stadt sollte begonnen werden. Bevor aber dieses geschah, war der Magistrat mit der Reichs- und Staatsregierung in Unterhandlung getreten und hatte die Einwilligung derselben erlangt, die Staatsgebäude in großem Maßstabe zu erbauen. Auch der Magistrat wollte seine Gebäulichkeiten erweitern und die Banken, Hotels und großen Handelshäuser folgten seinem Beispiele. Dieses hatte zur Folge, daß die Bauplätze sehr in die Höhe gingen. Hievon nur ein Beispiel.

Als ich im Jahre 1860 nach Chicago kam, besuchte ich einen Herrn, der ein ziemlich schönes Främhäuschen hatte. Im Gespräche erzählte er mir, daß er wohl einen Käufer für sein Haus habe, aber es unter 7000 Dollars nicht abgeben werde. Der Handel scheiterte, beim großen Brande wurde unter den vielen andern Gebäuden auch dieses Haus eingeäschert, der Bauplatz aber für 40,000 Dollars verkauft.

Noch war man kaum versehen mit den nöthigen Bauplätzen, so wurden vom Magistrate schon die Grenzen bezeichnet, innerhalb welcher nur mehr steinerne Häuser gebaut werden durften. Auch schrieben die Stadtväter ein neues Stadtanlehen aus und setzten die Bedingungen so, daß man ihnen das Geld borgte. Ob diese Bedingungen für die Stadt günstig waren oder auch dem Interesse Einzelner dienen mußten, kann ich um so weniger sagen, als ich irgendwo selbst einmal gelesen habe, daß Frankreich unter Napoleon III. 50 Millionen Franken aufnahm und Napoleon III. dabei 8 Millionen gewonnen habe. Ist es ja im menschlichen Leben oft so, daß man aus dem Nachtheil seines Nächsten seinen eigenen Vortheil ziehet. Doch sei dem, wie ihm wolle, der Magistrat erreichte seinen Zweck, die Einwohner mehrten sich, die Abgebrannten bedurften neuer Häuser, Hauseinrichtung, Nahrung, Kleidung, der Handel erlebte einen neuen Aufschwung und bereits jedem Einwohner war die Gelegenheit geboten, mehr zu gewinnen, als er durch den Brand verloren hatte. Selbst Priester und Nonnen schienen sich nicht länger über ihren Verlust zu beklagen; denn überall, wo sie die Wohlthätigkeit ihrer Glaubensgenossen in Anspruch nahmen, wurden sie mit aller Liebe aufgenommen und reichlich unterstützt. Man hatte daher des alten Verlustes bald vergessen und bewegte sich so munter und fröhlich als ehedem. Jetzt erhob sich Chicago in einem großartigen Style, die Pflaster und Trot=

toirs in den Haupttheilen wurden nicht mehr aus Holz gemacht und die Häuser und Kirchen nicht mehr geschmacklos gebaut. Die Stadt war noch nicht wiedererbaut und viele Große waren reich geworden und so mancher Bürger hatte sich ein schönes Vermögen gesammelt. Hatten sich auch die Stadtschulden nicht vermindert, so hatten sich auch die Stadtbewohner vermehrt, welche die Schulden tragen halfen. Würde man nun den kennen, welcher beim Brande die Hauptrolle spielte, vielleicht würde man ihn an die Spitze der Stadtväter stellen? Ich kann nur sagen, daß bei der nächsten Stadtmayorswahl (I. Bürgermeister) nicht mehr der frühere erste Bürgermeister gewählt wurde.

Chicago ist gegenwärtig eine der schönsten und blühendsten Städte in den Vereinigten Staaten. Freilich haben seit dem großen Brande auch Luxus, Spielsucht, Raub, Mord, Verschwendung und Selbstmord zugenommen, aber — staunen wir der Vorsehung Gottes — auch die Religion hat bedeutende Fortschritte gemacht. Es zieren gegenwärtig die Stadt mehr als 20 katholische Pfarr- und Klosterkirchen, von denen etliche den schönen europäischen Kirchen kaum viel nachstehen. Von diesen Kirchen ist wohl die schönste die Jesuitenkirche, welche im gothischen Style gebaut und mit dem gleichfalls im gothischen Style erbauten Jesuitencollegium in Verbindung steht; beide Gebäude eine wahre Zierde der Stadt. Diesen beiden Gebäuden steht nicht viel nach die Redemptoristenkirche mit Kloster, die Benedik-

tinerkirche mit Kloster, die Cathedralkirche und die
St. Patrikskirche. Neben den genannten Orden befinden sich auch hier barmherzige Brüder, Dominikanerinen, Franziskanerinen, Benediktinerinen, No-
tredamen, Schwestern vom heiligen Herzen, Schwestern vom heiligen Blute, Frauen vom guten Hirten
und barmherzige Schwestern. Unter den Katholiken
sind auch sehr viele angesehene und wohlhabende
Familien. —

Es ist nicht zu leugnen, daß Chicago viele
talentvolle Männer zählt. Da eben diese großen
Geister nicht immer von den Grundsätzen der Religion in ihrer Handlungsweise geleitet werden, so ist
es erklärlich, daß in Europa soviel über den amerikanischen Schwindel geschrieben und gesprochen wird
und in Amerika soviel über den Schwindel in Chicago. Der Schwindel ist zwar nicht neu, aber nie
wurde er so allgemein betrieben als in unsern Tagen. Es ist nicht mehr der Handelsmann allein,
der sich gerne vom Schwindel nähren möchte, sondern der Schwindel erstreckt sich auf alle Stände
und Gewerbe und ist selbst in die Häuser der ein-
fachsten Familien gedrungen. Es ist soweit, daß
oft Vorgesetzte ihre Untergebenen, Untergebene ihre
Vorgesetzten, Kinder ihre Eltern und Eltern ihre
Kinder zu beschwindeln suchen. Dem Städter wie
dem Bauer, dem Juden wie dem Christen, dem
Bankier wie dem Kaufmanne, dem Beamten wie
dem Nichtbeamten ist der Schwindel bekannt und
der eine wie der andere sucht sich auf Kosten seiner

Mitmenschen zu bereichern. Selbst in's Heiligthum ist der Schwindel eingedrungen, selbst geistliche Vorgesetzte handhaben ihn und dulden ihn bei ihren Untergebenen. Nicht mehr ohne Eigennutz baut man Kirchen und Schulen, Klöster und andere derartige Gebäude, sondern um sich auf Kosten seiner Mitmenschen zu bereichern. Was soll ich erst sagen von dem Baue und der Verwaltung der Wohlthätigkeits- und Erziehungsanstalten? Zu den edelsten Zwecken werden Collecten gemacht, Vereine gebildet und in der That dienen sie nur dem Vortheile Einzelner. Soll ich die religiösen Vereine davon ausnehmen? Ich bedaure nur sagen zu müssen, daß man in früherer Zeit Betrug nannte, was man heute Schwindel nennt, der Betrüger aber früher bestraft wurde, während er heute oft im größten Ansehen steht. Leider sind die größten Talente nicht selten die größten Schwindler und oft sogar noch die gemeinsten Schwindler. Der Amerikaner hat dieses vor den andern Nationen, daß er den gemeinen Schwindel den Ausländern überläßt.

Gilt aber auch Chicago als die liberalste Stadt in den Vereinigten Staaten, so wird doch der Sonntag strenge gehalten und Jedermann Gelegenheit geboten, seinen religiösen Pflichten an diesem Tage nachzukommen. Die Eisenbahnen standen an diesem Tage alle stille, mit Ausnahme des einzigen Zuges, welcher die Post über das stille Meer von China brachte, die Geschäftshäuser waren geschlossen und es herrschte eine Ruhe in der Stadt, wie sich's für einen solchen Tag geziemt. Der Gottesdienst begann, wie überall im Lande, bei den Deutschen um 10 Uhr, bei den Irländern und andern Katholiken um 11 Uhr und bei den Andersgläubigen gegen 12 Uhr Vormittags. Die Kirchen waren, wie überall in Amerika, sehr fleißig besucht und es herrschte allenthalben die schönste Ordnung.

Des andern Tages verließ ich Chicago und war nicht wenig erstaunt, als ich zur Eisenbahn kam und die Menge Volkes sah. Die ganze Stadt schien in Bewegung zu sein. Weiße, Schwarze, Indianer, Europäer und Amerikaner wimmelten durcheinander in ihren festlichen Kleidern. Wie überhaupt im Lande jeder, der auf der Eisenbahn reiset, gut gekleidet ist, so war es auch hier. Wir fuhren 45 englische Meilen durch die fruchtbarsten Ebenen, hielten in verschiedenen Städtchen an und langten an der Grenze von Illonois an. Ohne uns hier länger als bei andern Bahnstationen aufzuhalten, setzten wir unsere Reise weitere 40 Meilen durch fruchtbare Thäler fort, hielten bei mehreren schönen Städtchen an und langten in Milwaukee, der Hauptstadt von Wiskonsin, an.

Wie ehedem ganz Amerika nur von Ureinwohnern bewohnt war, so auch Wiskonsin. Im Jahre 1639 kam der erste weiße Mann nach Wiskonsin, kehrte aber schnell wieder nach Canada zurück. Ihm folgte im nächsten Jahre ein apostolischer Missionär, um den Indianern das Evangelium zu verkünden. Er blieb bei den Indianern und mehrere andere apostolische Missionäre folgten ihm bald nach, durchzogen den Staat in verschiedenen Richtungen und errichteten Missionsstationen. Am 29. Mai 1848, an welchem Tage Wiskonsin zum Staate erhoben wurde, zählte der Staat 210,000 Einwohner, welche sich heute bereits auf 2 Millionen vermehrt haben, obgleich der nördliche Theil dieses Staates noch wenig bewohnt ist. Unter diesen Einwohnern sind 400,000 Katholiken mit 300 katholischen Geistlichen und 3 katholischen Bischöfen. Die Bischöfe wohnen in den Städten Milwaukee, Lakrosse und Grünbay.

Milwaukee ist die Hauptstadt des Staates, liegt am Einflusse des Milwaukeeflußes in den Michigansee und zählt gegenwärtig 100,000 Einwohner. Die Stadt wurde im Jahre 1836 angelegt und mein Freund J. Bonduel, Missionär aus Frankreich, erzählte mir, daß er noch im Herbste desselben Jahres in einer armen Hütte die erste heilige Messe las. Im Jahre 1842 baute ein Missionär aus Irland die erste Främkirche 30—40 Fuß, welche heute noch steht und die einzige Kirche in der Stadt war, als später Milwaukee zum Bisthume erhoben wurde. Heute zählt Milwaukee kaum weniger als 40,000 Katholiken mit 15 katholischen Kirchen, von welchen 9 deutsch sind, 4 englisch, eine böhmisch, und eine polnisch. Der Bischof ist ein Deutscher, in seiner Cathedrale wird aber nur englisch gesprochen.

Milwaukee hat eine schöne gesunde Lage. In

der Mitte von zwei gleich hohen Anhöhen durchfließt der Milwaukeefluß die Stadt, an dessen Ufern die beiden Hauptstrassen gelegen sind. Diese beiden Hauptstrassen sind mit einander durch Brücken verbunden, welche bei der Ankunft der Schiffe aufgetrieben werden, um den Schiffen den Durchgang zu gewähren. Von diesen beiden Hauptstrassen erheben sich allmählig die Seitenstrassen bis zum höchsten Punkte der Hügel. Von dem einen Punkte dieser beiden Hügel, welcher größtentheils von den Amerikanern bewohnt wird, hat man eine prachtvolle Aussicht auf den Michigansee. Auf einem der schönsten Plätze dieses Hügels steht die katholische Cathedrale, deren Thurmesspitze ein prachtvoll vergoldetes Kreuz zieret, welches dem Reisenden bei seiner Ankunft zuerst zu Gesicht kommt. Die Cathedrale ist wohl das größte Gebäude auf diesem Hügel, gleicht aber in seiner großen Bauart mehr einer großen Wallfahrtskirche als einer Cathedrale. Auf den beiden Seiten dieser Kirche stehen zwei gleichförmige zweistöckige Häuser mit einem kleinen Gärtchen in der Front, welches mit einem Gitter umgeben ist, von welchen das eine die Wohnung des Bischofes ist, das andere aber das irländische Waisenhaus. Auf der entgegengesetzten Seite der Cathedrale befindet sich der Stadtpark und das neue prachtvolle Rathhaus. Der entgegengesetzte Hügel ist größtentheils von Deutschen, Böhmen und Polen bewohnt, welche — wie alle Anfänger im Lande — größtentheils in kleinen Främhäusern wohnen. Die

Stadt hat einen sehr bedeutenden Umfang, die Strassen sind größtentheils im Quadrate ausgelegt und mit schönen jungen Bäumen umgeben, und der Schatten derselben thut im Sommer den Augen wohl und schützt vor drückender Sonnenhitze. An den Hauptstrassen befinden sich einige schöne Gebäude aus Marmor und Ziegelsteinen, die übrigen Häuser aber sind größtentheils schöne Främhäuschen.

Das Klima ist dem deutschen ziemlich ähnlich, nur im Sommer manchmal etwas wärmer und im Winter etwas kälter als in Deutschland. Daher sind auch die Einwohner größtentheils Deutsche, wenn auch die größten Hotels, die bedeutendsten Banken und Handelshäuser in den Händen der Amerikaner und Irländer sind. Diese Stadt war die erste, welche einen Deutschen (Katholiken) zu ihrem Mayor wählte und dieser Staat der erste, welcher einen deutschen Gouverneur (Juden) hatte.

Ist auch die deutsche Ehrlichkeit in unsern Tagen nicht immer weit her und sind es besonders die Deutschen in Amerika, welche ihre Landsleute auf die gemeinste Weise betrügen und hintergehen, so wird doch die Ehrlichkeit von Milwaukee im Lande gerühmt. Diese Stadt hatte im Jahre 1872 noch keine größere Stadtschuld als 1,849,357 Dollars und geht einer bessern Zukunft entgegen als manche andere Stadt in der Union, die ihr an Seelenzahl überlegen ist. Damals schon war eine jede der beiden Hauptstrassen um 10 Fuß aufgefüllt, Pferdeeisenbahnen durchfuhren die Stadt und an Gasbeleuchtung fehlte es nicht.

Milwaukee ist wegen seines guten Bieres und
seiner vielen Biersalone im Lande berühmt. Der
Deutsche ist in der Regel genügsam, kennt den Luxus anderer Nationen wenig und fühlt sich in den
nördlichen Gegenden am glücklichsten. Er trägt auch
zum Unterhalt seiner Kirche sein Schärflein gerne
bei, ist aber nicht so freigebig wie die Irländer und
Amerikaner. Deßwegen sind auch der Kirchen in
Milwaukee nicht so viele als in andern Städten
gleichen Ranges im Lande und von den 8 deutschen
Bischöfen in den Vereinigten Staaten hat auch
kaum einer eine deutsche Kirche. Die armen Schulschwestern, welche aus Bayern stammen und im
Lande sehr beliebt sind, haben in Milwaukee ihre
Mutterklöster für die Vereinigten Staaten und in
den meisten großen Städten Niederlassungen. Sie
haben hier ein prachtvolles Kloster, welchem über
600 Klosterfrauen angehören.

Unweit Milwaukee, am Michigansee, befindet
sich das katholische Priester= und Schullehrerseminar.
Diese beiden Seminare wurden von einem deutschen
Priester mit freiwilligen Beiträgen gegründet und
stehen unter der obersten Leitung des katholischen
Bischofes. Die Studenten wohnen alle im Seminar
und zahlen, wenn sie keine Freiplätze haben, jährlich,
wie bereits in jedem Pensionate im Lande 300
Dollars für Schule, Kost und Verpflegung. Stu-
denten von Europa finden hier selten unentgeltliche
Aufnahme. Nicht weit von obengenannten beiden
Gebäuden befindet sich das deutsche Waisenhaus der

Diözese, welches deutschen Schwestern III. O. St. F. anvertraut ist. Ist auch der Bischof erster Vorstand dieser Anstalt wie der irländischen Waisenkinder, welche in der Stadt ihr Haus haben, so ist doch die Verwaltung hier deutsch. Der Deutsche liebt es nämlich selbst von den Waisenkindern seinen Antheil zu bekommen und der Bischof sah sich gezwungen die deutschen Waisenkinder von den irländischen zu trennen und für sie eine deutsche Verwaltung aufzustellen, die irländischen jedoch unter seiner Obhut allein zu behalten.

Ich war am Orte meiner Bestimmung angekommen und widmete mich den Volksmissionen. Volksmissionen sind im Lande keine Seltenheit und werden gewöhnlich von Ordensgeistlichen gegeben. Wie in andern Ländern werden zu diesem Zwecke die Missionäre nur vom Pfarrer berufen und nie wird ohne Wissen und Willen des Pfarrers eine Mission stattfinden. Sind diese Volksmissionen in andern Ländern von großem Nutzen, so sind sie es noch mehr in Amerika, wo die Kinder gewöhnlich ohne Religion aufwachsen und so viele glaubenslose Menschen einwandern. Wie zufrieden verließ ich so manchen Ort, wenn ich die Leute, die Jahre im Concubinate gelebt hatten, verehelichet sah und Abtrünnige mit der Kirche wieder versöhnt! Tröstlich war es für mich, wenn die Leute von der Nähe und Ferne um meine Kanzel sich drängten, das Wort des Herrn zu vernehmen und den Beichtstuhl schluchzend und weinend mit den besten Vorsätzen verließen, aber leider mußte ich auch nur zu oft bemerken, daß ich nur gerufen wurde, um dem Eigennutz Einzelner zu dienen. War ein Geistlicher versetzt oder verjagt und die Gemeinde bis zum Abfalle von ihrem Glauben getrieben, oder hatte ein Geistlicher bei seiner Gemeinde sich unhaltbar gemacht, eine Volksmission mußte den Uebelstand heben, um ihn wieder anrichten zu können. War eine Gemeinde so ausgesaugt, daß Niemand mehr zur Kirche Etwas beisteuern wollte, eine Volksmission mußte die Herzen der Gläubigen mürbe machen für neue unkluge Zudringlichkeit. So schmerzlich diese Zustände auch sein mochten, so konnten sie doch meinen Eifer nicht hemmen. Da ich gerade am Besten in dieser meiner Arbeit beschäftigt war und mehrere Missionen noch zu geben hatte, wurde ich, wie ich sicher glaube, auf Befehl des Bischofes, aus dem Hause hinausgeworfen und auf eine Pfarrei geschickt. So schmerzlich mir dieses auch fiel, da ich die amerikanischen Zustände noch nicht kannte, so tröstete ich mich mit dem Gedanken, daß meine Aufgabe erfüllet sei und das begonnene Werk auch ohne mich gedeihen werde.

Urwälder.

Vom Amerikaner sagt man, daß er nur das Geld schätze und jeden Mann nach seinem Geldwerthe achte. Da ich mir keine Geldschätze gesammelt hatte und auch nicht sammeln wollte, wurde ich in die Urwälder geschickt. Urwälder werden die Waldungen genannt, weil das Holz in ihnen noch nie gefällt worden ist. Wie es mir in selben erging, will ich nun dem Leser erzählen, um ihm zu zeigen, wie es in selben aussieht und zugeht.

Es war ein kleines Städtchen am Michigansee, in Mitte der Urwälder, das kaum den Namen eines Weilers verdient, für welches ich bestimmt wurde. Man nennt nämlich in diesen neuen Ländern Stadt, wenn man auch noch kaum daran denkt, daß es je eine Stadt werden könnte. Es geschieht dieses um die Bauplätze gut zu verkaufen und Ansiedler anzulocken. Diese Stadt zählte 15 Häuser und die Einwohner bestanden aus einem Bräuer, 4 Krämern, 2 Hufschmieden, 1 Metzger, 2 Wirthen, 1 Müller, 1 Ziegler, 2 Schuhmachern und einem protestantischen Prediger. Ackerbau trieb Niemand, wie überhaupt in keiner Stadt im Lande Ackerbau getrieben wird. Der Haupthandel bestand in Holz, welches auf dem Michigansee nach Chicago und Milwaukee verschickt wurde. Am Orte wurde für die Klafter Buchen- und Zuckerbaumholz (das übrige Holz hatte gar keinen Werth) 5 Gulden bezahlt, in Chicago und Milwaukee galt es 25 Gulden. Die Einwohner waren alle deutsch und wohnten theils in Främ- theils in Blockhäusern. Von den Einwohnern waren sieben Familien katholisch, sieben protestantisch und ein Jude. Die Protestanten hatten ihre Kirche bereits vollendet, die Katholiken begonnen. In diesen neuen Städten ist ein Ueberfluß von Häusern nicht selten und so war es auch hier. Ein armer Mann wollte die Stadt verlassen, die katholische Gemeinde kaufte ihm sein Häuschen ab und richtete es zum Pfarrhofe ein. So armselig dieses Häuschen und dessen Einrichtung auch aussehen mochte, so war es doch nicht das ärmste Pfarrhaus in den Urwäldern, da andere Missionäre oft in Blockhäusern wohnen. Sobald die Kirche unter Dach war, was schon nach ein paar Monaten der Fall war, hielt ich in ihr den sonntäglichen Gottesdienst. Ein Tisch diente mir bei dieser Gelegenheit als Altar, ein Sessel als Beichtstuhl, die Fensterstöcke verdeckten grüne Bäume und den Fußboden bildeten etliche Bretter. Die Kirche war eine Främkirche (Bretterkirche) 40—60 Fuß, und wenn es je bei einem Kirchenbau im Lande ehrlich zuging, so war es hier der Fall. Mit den sieben katholischen Familien der Stadt hätten sich noch etliche Farmers der Umgegend verbunden, und so geringe auch die Mittel waren, wurde doch immer dafür gesorgt, daß der Bau der

Kirche keine Unterbrechung erlitt. Beim Eintritte des Winters war die Kirche beendigt und die Frauen machten sich an den Altar und die Sakristei. Den Altar bildeten etliche Bretter, drei Altartücher waren über selben ausgebreitet, sechs hölzerne Leuchter darauf gestellt und eine kleine Kiste mußte die Stelle des Tabernackels versehen. Für die Sakristei wurde ein Kelch, 1 Meßbuch, 1 Albe und 1 Humeral angeschafft und die Stelle des Cingulums versah ein weißes Band. Auch dem Priester zahlte man regelmäßig, wie es damals gebräuchlich war, seine 300 Dollars jährlich.

Leidet auch Niemand Noth in diesen neuen Städten, weil Jedermann sein Gemüse selbst baut, sich leicht eine Kuh, Schweine, Hühner 2c. hält und immer nebenzu etwas verdienen kann, so hatten hier doch die wenigsten Einwohner ihre Häuschen bezahlt und waren gehörig eingerichtet. Auch war, wie gewöhnlich in solchen Städtchen, auch nicht ein vermöglicher Einwohner in der Stadt katholisch. Oft staunte ich über die Opferwilligkeit der Gemeinde, glaube aber sicher annehmen zu dürfen, daß selbe nicht so groß gewesen wäre, wenn nicht in derselben Mission noch andere Gemeinden gewesen wären, von welchen jede sich Bedeutendes hätte kosten lassen, wenn der Priester bei ihnen gewohnt hätte. Unter diesen Gemeinden war sogar eine, welche schon einmal einen Pfarrer hatte, aber weil er nicht hinlänglich zu leben hatte, die Gemeinde verlassen mußte. Es ist nämlich Sitte im Lande, daß, wenn eine katholische Gemeinde einen Priester verlangt, der Bischof einen solchen schickt, und im Falle sie selben nicht hinlänglich besoldet, er ihn zurückzieht und die Kirche zu einer Filialkirche macht.

Meine Mission hatte einen Umfang von 250 englischen Meilen, hatte keine katholische Schule aber 4 Filialkirchen und zählte gegen 1500 Katholiken, von welchen die Hälfte deutsch, die andere Hälfte irländisch war. Um dem größern Theile meiner Katholiken die Möglichkeit zu bieten, an Sonn- und Feiertagen dem Kirchengebote nachzukommen, hielt ich mit Erlaubniß meiner Obern jeden Sonn- und Feiertag, wie es im Lande nicht selten geschieht, zweimal Gottesdienst, und zwar in zwei verschiedenen Kirchen. Der erste Pfarrgottesdienst war gewöhnlich um 8 Uhr, der zweite um 11 Uhr.

Vor etwa 20 Jahren bewohnten diese Urwälder die Indianer und jetzt war von ihnen keine Spur mehr übrig. Der älteste Einwohner war 19 Jahre in der Gegend, der Boden war fruchtbar, die Gegend gesund, das Klima dem deutschen ähnlich, aber es sah noch wild aus. Hie und da war mit der Urbarmachung begonnen, hie und da ein Stück Land auch schon urbar gemacht. Wie arm es in dieser Gegend aussah, kann sich der civilisirte Europäer kaum denken. Die Straßen waren zwar, wie in allen Ebenen im Lande, im regelmäßigen Quadrate so ausgelegt, daß sie sich jede Viertelstunde regelmäßig kreuzten, aber nur wenige waren fahrbar gemacht. Auf den meisten waren die Bäume nicht einmal niedergehackt und oft ereignete es sich, daß man, nachdem man eine bedeutende Strecke auf einer oder der andern zurückgelegt hatte, umkehren mußte, ohne zu seinem Ziele gelangt zu sein. Selbst auf den fahrbaren Strassen war nur das Holz niedergeschlagen, die Sümpfe, Moräste und Gewässer mit diesen Baumstämmen belegt, jedoch nie mit Kies oder auch nur mit Erde beschüttet. In der Nähe dieser Strassen standen die Farmershütten, oft halbe Stunden auseinander, oft näher beisamen, jedoch nie so nahe, daß ein Farmer den andern hätte erschreien können. In der ganzen Gegend war noch kein Ziegelstein- oder auch nur Främhaus zu sehen; es waren lauter Blockhütten mit einem Zimmer und zwei kleinen Fenstern, von Innen und Außen mit Erde verschmiert. Vater, Mutter, Kinder und oft auch Großeltern und Freunde wohnten in diesem Zimmer beisammen und schliefen auf Stroh, wenn nicht hie und da eines ein Bett aus der alten Heimat mit sich gebracht hatte. War dieses Letzte der Fall und ich gezwungen bei der Nacht in einem solchen Hause zuzusprechen, so mußte die Frau ihr Bett verlassen, um mir Platz zu machen. Von einem Viehstall in dieser Gegend will ich um so weniger reden, als ja gewöhnlich das Vieh im Sommer auf der Weide ist und im Winter unter einem Strohhaufen sich aufhalten muß. Wollte man zu einem solchen Hause gelangen, so hatte man zuerst über einen 7 Fuß hohen Holzzaun, Fense genannt, zu steigen und durch Stumpen und Stöcke zu gehen. Es wird nämlich in diesen Urwäldern das Holz etwa 3 Fuß vom Boden abgehackt, das zu den Fensen taugliche ausgesucht, gespalten und der Länge nach um das urbar gemachte Land sieben Fuß hoch über einander gelegt, um die Feldfrüchte gegen das Eindringen des Viehes zu schützen. Solches Holz, welches zu Fensen nicht brauchbar ist und auch nicht verkauft werden kann, wird auf Häufen gebracht und verbrannt. Die Stumpen und Stöcke müssen im Lande verfaulen. Eine Kuh, ein paar Ochsen und ein Schwein, waren größtentheils Alles, was diese Leute besaßen, und oft mangelten selbst diese Dinge. O wie oft mußte ich hören: „ich würde gerne in die Kirche gehen, wenn ich nur Kleider hätte!" Alle ihre Kleider trugen diese Leute oft am Leibe, im Sommer gingen sie ohnehin alle barfuß und für den Winter flickten viele ihre Schuhe selbst, obgleich sie es nie gelernt hatten. Nicht viel besser sah es in meinen Filialkirchen aus.

Von den 4 Filialkirchen, welche ich hatte, war nur jene eine Främkirche, welche schon einmal einen eigenen Pfarrer hatte, die übrigen aber Blockkirchen. Diese Blockkirchen machen von den Blockhäusern keinen Unterschied. Man denke sich eine Kirche aus unbeschlagenen Baumstämmen, 8 Fuß hoch, mit Erde verschmiert und einem bretternen- oder Schindeldache! — Von einem Thurme oder einer Glocke war keine Rede. So sahen gewöhnlich die ersten Kirchen in diesen Urwäldern aus. Nun befand sich aber in keiner dieser Filialkirchen ein Stuhl, noch ein Portatile (Altarstein), noch ein Meßkleid, noch ein Kelch, noch ein Meßbuch, noch eine Albe. Um diesen Bedürfnissen zu steuern, machte ich einmal einen Besuch bei meinen irländischen Katholiken, dessen Erfolg ich meinen Lesern nicht vorenthalten zu dürfen glaube, um ihnen zu zeigen, wie arm die Leute in diesen Urwäldern anfänglich leben.

Schenkt auch der Irländer seinem Geistlichen sein ganzes Vertrauen, so nahm ich bei dieser Gelegenheit doch, wie es bei deutschen Gemeinden im Lande gebräuchlich ist, einen Mann der Gemeinde mit mir. Die Gemeinde zählte gegen 800 Katholiken und den ansehnlichsten aus ihnen wählte ich zu meinem Begleiter. Da kein Ansiedler in diesen neuen Ländern irgend ein Geld im Hause hat, was auch gewöhnlich in diesen Urwäldern der Fall ist, so mußten wir uns überall mit Versprechen begnügen. Gegen Abend langten wir bei einem Farmer an, den ich als einen meiner besten Katholiken kannte. Ich traf ihn auf seinen Feldern, welche wie gewöhnlich im Lande, ums Haus herum waren. Ich trug ihm mein Anliegen vor, er hörte mich ruhig an und bedauerte nur, daß er mir Nichts versprechen könne. Ich glaubte, er könnte mir doch etwas Holz zur Kirche liefern, um selbe etwas ausbessern zu lassen, allein er erwiederte, daß er mir Holz geben könnte, so viel ich nöthig hätte, wenn ich nur Jemand finden könnte, der es mir zur Kirche liefern würde; denn mit seinen alten Ochsen könnte er mir kein Holz liefern und auf seinem Rücken könnte er es nicht so weit tragen. Es werden nämlich im Lande die Pferde wie Ochsen erst mit 5 Jahren eingespannt und je älter sie sind, desto billiger sind sie. Sind die Ochsen zum Zuge zu alt geworden, geben die Kühe keine Kälber mehr, so sind sie am billigsten und werden dem Metzger verkauft. Ich sah die Ochsen an und muß gestehen, daß sie kaum mehr zu gehen vermochten. Er begleitete mich zu seinem Hause, zeigte mir einige Eisenbahnpapiere, bot sie mir an, wenn sie etwa von einigem Nutzen für mich wären, aber sie waren, wie so viele amerikanische Eisenbahnpapiere, werthlos. . Seine Wohnung glich mehr einem wilden Loch als einer Menschenwohnung. Die bloße Erde bildete den Fußboden und auf dieser saßen 3 Kinder in zerrissenen Hemden, ihrer einzigen Bedeckung. Auch die Mutter kam herbei in einem zerrissenen Kleide, dem einzigen, das sie hatte. Ich war zufrieden, verließ den guten Mann und er begleitete mich bis zu seiner Fense. Schon hatte ich die höchste Höhe derselben erstiegen, als er nochmal sein Bedauern ausdrückte, mir mit Nichts helfen zu können. „Ich wäre", fuhr er dann zu sprechen fort, „nicht in diesen Umständen, wenn ich geblieben wäre, wo ich gewesen bin, aber meine Frau wollte dort nicht bleiben, weil dort keine katholische Kirche war. „Wo bist du gewesen?" Er nannte den Ort. Wie lange bist du schon hier? „Sechs Jahre." „O, könnte ich dort mein Land verkaufen," rief er aus, „es wäre mir geholfen und ich könnte auch etwas zur Kirche beisteuern!" „Wie viel Land hast du dort?" fragte ich. „Zweihundert Tagwerk." Was kosten sie? „Zweihundert Dollars", war die Antwort. Wissen sie mir einen Käufer? fragte er begierig. Da ich gerade aus Indien gekommen war und wußte, was die Missionäre dort für die Christen thun, fühlte ich mich glücklich, ihm aus seiner größten Noth helfen zu können. Unterwegs drückte ich zu meinem Begleiter meine Verwunderung aus über die Wildheit der Gegend und die Armuth der Einwohner, er aber glaubte, daß es jetzt gut aussehe, aber bei seiner Ankunft wild ausgesehen habe. Er erzählte mir nun, daß er in dieser irländischen Ansiedelung der erste Ansiedler gewesen sei, bei seiner Ankunft nur Bäume fand und den Ort, auf den er seine erste Hütte, eine Blockhütte baute, zuerst auslichten mußte, bevor er die Hütte aufschlagen konnte. „O, wie war mir, rief er aus", als ich so viel Oeffnung in diesen Urwäldern gemacht hatte, daß die Sonne ungehindert zu meiner Hütte bringen konnte! „Jeder Tag im Jahre, fuhr er zu erzählen fort, war mir gleich, nie wußte ich, ob es Feiertag oder Sonntag sei, wenn es Tag war, stand ich auf, und wenn es Nacht war, legte ich mich nieder. Brauchte ich auch nur einen Nagel, mußte ich ihn 20 englische Meilen weit holen. O wie glücklich fühlte ich mich, als ich in mein Blockhaus einziehen konnte! Selbst als ich schon etwas Getreid gebaut hatte, war ich 5 Tage aus, wenn ich in die Mühle fuhr. Räuber gab es in der Gegend nicht, aber auch nicht viel zu essen, jedoch Wasser genug zum Trinken. Doch ich hatte mir ein günstig gelegenes Stück Land ausgewählt, ein Ansiedler nach dem andern folgte mir bald in diese Wildniß, übernachtete bei mir, ich suchte ihm ein gutes Stück Land aus oder zeigte ihm das seinige. In allen Zeitungen war, wie es bei allen neuen Ländern zu geschehen pflegt, das Land dieser Gegend besonders hoch gepriesen worden, Fremde fanden sich in der Gegend ein und mußten bei mir absteigen und übernachten. Bald wurde ich bekannt und mein Haus gesucht. Als später mit den Strassenarbeiten begonnen wurde, wozu jeder Landeigenthümer, er mag auf seinem Lande wohnen oder nicht, gleichviel zu zahlen hat, konnte ich mir auch hier etwas verdienen. Bald wurde auch hier eine Poststation errichtet und ich zum Posthalter gemacht. Meine Nachbarn kamen jetzt bei mir an Sonntagen zusammen, holten ihre Briefe ab und ich war der erste Wirth in der Gegend. Ich bedauerte die armen Leute, wenn sie um jede Kleinigkeit 20 Meilen gehen mußten, legte mir selbe bald selbst bei und war der erste Krämer der Gegend. Das Vertrauen meiner Mitbürger hatte ich mir erworben, und als der Distrikt in eine eigene Gemeinde abgetheilt wurde, wurde ich Vorsitzender. Eine Schule wurde erbaut und sie kam in meine Nähe, die Kirche stand auf meinem Lande und seit 2 Jahren bin ich der Distriktsabgeordnete nach Mädison (bei uns Landrath genannt). Sehen wir nun, wie diese Urwälder angesiedelt werden.

Sobald die Indianer aus diesen Urwäldern abgezogen sind, wird das Land ausgemessen und zum Verkaufe ausgeschrieben. Ist ein Stück Land zum Verkaufe ausgeschrieben und nicht verkauft, so sagt man im Lande, „es ist im Markte." Vom Markt wird kein Land zurückgezogen und immer der erste Käufer erhält es. Der Preis des deutschen Tagwerks ist ein Dollar, jedoch wenn ein Land bei der ersten Ausschreibung keinen Käufer findet, so wird es bei der zweiten billiger und bei der dritten noch billiger abgegeben. Weniger als 100 deutsche Tagwerk (80 Aeckers) verkauft die Regierung nicht. Da aber die Landspekulanten, deren es in Amerika sehr viele gab, sich gewöhnlich schon das beste Land ausgewählt hatten, wenn das Land in Markt kam, so mußten die Ansiedler es gewöhnlich diesen abkaufen. Erhielten die Landspekulanten für ihr Land was sie verlangten, so gaben sie es ab, wenn nicht behielten sie es, ausgenommen es wurde hie und da ein solcher Spekulant aus Noth veranlaßt, ein Stückchen abzusetzen. Hatte ein Ansiedler sein Land auf Fristenzahlung genommen und konnte auch nur eine Frist — wenn auch die letzte — nicht einhalten, so war das bezahlte Kapital verloren und er mußte vom Lande abziehen. Dieses hatte zur Folge, daß diese Urwälder sehr langsam angesiedelt wurden. Viele von denen, welche in diesen Urwäldern angekauft hatten, begaben sich erst nach Jahren oder nie auf ihr Land, was zur Folge hatte, daß die neuen Ansiedler oft in Mitte dieser

Urwälder sich ankaufen und niederlassen mußten, während die ersten Länder dieser Urwälder noch unbewohnt waren. Geschah es, daß die Ansiedler im Tiefen eines solchen Urwaldes ihr Land fanden, so hatten sie sich den Weg zu ihrem Lande zu bahnen und waren allein mit ihrer Familie in der Gegend. Der nächste Nachbar war in einem solchen Falle kaum zu finden, von Handwerksleuten keine Spur und zur Mühle und Krämer Tagreisen. Fehlte es nun gar an Lebensmitteln und mußte der Mann seine Familie allein in der Wildniß zurücklassen, um Frau und Kinder zu ernähren, so fühlten sich diese unheimlich und lockten Brüder, Schwestern, Freunde und Bekannte in ihre Nähe. So geschieht es, daß diese Gegenden gewöhnlich von Leuten aus einer Gegend aus Europa angesiedelt werden und dieselbe Religion bekennen. Amerikaner findet man selten oder nie in diesen Urwäldern und auch die Kinder deutscher oder irländischer Eltern halten sich nicht gerne lange in ihnen auf, da ihnen die Arbeit zu beschwerlich ist.

Alles was man in diesen Urwäldern sieht, sind Bäume, immer einer neben dem andern, und einer größer als der andere. Die Sonnenstrahlen hemmen sie und dem Mondschein setzen sie Hindernisse. Selbst der Boden ist mit halbverfaulten Baumstämmen belegt, welche oft drei- und vierfach über einander liegen. Diese Bäume müssen mit der Axt niedergeschlagen, auf Haufen zusammengetragen und verbrannt werden. Ich stehe an zu sagen, welche von diesen Arbeiten die härtere sei. Ist dieses geschehen, so muß der mit Stumpen und Stöcken angefüllte Boden gepflügt, besäet und mit einer Fense umgeben werden. Welch eine Arbeit! Nun hat man kein Haus, keine Hauseinrichtung und kein Futter für sein Vieh. Begibt man sich im Herbste in diese Urwälder, ist gesund und hat die nothwendigsten Lebensmittel, so mag man bei harter Arbeit im nächsten Frühjahr wohl etwas auf seinem Lande bauen, aber man kann kein Vergnügen mitmachen, ist nur auf sich selbst angewiesen und kann nach Allem in 10 Jahren seine Familie nicht anständig ernähren. Doch mußte der erste Einwohner in den Urwäldern sich sein erstes Haus selbst bauen, beim zweiten hilft ihm sein Nachbar; wußte er anfänglich die Masse des Holzes nicht zu bewältigen, später findet er Freunde, die ihm zu Hilfe kommen. Ein Tagwerk Holz nach dem andern wird niedergeschlagen und das Land urbar gemacht, ein Acker neben dem andern angebaut und wenn der erste Ansiedler jung in einen solchen Urwald kam, kann er's erleben, daß der größere Theil desselben urbar gemacht ist. Dieses ist aber erst in 30—40 Jahren der Fall, und selbst dann werden diese Urwälder noch nicht unsern kultivirten Ländern gleichen. Auch die Urwälder, in denen es bei meiner Ankunft noch so wild aussah, sind heute zum Theile ausgerottet und urbar gemacht, die Strassen sind fahrbar, die Häuser mitunter gut, die Stumpen und Stöcke zum Theile ausgefault, die Leute mitunter wohlhabend, an Getreid, Vieh, Lebensmitteln, Wirthshäusern, Krämern, Mühlen und Handwerkern ist kein Mangel mehr und an Kirchen und Schulen fehlt es nicht; aber die Wege sind noch nicht mit Kies beschüttet, die alten Fensen umgeben noch die Häuser, die Stumpen und Stöcke auf den Feldern sind nicht alle ausgefault, die Viehställe mangeln heute noch und die alten Blockhäuser sind nur zum Theile von Främhäusern ersetzt, viele von den ersten Ansieblern ruhen im Grabe, viele haben diese Urwälder wieder verlassen und nur mehr wenige erzählen mit Vergnügen, was sie in diesen Urwäldern durchgemacht haben. Auch ich werde nicht vergessen, wie ich in diesen Urwäldern einherirrte, bald da bald dort über die Fensen stieg und denselben einen Theil meiner Kleider zurückließ. Es schweben mir heute noch die Bäume vor Augen, unter denen ich hungrig, durstig und erschöpft lag, die Häuser, zu denen ich mich mühsam schleppte, die Wege, auf denen ich nicht fortzukommen wußte, das Pferd, das mir so ungern seinen Dienst versagen mußte. So hart als die Arbeit für die ersten Ansiedler war, war meine Arbeit in diesen wilden Gegenden. Die Kinder lebten natürlich sehr zerstreut von einander und waren bis jetzt bereits ohne allen Religionsunterricht gewesen und die Regulirung meiner Missionen und besonders der Krankenbesuch nahmen meine ganze Thätigkeit in Anspruch. Wurde ich zu einem Kranken gerufen, so war es gewöhnlich in Mitte der Nacht bei Regen und Wind, Schnee oder Frost.

Es kam dieses daher, daß die Kranken in einer solchen Zeit sich kränker fühlten und wegen weiter Entfernung die Nacht eintrat, bevor man zu mir gelangen konnte. Unter vielen Fällen nur einen. —

Es war im Winter an einem Samstage Nachts 11 Uhr, als man an meiner Thüre klopfte und mich zu einer sterbenden Kindbetterin rief. Es war Vollmond, hatte eine grimmige Kälte, der Schnee lag überall 2 Fuß tief und zur Kranken hatte ich 14 englische Meilen und zwar die letzten 4 Meilen in Mitte der Urwälder ohne jede Spur eines Weges. Es schien mir unmöglich die Kranke zu erreichen und ich begab mich wieder zur Ruhe. Ich konnte nicht schlafen, sprang auf, kleidete mich an, spannte mein Pferd in Schlitten und fuhr 12 Meilen. Ich fühlte an meinen Füßen keine Kälte mehr, — ich hatte sie erfroren, — mein Gesicht war so weiß wie der Schnee, ich selbst ohne jede Spur eines Weges und wußte mein Pferd nicht mehr weiter zu bringen. Gegen 6 Uhr Morgens langte ich endlich bei meiner Kranken an, da sie glücklich geboren hatte und sich in verhältnißmäßig guten Umständen befand. Nach Hause zurückgekehrt, harrte meine Gemeinde schon meiner, und ich mußte noch an zwei verschiedenen Orten Gottesdienst halten. Diese Nacht hängt mir bis heute an.

Gewiß ist der Leser begierig zu hören, welches die vorzüglichsten Holzarten in diesen Urwäldern sind. Es gibt Laub- und Nadelholzwälder, jedoch die Laubholzwälder sind in der Mehrzahl und die

Holzarten sind so viele, wie kaum in einem andern Lande. Man zählt allein 30 Buchenholzarten, welche man in Deutschland nicht kennt. In dieser Gegend waren Eichen, Linden und Zuckerholz die hervorragendsten Holzgattungen, während man nördlich nur Fichten und Föhren sah. Die Fichten und Föhren in diesen nördlichen Gegenden waren sehr stark und sehr hoch, da aber der Boden sandig war, so war die Gegend nur sehr wenig angesiedelt. Den besten Grund verlangt der Zuckerholzbaum. Es wird Zuckerholz genannt, weil diesem Baum im Frühjahr der Saft genommen und daraus Zucker bereitet werden kann. Dieser Baum hat mit der Erle eine ziemliche Aehnlichkeit, ist nicht viel größer als diese, gibt aber das beste Meubel- und Brennholz. Die Eichen, welche in diesen Urwäldern in Unzahl sind, sind nicht immer sehr groß, desto größer aber die Lindenbäume, welche, da der Bildhauerkunst im Lande wenig Aufmerksamkeit geschenkt wird, auch wenig Werth haben. Amerika hat nicht nur viel Holz, sondern auch gutes Holz. Umsonst sucht man daher in andern Ländern die feinen Meubels, Chaisen, Wägen, Schlitten zc., welche in Amerika gemacht werden. Selbst bei Bauten wird das Holz so dünn verwendet, daß man glauben sollte, es könnte die Last unmöglich tragen, welche auf ihm ruht.

Sollte Jemand auch noch zu wissen wünschen, wie es in diesen Urwäldern aussieht und welche Thiere sich in denselben vorzüglich aufhalten, so kann ich ihm sagen, daß ein solcher Urwald oft Hunderte, wenn nicht Tausende von Stunden umfaßt, bis ihm ein Thal, indem sich kein Holz befindet, ein Ende macht. Ist der eine Baum dieser Urwälder frisch und gesund, so ist ein anderer dem Einsturze nahe, während ein dritter schon auf der Erde liegt und ein vierter bereits in Vermodung übergegangen ist. Es ist daher kaum möglich durch diese Urwälder zu gehen und bei Regen und Wind eilet selbst das Vieh aus denselben. Da die Sonne in diese Wald= ungen nicht viel einbringen kann, so wächst nur wenig Gras in selben. Hasen, Rehe und anderes Wild sind selten, da die Indianer die Gegenden erst vor Kurzem verließen und auch seit dieser Zeit Jedermann schießen kann, was ihm in Weg kommt. Es herrscht Todesstille in diesen Wäldern, kein Vögelchen läßt sich hören, nur hie und da sieht man einen rothen oder gelben Vogel in der Größe eines Goldfinken mit schwarzen oder gelben Flügeln. Es scheint, daß selbst den zarten Gesangvögelchen diese Urwälder bis jetzt zu wild sind. Ob sie sich je im Lande einfinden werden, muß um so mehr bezweifelt werden, als bis jetzt alle Versuche sie in kultivirten Ländern einheimisch zu machen, mißlungen sind.

Amerikanische Zustände.

Wenn in unsern Tagen im Lande eine katholische Kirche erbaut wird, so muß sie dem Bischofe zugeschrieben werden, der Bischof macht vor seiner Ordination sein Testament und vermacht alles Kircheneigenthum seinem Nachfolger. In frühern Zeiten geschah es, wie es bei Andersgläubigen heute noch geschieht, daß die Gemeinden in ihrem Namen bauten, sich inkorporiren ließen und vom Staate als eingetragene Gesellschaft anerkannt und geschützt wurden. Das Einkommen einer solchen Kirche war so völlig in den Händen der Gemeinde und der Bischof hatte keine Controlle über selbes. Die Bischöfe richteten daher ihr Augenmerk auf diese Kirchen und es ist ihnen gelungen, viele von diesen inkorporirten Kirchen unter ihre Botmäßigkeit zu bringen, jedoch sind noch etliche in den Händen der Gemeinden. Unter diesen wenigen war die Kirche in Newyork, bei deren Pfarrer ich bei meiner Landung eine freundliche Aufnahme fand. Der Pfarrer starb ein Jahr später, der zweite Pfarrer wurde zum ersten befördert und mir dessen Stelle angetragen. Ich setzte meinen Bischof hievon in Kenntniß und bat um meine Entlassung, welche in solchen Fällen in Amerika wie anderswo nothwendig ist.

Da ich auf alle meine Briefe keine Antwort erhielt und in den Urwäldern nicht länger bleiben wollte, packte ich zusammen, was in Amerika häufig geschieht, um zu meinem Bischofe zu reisen. Es war Sonntag, ich hielt meinen letzten Gottesdienst, wie gewöhnlich an diesem Tage bei meiner irländischen Gemeinde und wollte nach demselben abreisen. Als ich beim Hofe herausfuhr, sprangen zwei Männer meinem Pferde in die Zügel und zwangen mich in den Pfarrhof zurückzukehren. Von ähnlichen Vorfällen hörte ich zwar schon öfters, hatte immer jedoch keine Ahnung, daß jemand anderer als der Priester selbst Ursache solcher Skandale sein konnte. Ich fühlte nur für meine Religion, die ich schätze und liebe und die ich durch solche Vorfälle beeinträchtigt glaubte. Aus Liebe zu meiner Religion nahm ich zum Gerichte meine Zuflucht, übergab meine Angelegenheit einem Advokaten, schlief eine andere Nacht in meinem Pfarrhofe und versuchte des andern Morgens zu entkommen. Es standen abermals zwei Männer in Bereitschaft, sprangen dem Pferde in die Zügel, aber der Gewandheit des Fuhrmannes und der Wildheit des Pferdes hatte ich mein glückliches Entkommen zu verdanken. Nun gehörte mir aber der größte Theil der Hauseinrichtung, auf welchen ich um so mehr Anspruch zu haben glaubte, als jener Theil, welchen die Frauen angeschafft hatten, genau aufgezeichnet war. Diese meine Hauseinrichtung übergab ich daher jenem Manne, der selbe mit meinem Gelde für mich angekauft hatte;

aber Frauen, Männer und Kinder zogen haufenweise zu seinem Hause, umlagerten es, beschimpften und lästerten ihn und drohten ihm das Haus niederzubrennen, während andere ihm jede Möglichkeit benahmen in Besitz meines Eigenthumes zu gelangen. Während so in meiner Mission Alles in Aufruhr war, langte ich bei meinem Bischofe an, der von Allem, was in meiner Mission vorging, nichts zu wissen schien, sondern sich nur über meinen Austritt in seiner Mission etwas erbittert zeigte, ein paar Mal auf seinem Zimmer wie rasend auf- und ablief, sich hierauf niedersetzte und meine Entlassung schrieb. Erst bei meiner Ankunft in Newyork erfuhr ich, wie es in meiner Mission zugehe und weinte bitterlich, weil ich glaubte, Alles, was ich in dieser Mission Gutes gethan habe, sei vereitelt. Um nichts zum Nachtheile meiner Religion gewirkt zu haben, glaubte ich nur in meine Mission auf einige Stunden zurückkehren zu dürfen; hatte mich aber bitter getäuscht. Nach 5 Monaten kehrte ich auf etliche Tage zurück, fand meine treuesten Freunde gegen mich und bei Gericht wurde die Klage abgewiesen. Ich zog einen zweiten Advokaten zu Rathe, welcher die Ehrlichkeit hatte, mir zu sagen, daß der Mann, mit dem ich zu thun hätte, mehr als 50 Zeugen gegen mich aufbringen könne, von welchen keiner einen Anstand nehme, auf sein Wort einen Meineid zu schwören. „Wollen sie jedoch", setzte er bei, „ihre Hauseinrichtung, so stehen ihnen hier Arbeiter zur Verfügung, welche sie bald haben werden, wenn

sie nur bezahlen, was diese verlangen." Da es mir
um die Hauseinrichtung nicht zu thun war, kehrte
ich unverrichteter Sache nach Newyork zurück.

Die Kirche, an der ich in Newyork wirkte,
war die erste deutsche Kirche in den Vereinigten
Staaten. Im Jahre 1813 fand ein deutscher Prie=
ster in der Diözese Aufnahme, der sich der deutschen
Katholiken in der Stadt annahm, eine Schreiner=
werkstätte miethete und in selber an Sonn= und
Feiertagen deutschen katholischen Gottesdienst hielt.
Die Gemeinde vermehrte sich und schon im Jahre
1836 kaufte sie 3 Bauplätze für 600 Dollars in
der zweiten Strasse an und baute darauf einen Bet=
saal, unter welchem der deutsche Priester seine
Wohnung hatte. Im Jahre 1848 wurde dieser
Betsaal abgetragen und an dessen Stelle eine schöne
gothische Kirche gebaut, welche 1850 vollendet wurde.
Ein Pfarrhaus und eine Schule wurde jetzt auch
nothwendig und die Gemeinde war so in Schulden,
daß sie die Zinsen nicht mehr bestreiten konnte.
Dieses gab zu beständigem Priesterwechsel Anlaß,
bis man endlich auf den Gedanken kam, eine Bank
mit der Kirche zu verbinden, Geld zu 3 Procent
aufnahm und für 5 Procent auslieh. Es war dieses
eine um so größere Wohlthat für die wenigbemittel=
ten Leute, als damals das Geld auf den Banken
sehr unsicher, hier aber durch die Kirche gesichert
war. Verwalter dieser Banken waren die vier
Kirchenvorstände, welche sich auch ihre Verwaltung
so sehr zu Nutzen machten, daß die Kirche schon im

Jahre 1858 zwanzigtausend Dollars zu ersetzen hatte. Es berauben nämlich im Lande schon die Kinder die Mutter und warten nicht auf die Stiefkinder. Noch zu meiner Zeit hatte die Kirche 40,000 Dollars Schulden, aber sie hatte auch Eigenthum von eben so großem Werthe. Die Seelenzahl der Gemeinde anzugeben ist schwer, nur so viel kann ich sagen, daß in dieser Kirche in einem Jahre gegen 1200 Kinder getauft wurden, gegen 1000 Kinder die Schule besuchten und 205 Kinder an Ostern ihre erste heilige Communion empfingen. Wem diese große Anzahl von Kindern auffallen soll, der bedenke nur, daß zur damaligen Zeit größtentheils junge heirathslustige Leute einwanderten. So geschah es mir einmal, daß ich in einem Hause eine Kranke, welche ich besuchte, fragte, wie viel Kinder in diesem Hause seien, weil ich mehreren auf der Stiege begegnete, und zur Antwort erhielt, daß 10 Familien im Hause wohnen, welche miteinander 83 Kinder haben.

Wenn ich sagen würde, daß die Seelsorge in diesen großen Städten und den kultivirten Ländern in Amerika beschwerlicher sei als in Europa, würde ich die Unwahrheit reden. Die Missionen, bei uns Pfarreien genannt, sind genau abgegrenzt, die irländischen Missionen von den Deutschen geschieden und ich kenne keinen großen Unterschied zwischen der Seelsorge in Deutschland und der Seelsorge in großen Städten und kultivirten Ländern in Amerika. Wohl gibt es keine Benefiziaten im Lande, aber die

Seelenzahl einer Gemeinde ist auch selten so groß wie in Deutschland, und wo dieses der Fall ist, sind auch immer mehrere Priester an einer Kirche angestellt. Es waren unser zwei in dieser Kirche und an andern Kirchen sind oft von 4 bis 6 Priester. Samstag Abends und Sonntags Morgens gingen wir in Beichtstuhl, um 8 Uhr war an Sonntagen Frühmesse und um 10 Uhr der Hauptgottesdienst. Nachmittags war um 1 Uhr Christenlehre und hierauf Vesper oder eine andere Andacht. An Werktagen waren die heiligen Messen um 7 und 7½ Uhr und nach denselben besuchte man die Schulen und Kranken. Schreibereien gab es außer dem Eintragen der Getauften, Geheiratheten und Verstorbenen nicht und die Kirchenverwaltung besorgten die Kirchenvorstände. Auch kann ich nicht sagen, daß die Priester Mangel zu leiden haben. Sind ihrer 5 und 6 Priester an einer Kirche, was nur in großen Städten der Fall ist, so haben sie hinlänglich zu leben. Es hat jeder sein meublirtes Zimmer im Pfarrhofe, wenigstens 600 Dollars Gehalt, und gibt es auch keine Stolgebühren, so wird doch für eine heilige Messe nie weniger als 1 Dollar bezahlt, bei Taufen wird gewöhnlich von 1 zu 5 Dollars bezahlt, bei Hochzeiten von 5 zu 10 und bei Leichen der Leichengottesdienst, wenn ein solcher gehalten wird.

Wenn ich nun erzählen würde, daß meine Wohnung gleich nach meiner Ankunft überlaufen war von frommen dienstfertigen Geistern, welche des Rathes bedurften, ihren Schwager zu belehren, ihren

Bruder zu bewegen, seine Kinder taufen zu lassen,
oder über die Härte ihrer Männer klagten, so würde
man mir mit Recht erwiedern, daß es solche Ge=
schäftsleute auch in Europa gibt. Würde ich vor=
bringen, wie man selbst im Beichtstuhle nicht trauen
darf und nicht selten bezahlte Leute beichten, um die
Handlungsweise der Priester in selben kennen zu
lernen, so würde man mir antworten, daß dieses
auch anderswo vorkommt. Würde ich berichten, daß
ein würdiger Priester seinen Namenstag feierte,
mehrere Geistliche dazu einlud und unter diesen
auch den Redakteur des katholischen Wochenblattes,
und hierauf beifügen, daß ein Geistlicher dem Guten
etwas zu viel that, aber kein Aergerniß gab und
nüchtern nach Hause ging, der Redakteur aber des
andern Tages den Vorfall mit den grellsten Farben
in die Oeffentlichkeit brachte, so würde man mir
sagen, daß dieses auch anderswo schon geschehen sei.
Vielleicht ist aber anderswo noch nicht geschehen,
daß sich ein Mensch als Pfarrer einschleichen konnte,
der nicht einmal Priester war. Es fand sich
auf der andern Seite des Wassers (New=Dscherfi)
ein deutscher Pfarrer, welcher sich sehr eifrig zeigte,
viel Geld zum Baue einer neuen deutschen Kirche
sammelte und am Ende, als es sich herausstellte,
daß er wohl Meßner aber nie Priester war, mit
dem Gelde durchbrannte. Er hatte die Papiere
einem Pfarrer gestohlen. Selten wird es anderswo
vorkommen, daß man einen Priester bei der Nacht
zu einem Sterbenden ruft, unterwegs absetzt und

nach Hause schickt; oder in ein Wirthshaus führt, durchprügelt und beim Hause hinauswirft; oder in ein schlechtes Haus bringt und des andern Tages verklagt, wie es hier geschah. Noch seltener wird es anderswo geschehen, daß mehrere Priester zu gleicher Zeit vom Ordinarius ein Schreiben erhalten, daß ihre Fakultäten im Bisthume aufgehört haben, und daß sie, wenn sie um die Ursache dessen fragen keine Antwort erhalten, aber nachdem sie zur Oeffentlichkeit ihre Zuflucht genommen hatten, die öffentliche Antwort erhielten, „daß man sie anstellte, weil man sie brauchte und entließ, weil man sie nicht mehr braucht," was hier 3 irländischen Priestern geschah. Nie wird man anderswo hören, was jetzt folgt.

In Einfalt, ich darf sagen in völliger Unschuld, wirkte ich bereits zwei Jahre an dieser Gemeinde, hatte nur für Gott und meine heilige Religion gelebt, hielt mich für den Niedrigsten unter den Priestern und dachte am allerwenigsten Arges von meinen Vorgesetzten, als mich der Erzbischof eines Tages zu sich beschied. Er hatte von einer meiner Predigten gehört, in welcher ich darauf anspielte, daß die Kirchen unter den Bischöfen besser gestellt seien als unter den Gemeinden und glaubte mich für seinen Zweck benützen zu können. Erzbischof Huges, welcher damals der Erzdiözese Newyork vorstand, war bekannt als einer der größten Männer seiner Zeit. Selbst die amerikanische Regierung sandte ihn während des Krieges mit dem Süden an die Höfe von Frankreich, Spanien und den Papst und benützte ihn, die irländische Bevölkerung in Amerika zu ihren Gunsten zu stimmen. Er war um die Zeit wo er mich zu sich berief, schon etwas leidend, wohnte im Hause, welches er seiner Schwester gekauft hatte, hatte seine eigene Departments und seine eigene Bedienung. Ich erschrack als ein junges blutschönes Mädchen mir die Hausthüre öffnete und ein noch schöneres im Zimmer des Erzbischofes mir den besten Sessel im Zimmer anbot, auf welchem, Platz zu nehmen, mir der Erzbischof befahl. Sein erstes Wort, welches er hierauf sprach, war: „Sie glauben mir fremd zu sein, weil sie mich nie besuchen; ich weiß sogar was auf ihrem Tische liegt." In der That wußte er, was ich lese, bete, mit wem ich umgehe und daß mein Missionskreuz beständig vor mir auf dem Tische lag. Ich bewunderte dieses um so mehr, als er mich persönlich nicht einmal kannte, fand es aber leicht begreiflich, da man ja nicht allein im Hause wohnt und die Leute im Hause sich ein Vergnügen machen, zu erzählen, was im Hause vorgeht. O, wie thöricht sind die Leute, welche glauben, in Amerika könnte man thun und treiben, was man wolle, weil man sich in freiem Lande befinde. In Amerika ist man mehr überwacht, als in irgend einem andern Lande und muß mehr überwacht sein, weil das Land der Freiheit jeden Flüchtling aufnimmt.

Im größten Vertrauen und unter wehmüthigen Seufzern erzählte er mir hierauf, wie es in meiner

Kirche seit der Gründung der Gemeinde zugegangen ist. Ich glaube diese Schilderung meinen Lesern um so weniger vorenthalten zu dürfen, als sie daraus ersehen, wie es in den Gemeinden im Lande zugeht. „Diese Gemeinde," sagte er, „lebt in Streit und Hader" seit ihres Bestehens. Mit meinem Vorfahrer war sie beim Schwurgericht und unter mir war die Kirche längere Zeit ganz geschlossen. Meinen alten Generalvikar, den Gründer der Gemeinde, wollten sie aufhängen. Nicht nur Männer sondern besonders die Frauen kamen mit Stricken herbei und weiß Gott, was geschehen wäre, wenn er nicht noch zu rechter Zeit durch ein Fenster entwischt wäre. Unzählige Priester, selbst die Redemptoristen nicht ausgenommen, hat diese Gemeinde entehrt und vertrieben. Unter ihrem Vorfahrer, einem meiner würdigsten Priester, wurde die Kirche von der Gemeinde um 20,000 Dollars bestohlen. „Bei der nächsten Gelegenheit, fuhr er hierauf zu reden fort, werde ich diese Kirche abermals schließen und nicht mehr öffnen."

Zur Verständigung des Gesagten muß ich bemerken, daß schon der verstorbene Bischof die Kirche an sich ziehen wollte, das Schwurgericht aber zu Gunsten der Gemeinde entschied. Der Gründer der Gemeinde hatte von jedem 2 Dollars verlangt, welcher seine Osterbeicht in dieser Kirche ablegte. Da dieses Niemand bezahlen wollte, kamen einige mit Stricken herbei und er mußte fliehen. Ich habe diesen alten Generalvikar selbst noch gekannt, bedaure aber sagen zu müssen, daß er so geldgierig war, daß er nicht nur herumziehende Geistliche um die Kost einstellte, Schule zu halten, sondern auch jedem Priester für die Osterzeit um die Kost behielt, die Beichten seiner Gemeinden zu hören. Die Kost war so, daß auf dem Fleische beim Essen oft die Würmer noch herumkrochen. Er baute Kirchen auf seinen Namen, verkaufte sie an die Gemeinden, gab zum Baue anderer Kirchen alte Kelche und Meßgewänder, ließ in den Zeitungen die Summe ausschreiben, welche er dafür ansetzte, um immer wieder Geld vom Missionsverein zu erhalten. Um seine Bauplätze neben der Kirche gut verkaufen zu können, berief er Klosterfrauen aus Bayern. Er leugnete nie, daß ihm sein Generalvikariat viel gekostet habe und doch hinterließ er bei seinem Tode 1861 ein Vermögen von mehr als 100,000 Dollars. Schon merkte er, daß das Ende seines Lebens herannahe, als er nochmal zu seinem Beichtvater kam und sich erkundigte, ob der österreichische Consul, ein böhmischer Jude wie man mir sagte, welcher gerade auf Besuch in Europa war, noch nicht zurückgekehrt sei. Als er hörte, daß dieses noch nicht geschehen sei, soll er die folgenden Worte geäußert haben: „wenn er nicht bald zurückkehrt, holt mein Geld alles der Teufel." Er wollte nämlich nicht, daß es bekannt werde, welches Vermögen er besitze. Noch zu rechter Zeit traf der österreichische Consul ein, wurde Testamentsvollzieher und als sich die Verwandten, welche alleinige Erben waren, nach einem Jahre um ihren

Antheil befragten, erhielten sie zur Antwort: „daß sie 3000 Dollars bekommen werden." Sein Beichtvater, der seine Vermögensumstände genau kannte, wollte wissen, daß er bedeutend mehr als 100,000 Dollars hinterlassen habe. Dieses ist der Mann, den die Gemeinde aufhängen wollte! Die Redemptoristen wollten gleichfalls die Kirche an sich bringen und als sie sahen, daß dieses nicht gehe, verließen sie freiwillig die Kirche und bauten eine andere in der Nähe. Bei den übrigen Priestern ergieng es nun, wie es allen Priestern in neuen Gemeinden ergeht. Als ich aber weiter vernahm, was mir der Erzbischof mittheilte, so schien mir, daß ihm weder die Skandale in der Kirche, noch die Veruntreuung der Kirchenvorstände unangenehm gewesen sein könnte; denn nachdem er mir seine Absicht entdeckt hat, in Besitz der Kirche zu gelangen und ich ihm zu verstehen gegeben hatte, daß die Mehrzahl der Gemeinde ohnehin dazu bereit sei, sagte er: „so geht es nicht." Ich schwieg und er fuhr nach einer kurzen Pause zu reden fort: „um in Besitz der Kirche zu kommen müssen wir sie ruiniren, und um sie ruiniren zu können, müssen wir es zu öffentlichen Auftritten bringen. Nur nach öffentlichen Skandalen kann ich die Priester abrufen, die Kirche schließen und ihres Einkommens berauben. Hat die Kirche kein Einkommen mehr, so können die Zinsen nicht mehr bezahlt werden und die Gemeinde hat sich meinem Willen zu fügen oder die Kirche wird vom Gerichte verkauft. Wird die Kirche unter dem Hammer verkauft, so wird sie gekauft und auf meinen Namen geschrieben und die Gemeinde hat mit der Kirche auch die Schulden zu übernehmen." So machet ihr es! — dachte ich bei mir selbst. Ach soll es möglich sein, daß diese Unruhen in den Gemeinden von den Bischöfen angeschürt oder doch wenigstens selben erwünscht sind? fragte ich mich selbst. Gingen etwa gar die Skandale bei meiner Abreise aus den Urwäldern von meinem Bischofe aus? Waren vielleicht diese Männer, welche meinem Pferde in die Zügel fielen, von meinem Bischofe bezahlt? Ich konnte und wollte keine solche Schlechtigkeiten auf die Bischöfe kommen lassen und doch wollte mich mein Erzbischof selbst dazu gebrauchen. Vielleicht, dachte ich mir, ist dieser Bischof allein solcher Schlechtigkeiten fähig und nicht auch andere. Ich blickte in den Bisthümern herum, sah nirgends Unruhen in den Bischofskirchen, in den Kirchen der Generalvikare, in den Kirchen der Günstlinge der Bischöfe. Ein neues Licht ging mir auf, ich erkannte die amerikanischen Zustände in und außer dem Lande, wollte jedoch meine Hände nicht in das Blut der Unschuldigen tauchen, verhielt mich ruhig, die Gläubigen mußten der Kirche ihr Geld kündigen, ein anderer Priester das Herz des ersten Pfarrers gegen mich stimmen, verschiedene Gerüchte wurden gegen mich auf Befehl des Erzbischofes, wie ich sicher glaube, ausgestreut und ohne alle Veranlassung mußte ich den Pfarrhof verlassen. Die letzte Nacht in Newyork brachte ich im bischöflichen Hause zu und was ich da sah und erlebte, will ich nicht erzählen, nur so viel erlaube ich mir zu sagen, daß der Erzbischof — es war dieses ein Sonntag — weder die heilige Messe las noch hörte, obgleich er seinen Geschäften noch sehr fleißig nachging.

Bereits waren um diese Zeit zwei Schwestern abgegangen, um auf dem Lande, welches ich längst zu diesem Zwecke in Wiskonsin ausersehen hatte, ein Kloster mit einer Erziehungsanstalt zu gründen. Unterwegs sprachen sie beim Bischofe von Milwaukee zu, welcher sie sehr freundlich aufnahm und in ihrem Unternehmen ermuthigte. Ich glaubte in dem Vorgefallenen die Fügung Gottes zu erkennen und bestimmt zu sein, mein Leben der Erziehung der Jugend zu widmen, und dieses um so mehr als ich wohl einsah, daß es ohne mich mit dem Baue des Klosters nicht vorwärts gehen werde. In der Stadt Buffolo besuchte ich einen Freund und dieser erzählte mir, was in seiner Diözese gerade vorgefallen war. Es befand sich nämlich in dieser Diözese ein irländischer Geistlicher, welcher ein sehr bedeutendes Vermögen hatte. Der Bischof wußte dieses, schmeichelte ihm und erhielt einen Theil des Vermögens, der Priester wurde befördert, der Bischof erhielt einen andern Theil, er wurde abermals befördert, der Bischof erhielt abermals seinen Theil, er wurde Generalvikar und der Bischof erhielt den letzten Theil. Eine kurze Zeit hierauf bekam der Generalvikar Unruhen und wurde als Generalvikar abgesetzt, er bekam abermals Unruhen und wurde auf eine schlechtere Pfarrei versetzt, bei den nächsten Unruhen bekam er eine noch schlechtere Pfarrei und bei abermaligen Unruhen kam er zur Pfarrei zurück, von welcher er bis zum Genetalvikar avanzirt hatte. Etwas später kam ich zu meinen alten guten deutschen Kirchenvorständen, welche mir erzählten, wie es ihnen seit meiner Abreise erging. „Wir hatten," sagten sie, „nach ihnen einen Priester, welcher starb." Diesem folgte ein anderer, welcher im Wirthshause die Partei der Protestanten ergriff. Da um diese Zeit der Bischof gerade in die Nähe kam, erzählten wir dem Bischofe den Vorfall. Er hörte uns ruhig an und nachdem wir ausgeredet hatten sagte er: „Werfet den Lumpen aus dem Pfarrhofe hinaus und schließet ihm Kirche und Pfarrhof zu." Schon 16 Jahre hat er keine Messe mehr gelesen und wenn ich ihn nicht hätte Messe lesen lassen, hätte er nie mehr lesen dürfen. Wir thaten, wie uns der Bischof befahl und der Bischof machte ihn zum Stadtpfarrer von einer der größten Städte seiner Diözese. An der Aussage dieser Männer zweifelte ich um so weniger, als ich sie sowohl als den Priester und Bischof kannte.

Ich begab mich von hier selbst zu meinem Bischofe und holte seinen Segen zu meinem Unternehmen, welcher mir mit aller Bereitwilligkeit ertheilt wurde, aber nur bis zum Orte reichte, wo das Kloster erbaut werden sollte. Ein Geistlicher hatte sich bereits bemüht, die Schwestern von ihrem Unternehmen abwendig zu machen und in der Gegend war bereits eine Hetze gegen sie im Gange. Meine Ankunft flößte neuen Muth ein, ich begann mit dem Klosterbaue, kaufte einige benachbarte Grundstücke an, setzte eine Subskriptionsliste in Umlauf, die nothwendige Summe war auch bald unterschrieben und die ganze Gegend für das Unternehmen begeistert. Jetzt machte ein betrunkener Bauer einen unbedeutenden Spektakel und ich erhielt des andern Tages von meinem Bischofe einen Brief, in welchem er mir ankündigte, daß ich ipso facto suspendirt sei, wenn ich binnen 24 Stunden die Gegend nicht verlassen habe. Als ich bei meinem Bischofe ankam, hüpfte er wie ein Kind bei der Ankunft der Eltern um mich herum, seine Freude auszudrücken und versicherte, daß er mich sehr nothwendig brauche für eine Stadt, wo schon 3 Monate kein Geistlicher mehr sei. „Der für die Stadt bestimmte Geistliche fuhr er zu reden fort, ist auf Besuch bei seinen Eltern in Europa, hat sich allda länger verhalten, als er anfänglich glaubte und ich kann diese Gemeinde unmöglich länger ohne Priester lassen." Er nannte mir hierauf den Ort, den er für mich nach der Ankunft des genannten Priesters bestimmt habe und ich reiste ab. Unterwegs traf ich mit zwei Priestern aus dem Kreuzritterorden aus Holland zusammen, welche mir erzählten, „daß auch sie unter den glänzendsten Versprechungen nach Wiskonsin. geschwindelt wurden, um ihren Orden nach Amerika zu verpflanzen, jedoch mit lauter Intriguen sei es dem Bischofe gelungen, den Klosterbau zu hintertreiben. Theils habe man ihnen die ungeeignetsten Plätze für ein Kloster angewiesen, theils habe man die Obern so zu wechseln gewußt, daß das Unternehmen stets scheitern mußte, theils habe man Uneinigkeiten im Kloster selbst anzuschüren gewußt, theils die geeigneten Priester auf Missionen verwendet. „Wir sind gegenwärtig," fuhren sie weiter zu erzählen fort, „noch 4 Priester und 3 Laienbrüder und unsere Obern mußten die Bestimmung treffen, diejenigen aus uns nach Hause zurückzurufen, welche sich in den Missionen nicht verwenden lassen wollen." Etwas später traf ich mit einem einfachen, guten, christlichen Manne zusammen, der von der Prämonstratenseransiedelung kam und mir folgendes erzählte: „Diese Herren," sagte er, müssen viel Geld mit sich nach Amerika gebracht haben, denn sie haben sehr viel Land angekauft und geben jedem Arbeiter 40 Aeckers, wenn er sie abverdienen will. Auch ich habe mir 40 Aeckers verdient. Mit dem Kloster will es nicht recht vorwärts gehen, der Bischof schickt die jungen Herren auf Pfarreien und unter dem Alten, welcher da ist, laufen auch die Brüder davon. Einer von den Brüdern soll verheirathet sein, ein anderer lebt mit einer Schneiderswittwe und die übrigen weiß ich nicht." Als ich an meinem neuen Bestimmungsorte anlangte erfuhr ich, wie schmählich und gewaltsam mein Vorjahrer fortgejagt wurde, um die Pfarrei zu erledigen und für einen andern Priester Platz zu machen, der nach Europa verreist sei, aber in Bälde eintreffen werde.

Ich merkte nur gar zu bald, daß die Pfarrei, welche 3 Monate leer stand, noch 14 Tage länger ohne Priester hätte sein können und daß man mich nur hieher schickte, um mein Kloster ungehindert zu Grunde richten zu können. Am Michigansee lag nämlich mein Kloster, auf der entgegengesetzten Seite, am äußersten Ende von Wiskonsin, am Missisippi, wurde ich stationirt. Ich hatte mehr als 300 englische Meilen zu meinem Kloster und konnte nur eine kurze Strecke die Eisenbahn benützen. Die Schwestern waren bald muthlos gemacht und das Kloster wurde nur unter Obdach gebracht. Es war ein herrliches Gebäude, auf einer schönen Anhöhe, am Fuße eines kleinen Sees, von 2 Städten, welche beide zu den schönsten Hoffnungen berechtigten, gleich weit entfernt, in einer bereits ganz katholischen Gegend. So oft ich an dieses mein Kloster — welches eine wahre Wohlthat für die ganze Gegend gewesen wäre, — denke, netzen sich meine Augen und nur der Gedanke kann mich trösten, „daß der alte Gott noch lebt." Ich war ruinirt, die Schwestern warfen alle Religion über Bord und ungeachtet meiner Klage, welche ich später in Rom anhängig machte, wurde der Bischof bald nachdem die Klage in Rom anhängig gemacht war, zum Erzbischofe befördert. Ich bete täglich für den armen Mann, damit ihm Gott gnädig sein möge, wenn auch damit die Geschichte nicht zu Ende war.

Noch war ich kaum 3 Wochen an meinem neuen Bestimmungsorte, so merkte ich schon eine unheimliche Gährung in meiner Gemeinde. Da ich mich keines Vergehens schuldig wußte, setzte ich voraus, daß mein Nachfolger aus Europa angekommen sei und begab mich zu meinem Bischofe, um darüber Gewißheit zu erlangen. Ich hatte 200 englische Meilen zu ihm. Als er hörte, warum ich gekommen sei, wies er mir die Thüre, befahl mir zu meiner Gemeinde zurückzukehren und gab mir unter der Hausthüre nochmal die Versicherung, daß er mir schreiben werde, sobald mein Nachfolger angekommen sei. Ich gehorchte, fand aber dieselbe Stimmung in der Gemeinde als ich nach Hause kam. Am nächsten Sonntage hörte ich sogar vor dem Kirchenthore rufen: „er soll gehen, er hat nichts mehr hier zu thun!" Ich begab mich gleich des andern Tages wieder zu meinem Bischofe und als er hörte warum ich abermals gekommen sei, sagte er: „ich habe ihnen zweimal mein Wort gegeben, daß ich ihnen schreiben werde, sobald ihr Nachfolger angekommen sein wird. Sie kehren zu ihrer Gemeinde zurück und bleiben allda bis ich sie abrufe. „Sollten sie in dieser Angelegenheit nochmal zu mir kommen, so sind sie suspendirt." Er nahm mich hierauf bei der Schulter und schob mich bei der Thüre hinaus, unter welcher er nochmal versicherte, daß er mir schreiben werde, sobald mein Nachfolger angekommen sei. Etwas später sah ich ihn zum Telegraphenbureau gehen und zweifelte keinen Augenblick, daß er in meiner Angelegenheit Depeschen abzugeben habe. Bei meiner Nachhausekunft fand ich den

Pfarrhof verschlossen und vernagelt und die alte Person, welche für mich kochte, erzählte mir, daß in meiner Abwesenheit die zwei irländischen Kirchenvorstände gekommen seien, ihr die Schlüssel abnahmen, das Haus verwiesen und Fenster und Thüren verschlossen und vernagelten. Ich erkundigte mich genau um Tag und Stunde, wo dieses geschehen sei und erfuhr, daß es am Tage und um die Stunde geschehen sei, wo ich den Bischof zum Telegraphenbureau hatte gehen sehen. Ich ging hierauf zu meinen deutschen Kirchenvorständen, da die Gemeinde theils deutsch theils englisch war, welche von Allem, was vorgegangen war, nichts wußten. Diese letzten beriefen auf den Abend eine Versammlung aller Katholiken in der Stadt, die irländischen Kirchenvorstände erkannten ihre Stellung und öffneten Kirche und Pfarrhof. Der folgende Tag war Sonntag. Nach dem sonntäglichen Gottesdienste, zog ich die Haus- und Kirchenschlüssel hervor und bat die Gemeinde sie von mir zurückzunehmen, wie ich sie von ihr erhalten habe; aber Niemand wollte sie, Alles schluchzte und weinte. Außerhalb der Kirche wollte ein Kirchenvorstand, der gekaufte Schelm, die Gemeinde sammeln und eine Anrede halten, aber er wurde allein zurückgelassen. Des andern Tages wurde ich zu einem Kranken gerufen und als ich nach Hause kam, erzählte mir die obengenannte alte Person, daß ein Geistlicher mit Gepäck angekommen sei und gleich bei seinem Eintritte in's Haus gefragt habe, wer in diesem Hause wohne. Als sie es ihm sagte, soll er sich wörtlich so geäußert haben: „war es ja verstanden, daß der Pfarrhof geräumt sein muß." Ich überlasse dem Leser zu beurtheilen, ob diese Worte einen Contrakt andeuten oder nicht. Zu mir wiederholte der Priester dieselben Worte und setzte noch bei, „daß er schon 3 Wochen in Milwaukee gesessen sei, bis ihm endlich gestern der Bischof mittheilte, daß er in seine Mission abreisen könne." So hatte mein Bischof mich auch noch benützt, die doppelte Kaufsumme von diesem Priester verlangen zu können, und damit er sie um so bereitwilliger bezahlte, mußte er in Milwaukee 3 Wochen sein Geld verzehren.

So gerne ich auch von diesem Theile meiner Erlebnisse Umgang genommen hätte, so konnte ich doch kein anderes Beispiel finden, welches den amerikanischen Zuständen anpassender wäre. Ist das Beispiel auch aus dem religiösen Gebiete genommen, so kennen die amerikanischen Zustände kein religiöses Gebiet und sind in allen Zweigen des Lebens dieselben. Um diese Zustände recht zu verstehen, muß man sich ein stilles Wasser denken, welches beständig vom Winde in Gährung erhalten wird. Der Wind kommt von Oben und nach ihm richtet sich die Gährung und schlagen die Wellen. Da dieser Wind beständig wehet, hat man keine Ruhe, lauft und springt den ganzen Tag, reißt morgen nieder, was man heute aufgebaut hat und findet sich an einem Orte kaum bequem eingerichtet, so verkauft und eilet man einem andern zu. Wie das Land noch halb wild ist, so schienen mir auch die Leute zu sein. Das beständige Hetzen und Jagen scheint selbst die ruhigsten Männer ihres Verstandes beraubt zu haben. Da der Wind keine Religion hat, sucht immer ein Mensch den andern möglichst auszunützen und ein jeder lauert auf den Schaden seines Nächsten, um sich selbst zu bereichern. Es darf daher kein Mensch dem andern, kein Bischof einem andern Bischofe, kein Priester seinem Mitbruder, und selbst die Männer ihren Frauen, noch Kinder ihren Eltern trauen. Das Gesetz schützt zwar jeden, aber man sucht es zu umgehen und kann dieses am leichtesten bei öffentlichen Skandalen, wo sich der eigentliche Urheber so leicht unter der Masse verborgen hält, ohne erkannt zu werden. Nun ist das Volk bei diesen öffentlichen Skandalen aufgebracht, wird von selben nur zu leicht mit fortgerissen, hält sie für heilig und man kann sich nicht mehr wundern, wenn sie in allen Schichten des Lebens angewendet werden. Entfernt man den Lehrer, setzt man den Beamten ab, will man Jemand nicht mehr in der Stadt oder Gegend haben, will man ein Unternehmen populär oder nicht populär machen, einige Männer werden bezahlt, das Volk zu hetzen und kommt es zu einem öffentlichen Skandale, so ist in der Regel der Zweck erreicht. Gehören aber auch diese öffentlichen Skandale nicht zu den Seltenheiten im Lande, so kommen sie doch nirgends so häufig vor als in der katholischen

Kirche und zwar, wie ich sicher annehmen zu dürfen glaube, weil die heilige Schrift ein Wehe über diejenigen ausspricht, von welchen diese Skandale ausgehen.

Neues Land.

Unter neuem Lande versteht man solches, welches die Indianer verlassen haben und mit Weißen angesiedelt werden soll. Zu diesem Zwecke befinden sich gewöhnlich in der Nähe dieser neuen Ansiedelungen Landoffice (Gerichtsstuben) wo das Land verkauft wird, aber nie weniger als 80 Aeckers (100 Tagwerk) an einen Mann abgegeben wird. Hat Jemand noch kein Land oder weniger als 160 Aeckers (200 Tagwerk), so kann Er oder Sie, wenn unverheirathet, jedes ihm genehme Regierungsland bis zu 160 Aeckers unentgeldlich beanspruchen, wenn er 21 Jahre alt und amerikanischer Bürger ist oder es zu werden verspricht, ein Haus auf diesem Lande baut, das Land zu kultiviren anfängt und für 5 Jahre wenigstens die Hälfte eines jeden Jahres auf selbem wohnt. Für dieses Land hat er die ersten fünf Jahre keine Abgaben zu bezahlen, kann von selbem nicht vertrieben werden und wird nach fünf Jahren Eigenthümer, wenn er für das Ausmessen und Eigenthumsrecht 16 Dollars bezahlt. Zwar gilt dieses gegenwärtig für alles Regierungsland in den Vereinigten Staaten, aber in ältern Staaten hat die Regierung gewöhnlich nur mehr solches Land, aus dem wenig Nutzen gezogen werden kann, während in den neuen Ländern das Land nach Belieben ausgewählt werden kann. Zu den neuen Ländern rechnet man den nördlichen Theil von Wiskonsin, Jowa und Minnesota, Nebraska, Kansas, Texas, Dekotah, Florida, Coloredo, Neumexiko ꝛc.; sogar bereits die Hälfte der Vereinigten Staaten. Diese neuen Länder sind theils Prairie- theils Holzland. Unter Prairie versteht man die Hochebenen, wo wenig oder gar kein Holz steht; unter Holzland die sogenannten Urwälder.

Die ersten Ansiedler in diesen neuen guten Ländern sind gewöhnlich Amerikaner, welchen die Deutschen, Irländer und andere Nationen bald nachfolgen. Jede dieser Nationen läßt sich in der Regel in einem besondern Distrikte nieder, sucht ihre Landsleute in ihre Nähe zu bekommen, und nach der Nation wird die Ansiedelung deutsch, irländisch oder amerikanisch genannt. Die Amerikaner sind gewöhnlich solche, welche in kultivirten Gegenden ihr kleines Anwesen verkauften, um sich hier ein größeres zu verschaffen. Auch die Deutschen und Irländer sind in großer Mehrzahl solche, welche längst ihr Vaterland verlassen und sich im Lande niedergelassen hatten, jedoch um sich zu verbessern, in neue Länder begaben. Nur selten findet man grüne Einwanderer in neuen Ländern.

Oft hatte ich in Deutschland vom großen Mangel an Frauenzimmern in Amerika gehört, der mich im Lande ebenso oft vom Gegentheil überzeugt. Ist irgendwo im Lande an diesem Geschlechte Mangel, so ist es in diesen neuen Ländern, da alte Leute mit erwachsenen Kindern sich selten auf neues Land begeben und Katholiken amerikanische Frauenzimmer weder heirathen können noch wollen. Wohl verbietet dieses kein Staatsgesetz, aber die Amerikaner sind selten getauft und der Europäer sieht es gerne, daß seine Frau ihm seine Arbeit erleichtere, was eine Amerikanerin wohl kaum thun wird. Deswegen lassen sich so viele junge Männer ihre Braut aus der alten Heimat nachkommen, während andere sich selbe in den alten Ländern aus ihrer Nation auswählen. Nur selten kommt es vor, daß ein Mann keine Braut finden kann. Doch auch hievon ein Beispiel. —

Unter den Indianern schon hatte der Gründer der Stadt, ein Deutscher, für die ich bestimmt war, gewohnt, und da selbe vertrieben wurden, blieb er zurück, verschaffte sich ein Stück Land und legte auf selbem eine Stadt an. Obgleich nun die Stadt größtentheils sein Eigenthum war, konnte er doch keine Frau bekommen. Er machte sich deswegen auf den Weg nach Newyork, wohin er mehr als 1000 englische Meilen hatte, legte den Weg theils zu Wasser, theils zu Land, theils zu Fuß, theils auf Omnibussen, theils auf der Eisenbahn zurück und kam allda glücklich an, als gerade ein Schiff mit deutschen Einwanderern landete. Er machte seine Anträge einem neuangekommenen Mädchen, welche selbe annahm und sich gleich mit ihm vom Richter vermählen ließ. Wem die Heirathslust einiger Frauenzimmer nicht bekannt ist, kann sich davon in Newyork überzeugen. Kaum haben sie den amerikanischen Boden betreten, so heirathen sie, der Bräutigam mag blind oder lahm, mit oder ohne Kleidung, bekannt oder unbekannt sein. Ach, wie kann man sich doch für sein ganzes Leben einem Menschen anvertrauen, den man zum erstenmale sieht! Wie müssen diese Frauen oft für ihren Leichtsinn büßen! Oft schon am nächsten Tage laufen sie in den Strassen einher und suchen umsonst ihre Männer. Auch der Frau des Gründers dieser Stadt ging es nicht viel besser. Beim ersten Zusammentreffen sah sie ihren Mann nüchtern und bis zu seinem Tode nicht mehr, erlebte keine glückliche Stunde mit ihm, war oft ihres Lebens nicht sicher und weinte unzählige bittere Thränen. Von der Stadt, dessen Gründer und Eigenthümer er war, hatte er ihr erzählt, daß sie Newyork nicht viel nachstehe und als sie nach langer beschwerlicher Reise daselbst anlangte, fand sie 3 Blockhütten, von welchen ihr jene gehörte, in der sie sich kaum umkehren konnte. Er wurde am Tage meiner Ankunft begraben, hinterließ eine Wittwe mit zwei unmündigen Kindern und hätte er ein paar Jahre länger gelebt, so wäre nicht so viel Vermögen übrig gewesen, ihn anständig zu beerbigen, so aber hatte der Armenpfleger noch Gelegenheit sie um den Rest ihres Vermögens zu bringen.

Den gewöhnlichen Vortrab der Civilisation bilden in diesen neuen Ländern Leute, welche das

Geld unters Volk kommen laſſen und nicht mit
Jedermann im Frieden leben wollen. Daß dieſer
Menſchenſchlag dem Cummunismus huldigt, die Frau
eines andern für ſeine eigene anſehen kann und auf
der Straſſe wie im Wirthshauſe übernachtet, wenn
man nicht mehr nach Hauſe findet, verſteht ſich von
ſelbſt. Wie es in dieſen Haushaltungen ausſehen
mag, läßt ſich denken, und daß es manchmal ſchöne
Stückchen abſetzen mag, läßt ſich kaum leugnen.
So führte hier einmal ein Farmer eine Kuh in die
Stadt, verkaufte ſie und vertrank das Geld. Als
er nach einigen Tagen nach Hauſe kam, erhob er
einen großen Lärm und erzählte, daß die Kuh ver=
ſoffen ſei. Gefragt, wo ſie verſoffen wäre, deutete
er auf ſeine Gurgel. Unter dieſer Gattung von
Menſchen möchte man glauben, wäre nichts ſicher
und Mord und Todtſchlag gewöhnlich. Nur ein
Mord und zwei Todtſchläge wurden mir hier be=
kannt. Ein grüner Deutſcher arbeitete bei einem
Bräuer und nahm eine Axt und etliche Hühner.
Der Bräuer ſtellte Klage, die Wohnung des grünen
Deutſchen wurde durchſucht und die geſtohlenen
Sachen gefunden. Man ſchilderte dem grünen
Deutſchen den Diebſtahl als ein Verbrechen im
Lande, das mit dem Tode beſtraft werde, und in
Mitte der Nacht floh er über den Miſſiſippi, wo
ſich Niemand mehr um ihn kümmerte. Nicht ſelten
findet man am Wege bei einer Waſſerquelle einen
hölzernen Kübel, um die Pferde zu trinken. Ein
Irländer kam des Weges und nahm den Kübel

mit sich, sah aber bald einen Janki zu Pferd hinter sich, der ihm mit der Peitsche einige Hiebe über den Rücken versetzte und den Kübel abnahm. Uebrigens war das Vieh bei Tag wie bei Nacht auf der Weide, die Wäsche hieng zum Trocknen Tag und Nacht im Freien, der Handwerkszeug mochte in oder außer dem Hause liegen, nie habe ich gehört, daß Etwas abhanden gekommen wäre.

Doch gibt es unter diesem Vortrabe oft auch sehr gute Leute und noch öfter folgen sie ihm bald nach, und unter ihnen befinden sich nicht selten gute Katholiken, die die Gebote Gottes und der Kirche strenge beobachten und ihren Mitchristen beispringen und sie unterstützen, wenn sie es für nothwendig oder dienlich erkennen. Kommt ein neuer Ansiedler in eine solche Gegend, so wird er von seinen Glaubens= genossen strenge bewacht und als guter Christ be= funden, wird er sogar unterstützt. So wurde auch in dieser Gegend dem Einen das nothwendige Vieh geborgt, dem Andern die nothwendigsten Lebens= mittel vorgestreckt, dem Dritten sogar Geld gelehnt und Gelegenheit geboten, es abzuverdienen. Jeder gute Katholik wünscht andere gute Katholiken in seiner Nähe zu haben, kennt andere gute Katholiken und ladet sie ein zu ihm zu kommen. Diese lassen sich gewöhnlich in dessen nächsten Nähe nieder und so entstehen die katholischen Ansiedelungen, welche sich wieder in deutsche und irländische theilen. Ist es geschehen, daß ein Andersgläubiger sich in einer solchen katholischen Gegend angekauft hat, so ver=

kauft er in der Regel gerne und wird in der Regel bald ausgekauft. Da aber die' Protestanten dasselbe thun in ihren Ansiedelungen, so kommt es, daß die Ansiedelungen theils katholisch, theils protestantisch, theils ungläubig oder amerikanisch sind.

Kaum haben sich etliche Ansiedler in diesen neuen Ländern niedergelassen, so werden auch schon methodistische Missionäre von der Missionsgesellschaft geschickt, welche sich in die Häuser der Katholiken wie Protestanten einzudringen wissen, um Katholiken wie Protestanten zu bewegen, ihren Versammlungen beizuwohnen und zu ihnen überzutreten, während die katholischen Geistlichen erst dann diese Missionen besuchen, wenn sie gerufen werden, was in der Regel erst dann geschieht, wenn die Katholiken kalt und lau im Glauben geworden sind. Wozu ist der katholische Missionsverein? Warum kommt er den Missionen in diesen neuen Ländern nicht zu Hülfe? Ausländische katholische Missionsvereine schicken wenigstens den Missionsbischöfen jährlich eine bestimmte Summe, während der deutsche Missionsverein jährlich Tausende in der Kasse zurückhält und nur hie und da einem reisenden Bischofe oder andächtigem Schwindler eine kleine Gabe verabreicht. Bedürfen die amerikanischen Bischöfe der Unterstützung? Ist der Missionsverein die Missionäre zu unterstützen oder sich selbst auf Kosten anderer zu bereichern?

Im Monate März ziehen die meisten Ansiedler auf's neue Land und ihr erstes Geschäft bei ihrer Ankunft ist, ein Haus zu bauen. Wo Holz leicht zu haben ist, wird das Haus aus Holz gebaut, wo nicht, aus Erde. Gewöhnlich helfen die nächsten Nachbarn einander beim Baue des Hauses und in etlichen Tagen ist es vollendet. Unterdessen wohnt der neue Ansiedler bei seinem Nachbar oder behilft sich auf andere Weise. Die Hauseinrichtungen bilden in der Regel ein Kochofen mit Geschirr, wie er im Lande gewöhnlich gekauft wird, und etliche Bretter, aus denen ein Tisch und eine Bettstatt schnell zusammengenagelt wird. Hat der neue Ansiedler Vieh, Geld und Farmerseinrichtung mit sich in's neue Land gebracht, so kann er sie gut verwerthen, während er im entgegengesetzten Falle im Taglohn arbeiten und seiner Frau und Kindern sein eigenes Land überlassen muß. Das Wohl und Wehe hängt nun in der Regel von der Gegend ab, in der man sich niedergelassen hat. Das Klima, welches in diesem großen Reiche sehr verschieden ist, ist wohl zu berücksichtigen und sagt dem Deutschen im Norden der Vereinigten Staaten am Besten zu. Der Boden ist in diesem Lande, wie in allen Ländern der Welt, theils eben, theils hügelig, theils steinig, theils sandig, theils fruchtbar, theils unfruchtbar. Es liegen noch öde die reichsten fruchtbarsten Prairies von Minnosota, Decotah, Nebraska und Kansas, die fruchtbaren Thäler der Teritorien, wie die großen Urwälder dieser Länder, aber es sind darunter auch viele sandige und unfruchtbare Aecker. Kommt ein neuer Ansiedler in eine solche unfruchtbare Gegend oder auf ein solches unfrucht-

bares Land, so wird er arm bleiben, während sein
Nachbar auf fruchtbarem Lande wohlhabend wird.
In der Regel gibt man dem Prairie- und Thal-
Land den Vorzug vor dem übrigen, weil auf selbem
die Arbeit leichter und weniger, die Ernte schneller
und ergiebiger ist. Doch ist auch nicht jedes Thal-
und Prairieland fruchtbar und gutes Holzland nicht
immer zu verachten. Land, auf dem sich kein Wasser
vorfindet, oder Gegenden, wo das Wasser schwer zu
bekommen ist, ist selbst dann wenig gesucht, wenn
der Boden fruchtbar zu sein scheint. Prairie- und
Thalland mit Holz und Wasser sind am meisten
gesucht und dieses Alles hatte man in dieser meiner
Gegend. Uebrigens war die Gegend hügelig und
oft sogar bergig, das Holz auf den Hügeln war
nicht besonders stark, die Thäler waren manchmal
etwas sandig und die Wiesen nicht selten sumpfig.
Auf dem besten Lande, unweit des Missisippi, fand
ich manchmal die Farmershäuser ziemlich nahe beisammen, weiter davon entfernt, auf 10 Stunden oft
kein Haus. In den unangesiedelten Gegenden war
von einem Wege keine Spur, in den angesiedelten
von keiner Brücke eine Rede. Jeder Ansiedler hatte
hier seine urbargemachten Felder umzäunt und
außerhalb dieser Zäune hätte das Vieh freie Weide
gehabt, wenn es nur viel gewesen wäre. In den
großen Prairies von Dekotah, Nebraska und Cansas, wo das Holz fehlt, hält man Hirten, um die
Einzaunungen zu ersparen. In dieser Gegend hatte
das Holzland noch keinen Pflug gesehen und nur

auf den Hochebenen sah man manchmal einen Farmer mit dem Pfluge auf dem Felde. Diese Pflüge, Brechpflüge genannt, sind etwas verschieden von den unsrigen, bestehen aus dem hintern Theile unseres Pfluges mit einem Pflugeisen von einer Breite bis zu 18 Zoll und werden je nach dem Erdreiche von 2 und 4 Ochsen gezogen. Den Ochsen spannt man nie anders ein, als daß man ihm ein Joch über den Nacken legt und dieses mit einem Reife um den Hals befestiget. Nur manchmal benützt man Pferde zum Landbrechen. Im ersten Jahre baut man auf diesen Neubrüchen Türkenkorn, Kartoffel und Rüben. Im zweiten Jahre gebrauchte man schon den im Lande so beliebten Doppelpflug und zur Zeit der Ernte die Mähmaschine, welche auch zugleich die Garben sammelt und eine nach der andern abwirft. Die Garbe wird gebunden, auf Haufen gebracht und gleich auf dem Felde mit der Dreschmaschine gedroschen. Das Stroh dient dem Vieh im Winter zum Schutze, etwas Heu erhält es zur Nahrung und eine Stallfütterung ist selbst im äußersten Norden unbekannt. Im Frühjahre wird das Stroh, welches das Vieh im Winter nicht verzehrte, verbrannt, das Feld einmal gepflügt und ohne Düngung angebaut. Hat ein Farmer die nothwendigen Maschinen nicht selbst, so entlehnt er sie von seinem Nachbar und entschädigt ihn dafür. Diese Urbarmachung und Bebauung des Landes ist im ganzen Lande auf Thal- und Prairieland dieselbe.

Mit der Ansiedelung des Landes geht die Ansiedelung der Städte gleichen Schrittes. Das erste Haus, welches in diesen neuen Gegenden gebaut wird, ist gewöhnlich ein Wirthshaus, und ist dieses an einem Flusse, größerm Wasser oder an einer Eisenbahn gelegen, so wird in dessen Nähe auch bald ein Krämer sich niederlassen und einige Handwerker werden ihm bald nachfolgen. Je nach der Ansiedelung auf dem Lande mehren sich die Ansiedler in der Stadt. Oft wird die erste angelegte Stadt ganz verlassen und eine andere an einem günstigeren Orte angelegt. Je weiter sich diese Einwanderung ausdehnt, desto mehr Städte werden angelegt. So waren in dieser Gegend schon 4 Städte bei meiner Ankunft angelegt, von welchen die größte 102 Häuser zählte. Die Häuser dieser Stadt waren größtentheils Främhäuser. Einwohner zählte diese Stadt gegen 500. Es wird dem Leser nicht unangenehm sein zu hören, welche Gewerbe hier vertreten waren, um zu sehen, welche Gewerbe im Lande mit Erfolg betrieben werden. Es waren in der Stadt 3 Bierbräuer, 5 Kaufläden, 2 Hotels, 5 Restaurationen, 2 Mühlen, 2 Hufschmiede, 2 Aerzte, 4 Schuhmacher, 5 Schreiner, 3 Schneider, 1 Ziegler, etliche Maurer, 1 Posthalter, 2 Kleiderhandlungen, 1 Metzger, 1 Brantweinbrenner, 4 Lohnkutscher und Fuhrleute, 1 Wagner, 1 Büchsenmacher, 1 Spengler, 1 Zeitungsschreiber, 2 protestantische Prediger und 2 Hebammen.

Aus den Bräuhäusern ꝛc. man abnehmen, daß das Städtchen bereits ganz deutsch war; denn nicht nur sind die Bräuer im Lande alle deutsch, sondern in den neuen Gegenden darf sogar weder Bier noch Brantwein geschenkt werden, wenn die Amerikaner und Methodisten in der Mehrzahl sind. Es mag dieses daher kommen, daß man im Lande die Süßigkeiten liebt, zu welchen Thee und Kaffee sich besser eignen als Bier und berauschende Getränke. Selten schenkt der Bräuer sein Bier selbst aus, sondern er verkauft es an die Salonhälter und Privatpersonen, liefert es ihnen ins Haus und nimmt es bei der nächsten Gelegenheit wieder zurück, wenn es dem Wunsche nicht entspricht. Es wird nur sogenanntes Pilsenerbier gebraut und kostet per Eimer von 4 zu 5 Dollars. Nach amtlicher Zusammenstellung befinden sich gegenwärtig 2600 Bräuereien im Lande und bräuen jährlich 1140 Millionen Liter Bier.

Da man im Lande jedes Geschäft treiben kann, ohne es bei Gericht auch nur anzumelden, so fehlt es weder in den alten noch neuen Ländern an Kaufleuten. Wie in andern Ländern die größern Kaufleute nur in den größern Städten und auf dem Lande die Krämer sind, so ist es auch hier im Lande. Da der Deutsche in der Regel am liebsten mit Deutschen handelt und verkehrt, so findet man in deutschen Gegenden größtentheils deutsche Kaufleute. Sind ihrer aber auch noch so viele Kaufleute in der Gegend, so wird deswegen doch keiner billiger als der andere verkaufen. Eine Hauptschwierigkeit ist auf dem Lande die Baarzahlung, welche selten gleich erfolgt. Die Landleute haben in der Regel während des Jahres kein Geld in Händen und können erst im Herbste bezahlen, wenn sie ihr Getreid und Schweine verkauft haben. Die Spekulation ist eben im Lande so groß, daß selbst der Bauer, wenn er im Besitze von 100 Dollars ist, für 1000 Dollars Land ankauft und sich glücklich fühlt, wenn er im Herbste seine Zinsen und Schulden bezahlen kann. Dulten oder Märkte gibt es im Lande nicht.

Wirthshäuser, wo man in Deutschland um mäßigen Preis essen, trinken und übernachten kann, findet man nur in ganz deutschen Gegenden. Der Amerikaner kennt nur die Hotels, welche in der Regel sehr großartig sind; jedoch findet man in allen großen Städten auch Hotels zweiter und dritter Klasse, wo man für 2 Dollars übernachten und einen Tag sein Essen erhält. In allen Hotels erhält man genug und gut zu essen und sein eigenes Schlafzimmer. Mit den meisten Hotels steht eine Restauration in Verbindung, wo man gegen Bezahlung zu trinken bekommen kann. Der Unterschied zwischen den Hotels erster, zweiter und dritter Klasse besteht in der Bezahlung, im Gebäude, Einrichtung und Küche. Wohl kaum wird man im Lande ein Hotel finden, wo man für eine einzelne Mahlzeit weniger als einen halben Dollar und für den ganzen Tag mit Schlafgeld weniger als 2 Dollars bezahlt. Selbst auf dem Lande findet man Hotels, kann aber auch bei den Krämern und Farmern übernachten, wenn man wegen Geldmangel gezwungen ist, zu ihnen seine Zuflucht zu nehmen. In den neuen Ländern sind diese Hotels ziemlich bescheidene Häuser, aber die Bezahlung ist nicht geringer als in den Hotels der großen Städte. Hält man sich jedoch länger in den Hotels auf und zahlt wochentlich oder monatlich, so ist die Ermäßigung des Preises überall sehr bedeutend.

Statt der deutschen Bierschenken und Restaurationen hat man in Amerika die Salons. In diesen Salons wird Bier, Wein und Whisky (Brantwein) geschenkt, aber es wird weder etwas zu essen verabreicht, noch sind sie zum Uebernachten eingerichtet. Man findet diese Salons in einer Unzahl sowohl in den Städten als auf dem Lande. In neuerer Zeit wurden sie dadurch beschränkt, daß die Salonhälter bedeutende Kaution zu stellen haben. In einem solchen Salon befindet sich ein Canter, ein paar Tische und etliche Stühle, aber man nimmt gewöhnlich seinen Trunk stehend am Canter. Im Trunk selbst ist wieder ein Unterschied und je nachdem man einen Höflichkeits=, Herrn= oder Arbeitertrunk verlangt, erhält man ein kleines, mittleres oder größeres Glas, jedoch so, daß auch das Arbeiterglas keinen halben Liter hält.

Schlechte Häuser gibt es wohl in den großen Städten, welche vom Staate so lange ignorirt werden, als in selben keine Unordnungen vorfallen. Bei der ersten Klage der Nachbarn über Ruhestörung, schreitet die Polizei ein, verhaftet das ganze Personal und macht den Namen eines jeden Einzelnen in den Zeitungen am nächsten Tage bekannt. Frauen erfahren somit die Namen ihrer Männer und Eltern die Namen ihrer Kinder, wenn sie sich in solchen Häusern aufgehalten haben. In kleinern Städten und auf dem Lande sind solche Häuser gar nicht bekannt und in die neuen Länder verirret sich selten so eine Person.

In Amerika wird jedes Geschäft mit Maschinen betrieben und selbst die Mühlen machen hievon keine Ausnahme. Doch gibt es auch viele Wassermühlen und in neuerer Zeit zieht man die Wassermühlen den Dampfmühlen vor, weil sie sich besser rentiren sollen. Das Mühlwesen ist auch im Lande ein sehr gutes Geschäft, nur soll der Müller ein hinlängliches Kapital haben, um auch den Mehlhandel im Großen betreiben zu können. Das Getreid wird nach Art unserer Kunstmühlen trocken gemahlen und das Mehl in die weite Welt verschickt. So lange in den neuen Gegenden wenig gebaut wird, sind die Mühlen selten, später aber ist selten Mangel an ihnen.

Gibt es auch im Lande keine Schlosser, so ist doch die Zahl der Hufschmiede um so größer. Man findet sie auf dem Lande wie in den Städten und selbst in den neuen Ländern ist an ihnen großer Ueberfluß. Sie lassen sich sehr gut bezahlen und es geht ihnen in der Regel gut, am besten aber den Wirthen in ihrer Nähe.

Jeder wird in Amerika beim Namen genannt,

bei dem er sich selbst nennt und kann das Geschäft
treiben, das ihm am besten zusagt. Nicht selten
wechselt man daher seinen Namen wie seine Profes=
sion. Jeder Bader, Schuster, Schneider, Buchbinder
kann sich Doktor nennen und seiner medizinischen
Praxis nachgehen, wenn er nur Kundschaften be=
kommt oder zu leben hat. Da nun aber in Ame=
rika selbst viele junge Leute Medizin studiren, viele
Mediziner und Apotheker aus Deutschland und an=
dern Ländern einwandern, so ist weder in den alten
noch neuen Ländern ein Mangel an Doktoren.
Jeder Doktor im Lande hält die Medizinen selbst.
Wohl gibt es auch Apotheken, aber nur in größern
Städten. Die Apotheken sind so frei wie jedes
andere Geschäft und werden vom Staate nicht be=
günstiget oder beaufsichtigt.

Der Schuhhandel ist sehr bedeutend im Lande.
In den größern Städten findet man überall Groß=
handlungen, welche nur Schuhe führen und sie nur
im Großen verkaufen. In allen Städten findet
man Schuhläden in großer Anzahl, welche nur
Schuhe führen, und auf dem Lande hält bereits
jeder Krämer Schuhe und Stiefel in großer Aus=
wahl. Dessenungeachtet machen auch die Schuh=
macher im Lande gute Geschäfte, weil die Ameri=
kaner selten oder nie Schuhmacher werden und die
Einwanderer dieses Geschäft sobald als möglich ver=
lassen. Aehnlich machen es die Schneider im Lande,
da der Kleiderhandel ihnen ihren Verdienst so sehr
vermindert, daß sie oft ihre Familie kaum anständig

ernähren können. Ganz besonders schlechte Geschäfte machen die Schneider in neuen Ländern, wo man sich mit den alten Kleidern möglichst lange behilft.

Die Töpfer, Ziegler und Maurer sind immer Einwanderer, da den Amerikanern diese Geschäfte nicht recht zusagen wollen. Es mangelt ihnen zwar selten an Material aber sehr häufig an Absatz und Beschäftigung, da in der Küche nur eisernes und blechernes Geschirr gebraucht wird und die Häuser in größter Anzahl aus Holz gebaut werden. Will ein Maurer sein Geschäft betreiben, so wird er besser thun, wenn er in den großen Städten des Ostens verbleibt und sich nicht nach dem fernen Westen begibt. Desto bessere Geschäfte machen die Zimmerleute und Schreiner, im Lande Harpenters genannt, welche die Bretterhäuser fertig hinstellen und bei den übrigen Häusern ihren gewöhnlichen Theil zu machen haben. Die Schlösser und Thürbeschläge werden alle aus den Fabriken bezogen und von den Zimmerleuten angeschlagen; die Fensterscheiben nach der Nummer gekauft und vom Schreiner eingekittet. Es gibt auch unter den Amerikanern sehr gute Schreiner.

Ist auch die Post noch nicht so geregelt als in andern Ländern, so ist doch im ganzen Reiche kein Ort mehr, wo man Briefe und Packete nicht erhalten könnte. Briefboten gibt es auf dem Lande und kleinern Städten nicht, wohl aber Postomnibus, welche die Briefpost besorgen. Briefkästen findet man nur in den größten Städten und selbst in

diesen selten. In größern Städten ist ein Post=
halter, in kleinern und auf dem Lande versieht diesen
Dienst ein Wirth oder Kaufmann, welcher gewöhn=
lich auch die Briefe an die Adressaten schickt, wenn
selbe bei ihm einkehren oder einkaufen. Der Staat
befördert die Briefe, übernimmt jedoch keine Ver=
bindlichkeit und zahlt selbst bei registrirten Briefen
nur 25 Dollars, wenn ein solcher verloren geht.
Der gewöhnliche Preis für einen Brief ist im
Reiche 3 Cents.

Die Metzger machen in den neuen Ländern im
Winter wenig Geschäfte, da man in den Städten
das Fleisch größtentheils im Winter von den Bau=
ern kauft, die Bauern aber ihre Rinder und
Schweine selbst schlachten, einsalzen oder rauchen
und das Fleisch für den Sommer aufbewahren.
Selbst im Sommer machen die Metzger in den
neuen Ländern schlechte Geschäfte, da der Metzger
viele, der Fleischkäufer wenige sind. Würste werden
in den neuen Ländern nicht gemacht und in den
alten nur, wo viele Deutsche beisammen wohnen.
Selbst der Farmer, wenn er Schweine oder anderes
Vieh schlachtet, läßt das Blut laufen und benützt
die Eingeweide nicht. Bäcker findet man nur in
großen Städten, wo viele Deutsche beisammen woh=
nen, da nur die Deutschen schwarzes Brod und
Semmeln essen, die übrigen Einwohner aber kein
anderes Brod essen als Weitzenbrod, welches wie
unsere Rohrnudeln gebacken wird. Die Milchleute
beziehen ihre Milch vom Lande und werden nur in

großen Städten gefunden, weil in kleinen Städten bereits jede Familie seine eigene Kuh hat. Gewöhnlich befindet sich in der Nähe der Städtchen noch ödes Land, auf welchem das Vieh ungehindert sich aufhalten kann. Kunstgärtner machen in einigen großen Städten gute Geschäfte, in kleinen Städten und neuen Ländern keine. Die Gemüsegärtner sind um so mehr auf die großen Städte angewiesen, als im Lande nicht recht viel Gemüs gegessen wird und was gegessen wird, sich in kleinen Städten bereits jede Familie selbst baut, da in diesen Städten bereits mit jedem Hause ein Gärtchen in Verbindung steht. Am besten scheint sich in neuen Ländern die Baumgärtnerei zu rentiren, da jeder Ansiedler Obstbäume zu pflanzen trachtet und die in der Gegend gezogenen besser gedeihen als jene, welche von der Ferne eingeführt wurden. Es sind besonders die Aepfelbäume im Lande gesucht und unter diesen der Weinapfelbaum, da sehr viel Aepfelwein gemacht wird und der Weinapfel den besten Aepfelmost geben soll. Zwetschgen gedeihen im Lande nicht, Birnen und Kirschen sind selten, aber Pflaumen und Pfürsiche gibt es in großem Ueberflusse. In den neuen Ländern ist das Obst wenig und theuer, in einigen alten Ländern hingegen oft sehr viel und kaum theurer als in Europa. Auch Obstbäume gedeihen nicht in jeder Gegend.

Was im Lande im Großen betrieben werden kann, wird im Großen betrieben. In den großen Städten hält man sich selten eine eigene Equipage, sondern wenn man ein Pferd oder Fuhrwerk braucht, holt man es aus den Pferdausleihungsanstalten, Liveristäbls genannt. Es stehen in diesen Stallungen, je nach Bedürfniß, oft 100 und mehr Pferde und für 2 Dollars wird gewöhnlich ein Pferd mit Chaise für den ganzen Tag abgegeben. Kann Jemand nicht selbst fahren, so hat er den Fuhrmann eigens zu bezahlen. Wohl gibt es auch Chaisen wie in andern Ländern gebaut, aber sie sind selten; gewöhnlich gebraucht man nur ein Wägelchen mit 4 Rädern und einem Sitze für 2 Personen. Das Wägelchen ist sehr fein gearbeitet und hat zum Schutze von Sonne und Regen bald einen einfachen Hut, bald keinen. Andere Lohnkutscher und Fiaker gibt es im Lande nicht.

Der Wagner macht selten gute Geschäfte, da die Wagnerarbeiten in den Fabriken billiger gemacht werden, als er es zu thun im Stande ist. Nur wo keine Wagenfabrik ist, findet man Wagner. Im Falle aber ein solcher Wagner neue Arbeiten verfertigt, bezieht er das Holz aus der Fabrik, wo es ihm zu seinem Zwecke bearbeitet zugeschickt wird. Auch die Büchsenmacher machen selten gute Geschäfte, da die Gewehre alle aus den Fabriken bezogen werden, welche auch die Reparaturen besorgen. Man findet daher nur selten Büchsenmacher und diese nur in einiger Entfernung von den Gewehrfabriken. Gute Geschäfte machen die Spengler, wenn sie hinlängliches Vermögen besitzen, die nöthigen Maschinen anzuschaffen und sich gut einzurichten. Da das Blech im Lande sehr billig ist, wird es nicht nur häufig zu Dachungen benützt, sondern auch zum Geschirr ꝛc. Auch sieht man selten einen andern Ofen als von Gußeisen, welche die Spengler zum Verkaufe haben und mit den nöthigen Röhren versehen. Die Kochöfen sind gewöhnlich von Eisen und werden mit dem dazu gehörigen Geschirre verkauft.

Wie jedes Geschäft im Lande frei ist, so auch die Presse. Ohne es dem Gerichte auch nur anzuzeigen, kann man Zeitungen, Flugschriften und Bücher drucken und herausgeben, wann und wo man will, und ohne sich fürchten zu müssen, gestraft zu werden, kann man drucken, schreiben und reden, was man will, wenn nur die Ehre von Privatpersonen nicht angegriffen wird. Wer ein öffentliches Amt begleitet oder vom Volke bezahlt ist, muß sich den Tadel des Einen wie das Lob des Andern gefallen lassen. Die Regierung hat das Recht zur Zeit des Krieges die Freiheit der Presse zu beschränken. Da aber bereits in jeder Familie eine oder mehrere Zeitungen gehalten werden, so erscheinen in den großen Städten eine Unzahl Zeitungen und in den kleinern größtentheils eine oder die andere. Ist die Mehrzahl dieser Zeitungen auch in englischer Sprache geschrieben, so gibt es doch auch sehr viele gute deutsche Zeitungen. Die bedeutendsten Zeitungen sind mit Aktien gegründet.

Hebammen findet man nur bei den Deutschen im Lande, die Amerikanerinnen bedienen sich der Aerzte. Auch dieses Geschäft ist frei und wird von jeder Frau besorgt, welche sich dazu brauchen läßt. Die Rasirer sind auf die größern Städte beschränkt, Musiker und Künstler machen selten gute Geschäfte, Beamte gibt es nicht, an Advokaten ist großer Ueberfluß und die Studirten werden in jedem Lande besser thun als in Amerika. Hat auch im Lande schon so mancher Uhrmacher und Goldarbeiter sein Glück gemacht, so möge er sich doch nie ins neue Land bemühen. Sind auch die Dienstmädchen gesucht in den alten Ländern, weil die Amerikanerinnen nicht gerne dienen und die deutschen Mädchen zu gerne heiraten, so würde ich ihnen doch nicht rathen, sich in neue Länder zu begeben.

Wenn die Leute sich in eine neue Stadt oder auf ein neues Land begeben, so geschieht es gewöhnlich, weil man allda mit geringem Vermögen ein Geschäft anfangen kann oder sich verbessern zu können glaubt, wenn aber Bischöfe einen Priester in diese neuen Länder schicken, so möchte man glauben, es geschehe, das katholische Volk auszusaugen und für immer glaubenslos zu machen. Man sucht gewöhnlich für diese neuen Gegenden solche Priester aus, welche überall verjagt wurden und legt mit ihnen den Grund zur Verachtung eines jeden katholischen Geistlichen für alle Zukunft, um Jedem, ohne Unterschied, jeden Einfluß in der Gemeinde zu benehmen und nach Willkühr verjagen zu können. Freilich werden solche Priester mit der Zeit wieder am Orte unschädlich gemacht, aber nur um an

11*

einem andern Orte neues Unheil anzurichten. O wie bedaure ich die guten Katholiken in diesen neuen Ländern! Zehn und zwanzig Jahre sind sie ohne Priester in Mitte der Ungläubigen und Andersgläubigen und wenn sie hierauf einen Priester erhalten, ist er nicht selten der ganzen Gegend zum Anstoße. Auch mein Vorfahrer, der sich nur 2 Monate in der Gegend halten konnte, machte hievon keine Ausnahme. Anders ist dieses bei den Methodisten und Baptisten, die in der That sehr eifrig sind.

Auch hier fand ich im Städtchen einen methodistischen Prediger, der von Haus zu Haus ging und die Katholiken wie Protestanten einlud, seine Predigten zu hören und seinem Gottesdienste beizuwohnen. Bereits ein halbes Jahr hatte er in seinen Predigten nichts zu thun gewußt, als über die katholische Religion zu schimpfen und den Katholiken zu schmeicheln, um sie zum Abfalle von ihrer heil. Religion zu verleiten, als ich ihn eines Abends in einem katholischen Hause antraf. Ohne ihn zu bemerken, hatte ich bereits mein Geschäft abgemacht, als er aus einem Winkel hervorkam und mit mir zu disputiren anfangen wollte. Ich fragte ihn, was er denn eigentlich glaube, er aber schwieg, gab mir einige Tractätchen und versprach mir bei seiner Nachhausekunft einige Bücher zu schicken, aus welchen ich selbst ausfinden sollte, was die Methodisten glauben. Er wußte nicht einmal, was er glaubte. Die Bücher kamen nicht, ich schickte um sie und er kam selbst mit einem Haufen unter beiden Armen.

Es war Fastenzeit und ich gerade mit dem Religionsunterricht meiner Kinder beschäftigt. Ich las während der Woche die Bücher, theilte meiner Gemeinde am nächsten Sonntage mit, was ich in selben gefunden hatte, und wenn der liebe Leser diese Sekte nicht kennen sollte, so will es auch ihm mittheilen. Ein gewißer Methobius war Prediger der englischen Hofkirche in England und wegen seiner eigenen Ansichten seines Amtes entsetzt. Da er jetzt nichts zu essen hatte, machte er sich an die guten protestantischen Mädchen und Frauen, machte sie mit seinen Ansichten vertraut, überredete sie und gründete seine eigene Religion. Es schloßen sich bald viele gute Protestanten seinen religiösen Ansichten an und verpflanzten sie später nach Amerika. In Amerika sind diese Leute alle Fortschrittler, hassen jeden Andersgläubigen, nennen sich unter einander Brüder, halten das Laubhüttenfest und wüthen, schreien und toben in ihren Gottesdiensten. Auch gegen mich wüthete und tobte dieser Methodistenprediger, setzte die ganze Stadt in Bewegung, wurde aber an einem Sonntage während des Gottesdienstes gestört, ein Haufen junger Burschen drang in seinen Betsaal ein und unterbrach den Gottesdienst. Er mußte hierauf die Stadt verlassen. Bei dieser Gelegenheit erzählte mir einer meiner Katholiken, wie es ihm bei seiner Landung in Newyork ergieng, was ich meinen Lesern um so weniger vorenthalten kann, als Einer oder der Andere selbst in ähnliche Umstände kommen könnte.

"Mein ältester Bruder," fing der junge Mann zu erzählen an, „welcher, wie sie wissen, hier in glänzenden Umständen lebt, wanderte nach Amerika aus und ließ bald hierauf meinen zweiten Bruder nachkommen; ich jedoch sollte die Mutter bis zum Tode verpflegen, da der Vater längst gestorben war. Zärtlich liebte ich meine Mutter und erst als sie beerdigt war, begab ich mich zu meinen Brüdern. Bei meiner Landung in Newyork suchte ich eine katholische Kirche auf und fand eine Kirche über dessen Thürschwelle die Worte geschrieben waren: „Deutsche katholische Kirche." Ich begab mich in die Kirche, wo gerade Gottesdienst gehalten wurde, zwei Männer kamen mir an der Kirchenthüre freundlich entgegen, überreichten mir ein Gesangbuch und begleiteten mich zu einem Kirchenstuhle. Um ja keine Störung zu verursachen, verblieb ich bis der Gottesdienst und die Predigt beendigt waren. Nach der Predigt faßte mich der Prediger ganz besonders ins Auge und fragte öfters, ob nicht Jemand für die Bußbank wäre. Ich weiß wohl jetzt, daß in allen Methodistenkirchen Bußbänke sind, auf welche diejenigen sich begeben, welche ihr öffentliches Sündenbekenntniß in Gegenwart der ganzen Versammlung ablegen wollen und hierauf vom Prediger dreimal auf den Rücken geschlagen werden, um den Teufel herauszuschlagen, aber damals wußte ich weder von Methodisten, noch von einer Bußbank. Ich verließ so schnell als möglich die Kirche und begab mich in mein Hotel. Man ging mir nach, trug meinem Gastgeber auf, mich gut zu behandeln und mir ja meine Kiste nicht ausfolgen zu lassen. Des andern Tages kamen zwei Herren in einer Chaise und luden mich ein, sie zu einer Herrschaft zu begleiten. Es war ein Doktor, bei dem wir anlangten und dieser erzählte mir, daß seine Eltern eine große Farm in der Nähe besitzen und mich an Kindesstatt annehmen würden, wenn ich mich entschließen könnte, bei ihnen bis zu ihrem Tode zu verbleiben. Er bemerkte, daß er der einzige Sohn sei und seine Eltern schon sehr alt wären. Seine Eltern seien zwar Methodisten, fügte er bei, aber sie würden mich nicht zwingen, zu ihrer Religion überzutreten, so sehnlich sie es auch wünschen. Ich fühlte mich unheimlich, wollte Newyork gleich verlassen, erhielt aber meine Kiste erst dann, als man sah, daß ich mich an die Polizei wende." Es ist diese Sekte die gefährlichste für die Katholiken und ganz besonders in den neuen Ländern, wo gute Priester so selten gefunden werden. Wie selten diese Priester in diesen neuen Gegenden sind, zeigt folgendes Beispiel. Als ich mich eines Morgens in die Kirche begab, um nach derselben wieder auf Missionen zu gehen, stand ein junger Mann vor der Kirchenthüre und bat mich mit ihm zu einem Kranken zu kommen. Ich erkundigte mich um die nähern Umstände und fand, daß sich der Kranke in einem andern Staate und Bisthume befinde. Ich drückte mein Bedauern aus und bemerkte, daß ich nur für meine Diözese Fakultäten hätte und seinem

Wunsche nicht entsprechen könnte. Er fing bitterlich zu weinen an und erzählte mir, daß er in Mitte der Nacht aufbrach und 40 englische Meilen fuhr, um einen Priester zu einer sterbenden Frau zu holen, aber keinen antraf. Hierauf habe er 50 andere englische Meilen theils zu Wagen, theils zu Fuß zurückgelegt und wieder keinen Priester gefunden. Nachdem er nun abermals 36 englische Meilen auf dem Dampfschiffe umsonst zurückgelegt hatte, habe er gehört, daß ich mich seit kurzer Zeit an diesem Orte befinde. Nun habe er abermals 47 englische Meilen gemacht und nun wolle ich nicht gehen? — In diesem Falle (articulo mortis) erwiederte ich, werde ich mit dir kommen, übersetzte in einem Kahne mit großer Lebensgefahr den Missisippi, legte in der Hitze hierauf 14 englische Meilen zu Fuß zurück, bis wir das Fuhrwerk trafen, welches auf uns wartete. Des andern Tages Morgens zwischen 3 und 4 Uhr langte ich bei der Kranken an, die im Bette vor Freuden aufhüpfte, als sie mich sah. Sie erzählte mir, daß sie von ihrem Manne, einem getauften Amerikaner, der sich als Feldzeugmeister im Kriege befinde, zu ihrer Entbindung zu seinen Verwandten hieher geschickt worden sei und daß sie bei der Entbindung dieses (sie zeigte auf ihr Kind) ihres ersten Kindes so schwach geworden sei, daß sie geglaubt habe, sterben zu müssen. In dieser Angst habe sie ihre Umgebung, welche amerikanisch ist und nicht gewußt hatte, daß sie katholisch sei, gefragt, ob kein Katholik in der Stadt wohne, was ihr bejaet wurde. Man habe ihr hierauf den angesehensten Katholiken der Stadt gerufen, welcher, als er hörte, daß sie ohne Mittel sei und ohne Priester nicht sterben wolle, sich bereit erklärte, auf seine Kosten einen Priester kommen zu lassen. Dieser gute Mann bezahlte einen guten Irländer, versah ihn mit Chaise und Pferde und trug ihm auf, nicht ohne Priester zurückzukehren und sollte er ihn auch in Milwaukee holen müssen. Diese Reise kostete den guten Mann 143 Gulden, welche er kaum mehr hoffen konnte. Es war ein Plattdeutscher. — O wie viele Katholiken müssen in diesem Lande ohne die Sakramente sterben!

Erst wenn diese neuen Gegenden etwas mehr angesiedelt sind und sich unter den Katholiken solche befinden, welche zum Unterhalt des Priesters etwas beitragen können und wollen, wenden sie sich an den nächstgelegenen Priester und ersuchen ihn, auch in ihrer Gegend hie und da eine Mission zu geben. Diese Missionen müssen bezahlt werden und werden nur an Werktagen gegeben, da der Priester an Sonntagen in seiner Gemeinde Gottesdienst halten muß. Die Kirchenornamente muß der Priester bei diesen Missionen bei sich haben und wo keine Kirche ist, wird in einem Privathause Gottesdienst gehalten. Haben sich die Katholiken in einer Gegend so vermehrt, daß sie einen eigenen Priester halten zu können glauben, so zwingen sie den Missionär, der sie bis jetzt besuchte, von ihnen wegzubleiben, zahlen ihm keine Reisekosten mehr, finden sich bei den Missionen nicht mehr ein, lassen ihre Kinder nicht mehr taufen, begraben ihre Todten selbst und schimpfen gottlos über den Missionär, bis er endlich selbst die Mission aufgibt. Aber auch jetzt bleibt die Gegend einige Zeit ohne Priester, die Leute müssen ohne die Sakramente sterben, die Leichen werden ohne Priester begraben, die Ehen werden nicht mehr eingesegnet und die Kinder ohne die heilige Taufe gelassen, bis endlich ein Priester geschickt wird. Der neuangekommene Priester hat gewöhnlich nichts eiliger zu thun, als über seinen Vorfahrer zu schimpfen und sich Vorschuß zu verschaffen, da ein Priester mit Geld nie in diese neuen Länder geht, oder ein Pferd in der Gemeinde zu betteln 2c. Die Gemeinde voll Freude über seine Ankunft, gewährt im jede Bitte, baut ihm ein Haus und am Ende geht es ihm gerade wie es seinem Vorfahrer ergangen ist. Der Umfang einer Mission in diesen neuen Ländern hängt von der Zahl und Opferwilligkeit der Katholiken ab, die in der Gegend wohnen, weil es dem Missionär immer so viel tragen muß, als er zum Leben braucht. Meine Mission hatte einen Umfang von wenigstens 500 englischen Meilen, oder besser gesagt, ich kannte den Umfang meiner Mission selbst nicht. Im Westen bildete der Mississippi die Grenze, im Norden und Osten wußte ich keinen Nachbar zu finden, nur im Süden hatte ich 40 englische Meilen zum nächsten Geistlichen. Im Städtchen, wo ich wohnte, befand sich eine kleine Kirche aus Ziegelsteinen und etwas über 100 Katholiken, 26 englische Meilen von da stand eine kleine Främkirche und etwa 300 Katholiken wohnten in der Umgebung von 20 englischen Meilen, und wieder in einem andern Thale stand eine Blockkirche, zu welcher etwa 200 Katholiken, größtentheils Irländer, gehörten. Außer diesen 3 Gemeinden gehörten 3 andere Städtchen zu meiner Mission, in einem jeden aus ihnen wohnten einige Katholiken und ich gab von Zeit zu Zeit Mission. Während meiner Anwesenheit hatte sich auch noch eine polnische und eine zweite irländische Gemeinde gebildet und Främkirchen gebaut. Die übrigen Katholiken wohnten zerstreut und weit von einander entfernt, oft so weit, daß sie kaum zu finden waren.

Wie beschwerlich die Pastoration solcher Missionen in diesen neuen Ländern sei, läßt sich denken. Bis meine Mission ein wenig in Ordnung war, war ich bereits täglich auf dem Wege und kam oft in 8 Tagen nicht nach Hause. Hier fand ich Kinder, die ohne Religionskenntnisse aufgewachsen waren, dort alte Leute, die in ihrem Glauben kalt und wankend geworden waren, und wieder anderswo junge Leute, welche von ihrer Religion nichts mehr wissen wollten. Heute gab ich da und morgen an einem andern Orte Mission und unterwegs hatte ich bald diesen zu besuchen, bald jenen zu unterrichten oder auf seinen Tod vorzubereiten. Da man im Lande spät aufsteht und die Katholiken weit von einander wohnten, wurde es gewöhnlich 3 Uhr, bis ich ein Frühstück bekam. Das Frühstück, welches wohl recht oft mein Essen für den ganzen Tag war, war in der Regel sehr gut, denn an Nahrungs= mittel ist kein Mangel und die Leute freuen sich einen Priester beherbergen zu dürfen. Kaum war das Essen vorüber, so mußte ich meine Meßkleider, Kelch, Buch, Portatile (Altarsteinchen) zusammen= packen und auf meinem Pferde mit mir schleppen, um am nächsten Tage 15 und 20 Meilen von da wieder Mission halten zu können. Wurde ich nun zu einem Kranken gerufen, so waren die Leute im Umkreise von 20 Meilen zusammengekommen, harr= ten bis gegen Abend meiner und mußten nach Hause zurückkehren, ohne zu wissen, wann und wo ich die nächste Mission abhalten werde. Da nun die Wit= terung im Lande auch noch sehr veränderlich ist, so konnte man beim Sonnenschein die Heimat verlassen und bei Regen und Wind zurückkehren. Nun hat man bald einen Weg, bald keinen, bald ging es durch Sümpfe und Moräste, bald durch Wälder und Gebüsch, bald über Wiesen und Felder, bald über Berge und Hügel. Kommt man an einen Fluß, so hat man keine Brücke, kommt man in Wald, verliert sich der Weg, ist man auf der Ebene, so findet man Niemand, den man um Aus= kunft fragen könnte. So ritt ich einmal, um nur ein Beispiel aufzuführen, auf dem Heimwege von einer Mission 6 englische Meilen ohne auch nur ein Haus zu sehen, begegnete dann ein paar Häu= sern, wo ich ein Kind zu taufen hatte und einen Wegweiser erhielt, der mir ein schwaches Wagen=

geleise zeigte, welches zu meinem Bestimmungsorte
führen sollte. Kaum hatte er mich verlassen, so
verlor sich allmählig das Wagengeleise und ich
befand mich in Mitte eines Waldes ohne irgend
eine Spur eines Weges. Vor mir sah ich einen
ziemlich hohen Berg und auf ihn ritt ich zu. Nun
wußte ich aber nicht, ob ich ihm links oder rechts
ausweichen sollte, ritt somit auf den Berg, wo
ich die ganze Gegend übersehen konnte und jedes
Haus der Gegend bemerken mußte. Ich sah ein
Thal vor mir und in der Hoffnung in selbem ei=
nige Ansiedler zu finden, ließ ich mich in selbes
hinab. Der Boden war sumpfig und mit hohem
alten Gras so bewachsen, daß mein Pferd unmöglich
fortkommen konnte. Nun war es mir aber auch
nicht mehr möglich, den Berg abermals zu besteigen.
Ich flüchtete mich auf eine entgegengesetzte Anhöhe
und als sich diese im Thale verlor, mußte ich mich
wieder durch Sumpf und Gras arbeiten, bis ich an
einem Bache anlangte. Nun war es aber um sel=
ben so schlammig, daß mein Pferd sich in dessen
Nähe nicht wagen wollte. In der Verzweiflung
band ich es mit einem Seile an einen Weidenstock,
welcher auf der entgegengesetzten Seite des Baches
stand, und zwang es den Bach zu übersetzen. Es
brach zwar im Schlamm ein, arbeitete sich jedoch
aus selbem schnell wieder heraus und hatte sich nur
an den Füssen etwas verletzt. Bald hierauf be=
merkte ich wieder ein Wagengeleise, ging demselben
nach und gelangte bei 3 armen Hütten an, die 3

Polen gehörten, welche sich erst vor kurzer Zeit hier niedergelassen hatten. Die Polen sind bekanntlich streng katholisch und hatten eine große Freude zu hören, daß in dieser neuen Gegend auch ein katholischer Priester wohne. Sie gaben mir zu essen, fütterten mein Pferd, brachten mich zu einem Wege, um am nächsten Tage in einer andern Mission Gottesdienst halten zu können. Es war Abend als ich sie verließ, die Nacht war dunkel, im Walde hatte ich den Weg verloren, mein Pferd stand stille, war nicht mehr weiter zu bringen, ich mußte umkehren und einen andern Weg einschlagen. In Mitte der Nacht langte ich an einem ziemlichen Flusse an, aber glücklich schwamm mein Pferd durch ihn. Es war gegen Morgen, als ich in einem mir bekannten Hause anlangte, der Hund bellte, der Hausherr sprang aus dem Hause und rief, wer da wäre. Schnell gab ich mich zu erkennen und als ich ihm erzählte, warum ich so schnell geantwortet hatte, zeigte er mir in jeder Hand einen Revolver. Ich wußte, daß er nie in der Nacht, wenn sein Hund bellte, die Thüre öffnete ohne diese beiden Mordwaffen, und daß er von selben Gebrauch mache, sobald er es nothwendig finde. In dieser Gegend erlebte ich auch den kältesten Tag meines Lebens.

Ist es auch in diesen nördlichen Gegenden im Sommer nicht viel wärmer und im Winter nicht viel kälter als in Deutschland, so machte doch dieser Winter eine Ausnahme. Wie gewöhnlich um's neue Jahr die Kälte den höchsten Grad erreicht, so auch in diesem Jahre vom 31. Dezember 1864 bis 1. Januar 1865. Ich mußte mich auf eine meiner Missionen begeben, um am nächsten Tage Gottesdienst zu halten, fuhr in dieser grimmigen Kälte 9 englische Meilen und konnte nicht mehr weiter kommen. Ich versuchte in das nächste Haus zu kommen, welches nur einige Minuten vor mir lag, aber der Schnee war in diesem Thale so tief, daß mir kein anderer Ausweg blieb als umzukehren. Ich zitterte am ganzen Leibe vor Frost, mein Pferd war so weiß wie der Schnee, kehrte um, legte meinen Weg theils zu Fuß, theils im Schlitten zurück und dankte bei meiner Nachhausekunft meinem Schöpfer, keines meiner Glieder verloren zu haben. Des andern Tages schon liefen von allen Seiten Nachrichten ein, daß mehrere Leute auf der Strasse erfroren aufgefunden wurden, während die andern das eine oder andere Glied erfroren hatten. Auch so manches Stück Vieh war todt unter seinem Strohhaufen gefunden worden.

Daß die Kranken in diesen neuen Ländern zufrieden sein müssen, wenn sie mit den Sterbsakramenten versehen sind und von einem weitern Krankenbesuch kaum eine Rede sein kann, läßt sich denken; aber häufig geschieht es auch, daß man den Kranken bei seiner Ankunft todt findet. Unter vielen nur ein Beispiel.

Eines Abends kam ein angesehener Mann in Eile dahergeritten und ersuchte mich schnell mit ihm zu kommen, um einem Kranken die letzte Wegzehrung zu reichen. Schnell waren wir mit einander auf dem Wege, hatten aber kaum das Städtchen im Rücken, so überzog sich der Himmel, die Wolken färbten sich und es fing zu blitzen, zu donnern und zu regnen an, als wenn der jüngste Tag nahe wäre. In finsterer Nacht fuhren wir bergauf und ab, mein Pferd stürzte hin und her, der Regen hatte den schlechten Weg bereits unfahrbar gemacht und wir lagen bald in diesem bald in jenem Loche. Morgens 7 Uhr langte ich im Hause des Kranken an, aber er war todt. Vierzig englische Meilen hatte ich in dieser Nacht zurückgelegt, 3 Pferde hatte ich erlegt und ohne den Todten begraben zu können, was im Lande gewöhnlich schon des andern Tages geschieht, hatte ich 50 Meilen weiter zu einer Frau zu machen, die sich bei der Löschung des Feuers so verbrannte, daß sie sterben mußte. O wie oft müssen in diesen Ländern die Katholiken einander ohne Priester begraben!

Noch nie war in der Gegend gefirmt worden und da gerade auch zwei Kirchen zu benediziren waren, entschloß sich der Bischof in die Gegend zu kommen. Er firmte in der Stadt, besuchte die Filialkirchen und begab sich von der irländischen Blockkirche zu der polnischen Framkirche, um sie zu benediziren. Lange fuhren wir auf den Wiesen dahin, bis wir an einen Fluß gelangten, den wir zu übersetzen hatten. Glücklich war das Pferd mit dem Wägelchen durch denselben geschwummen und hatte auch schon mit den Vorderfüßen das Gestade erreicht, brach aber mit den Hinderfüßen ein und arbeitete so lange bis Geschirr und Deichseln gebrochen waren. Zum Glücke erreichte ich das Gestade noch zu rechter Zeit, um meinem Bischofe zu Hilfe zu kommen. Nun war aber in der ganzen Gegend nur ein Haus und dieses war eine gute Viertelstunde von der Unglücksstelle. Auf dieses Haus giengen wir zu, fanden es aber leer. Wir eilten in der Wüste einher und fanden, daß der Ansiedler sein altes Haus verlassen habe und sich eine Viertelstunde von selbem ein neues gebaut. Er hatte gerade die Dreschmaschine. Schnell folgte mir der irländische Bauer mit seinen Ochsen, um mein Wägelchen (Baghy) in Sicherheit zu bringen, während sein Sohn zu einem Deutschen ritt und ihn ersuchte, uns mit einem Fuhrwerk zu Hilfe zu kommen. Nach 2 Stunden waren wir wieder auf dem Wege und mein Bischof rief aus: „es ist merkwürdig, wie diese Leute alle thun, was sie befehlen! Schon nach einer halben Stunde brach in der Mitte eines sehr steilen Berges wieder etwas und mit Mühe gelang es mir, den Wagen anzuhalten, bis mein Bischof ihn verlassen hatte. Wir hatten einen sehr schlechten Weg über Hügel und Berge, mein Bischof wollte ihn zu Fuß machen, war jedoch bald wieder gezwungen vom Wägelchen Gebrauch zu machen, welches ich unterdessen wieder zurecht gebracht hatte. Er hatte nun genug Erfahrung in diesen neuen Ländern gemacht und begab sich auf den nächsten Weg nach Hause.

12

So wild es aber auch in diesen neuen Ländern aussieht, so fehlt es doch nicht an Leuten, welche in selben wohlhabend geworden sind. So befand sich auch hier ein Farmer, dessen Frau mir oft erzählte, wie arm sie in's Land gekommen sind. „Wir waren arme Webersleute in Westphalen," sagte sie, „hatten nicht genug zu essen und mußten im Winter recht sehr erfriren. Mein Mann faßte den Entschluß nach Amerika auszuwandern, nur ich konnte mich dazu nicht entschließen. Er war von seinem Entschluße nicht abzubringen und der Herr Pfarrer und meine Verwandten beredeten mich, ihn zu begleiten. Vor 18 Jahren landeten wir in Newyork, wo mein Mann auch gleich Arbeit bekommen hätte, aber nicht nahm, weil wir auf's Land wollten. Da nun die Einwanderung damals am stärksten nach Wiskonsin gieng, schlugen wir den Weg nach Milwaukee ein und langten daselbst glücklich an. Ich erkrankte und sobald ich mich etwas besser fühlte, begaben wir uns auf's Land, wo wir mit einem Dollar anlangten. Mein Mann machte schnell eine Laubhütte, brachte mich, da ich noch sehr schwach war, mit meinen 3 unmündigen Kindern in selbe, zündete ein Feuer an und wollte gerade für uns eine Suppe bereiten, als Amerikaner, welche den Rauch aufsteigen sahen, zu unserer Hütte kamen und fragten, ob wir arm wären. Da wir weder sie, noch sie uns verstanden, brachten sie nach einer halben Stunde einen Deutschen, der als Dollmetscher diente. Arm sind wir schon, sagten wir nun, aber wir haben schon oft gehört, daß arme Einwanderer in diesem Lande zu Etwas gekommen sind, und wir wollen nicht, daß uns und unsern Kindern nachgesagt werde, daß wir bei unserer Ankunft Unterstützung von der Gemeinde genossen hätten. Dieses hat hier im Lande nichts zu bedeuten, erwiederten die Amerikaner, unterrichteten den Friedensrichter von unsern Umständen und dieser sandte sogleich ein Fuhrwerk und sorgte für eine Wohnung. Bald hernach schickte er auch Mehl, Butter, Eier und andere Lebensbedürfnisse und ließ meinen Mann fragen, ob er vielleicht Arbeit wünsche. Des andern Tages schon verdiente er 2 Mark 15 Pfg. Wir waren nun auch bald im Stande auf unsern 20 Aeckern Land ein Haus zu bauen und uns einzurichten. Die Kinder mehrten sich, 20 Aecker Land wurden uns zu wenig, der Nachbar bot uns eine schöne Summe Geldes für unser Land und wir überließen es ihm und kauften an einem andern Orte 40 Aeckers. Nach einigen Jahren verkauften wir wieder, und weil mein Mann entschlossen war, dort sein Leben zu beschließen, wo er sich jetzt niederlassen werde, reiste er lange im Lande herum, bis er sich hier ankaufte. Er pflegte nämlich zu sagen, daß er sich nicht eher niederlassen werde, als bis er fruchtbares Land und Holz und Wasser im Ueberfluß gefunden haben werde. Wir haben hier 400 Tagwerk Land mit Holz, Wiesen und Feldern, thun die Arbeit mit unsern 4 Kindern und leben

12*

zufrieden und vergnügt." Sein Land war das beste in der Gegend, sein Haus stand wie ein Schloß auf einer schönen Anhöhe, 6 prachtvolle Pferde standen im Stalle, gegen 60 Stück Rindvieh und 100 Stück Schafe liefen auf der Weide einher, er hatte seine eigene Dresch=, Sä=, Schneid= und Segmaschine, seine älteste Tochter hatte er ausgeheiratet und bereits jeder Ansiedler im Thale schuldete ihm. Auch war er der Wohlthäter der Kirche und der Vater der guten Katholiken und rechtschaffener Protestanten in der Gegend. Dem Einen borgte er Geld, dem Andern Getreid und Vieh, Alle ließ er es abverdienen, wenn sie ihn nicht bezahlen wollten oder konnten. Einmal fragte ich ihn, ob er nicht wieder nach Dentschland zurückkehren möchte und er erwieberte: „daß er es möchte, wenn er sein Anwesen mitnehmen könnte." Seine beiden Töchtern sind unterdessen in's Kloster gegangen, die dritte soll sich gleichfalls verheiratet haben, der Sohn hat das elterliche Anwesen übernommen und der Vater und die Mutter leben in der Stadt, wo sie sich ein Haus gekauft haben.

Zwölf Jahre sind es seitdem ich diese Mission verließ und heute schon ist sie in 6 Pfarreien abgetheilt, zählt 15. katholische Kirchen, die Städte haben sich vergrößert, ein großer Theil des Landes ist kultivirt und der Werth des Grundeigenthums ist um 100 Procent gestiegen. So groß auch diese neuen Gegenden sein mögen, öde, langweilig, verlassen und traurig müßten sie bleiben, wenn sich

niemand entschließen würde, sie zu kultiviren und zu
bebauen. Und würden unter diesen Ansiedlern nie
Katholiken gewesen sein, der ganze amerikanische
Reichthum wäre in den Händen Andersgläubiger.
Sonderbar mag es dem ersten Amerikaner wohl vor=
kommen, wenn er eine solche neue Gegend betritt,
aber er erschwingt sich auch nicht selten zum König
der Gegend, indem er das vortheilhafteste Stück
Land auswählen kann und seine Nachkommen mehr
oder minder von ihm abhängen. Sollten auch die
spätern Ansiedler nur mehr seinen Namen kennen,
so werden sie ihn mit Achtung nennen und seine
Kinder und Kindeskinder werden sich freuen, beim
Namen des ersten Ansiedlers genannt zu werden.
Kommt aber auch die Zeit, wo Kirchen und Thürme
die Städte der Gegend zieren und die Menschen in
selben kaum einander mehr ausweichen können, immer
noch wird der Name des Gründers mit Ehrfurcht
genannt, wenn auch seine Gebeine längst vermodert
sind und keiner seiner Nachkommen mehr am Leben
ist. Ging es auch mit der Ansiedelung neuer Län=
der früher sehr langsam, so geht es in neuester Zeit
sehr schnell. Gegenden, die nach 5 Jahren ganz
öde und verlassen waren, sind bereits angesiedelt,
und Städte, deren Namen damals noch unbekannt
waren, sind heute nicht mehr unbedeutend zu nennen.
Es kommt dieses daher, daß die Regierung kein
Land mehr den Spekulanten verkauft, sondern nur
an solche Ansiedler abgibt, welche sich auf dem
Lande niederlassen, um es zu kultiviren. Auch ist

in den neuen Städten Vorsorge getroffen, daß den Ansiedlern Bauplätze unentgeldlich verabfolgt werden.

Religiöse Zustände.

Die Vereinigten Staaten werden im Allgemeinen zu den protestantischen gerechnet, aber mit allem Unrechte; denn der amerikanische Staat hat keine Religion und kann keine haben. Er hat keine Religion, da er ohne Religion regiert wird, die Gewissensfreiheit achtet und Jedem freistellt nach seiner eigenen Ueberzeugung zu leben. Er kann keine Religion haben, da es in seinem Interesse liegt, die Religionsbekenntnisse möglichst zu zersplittern, um nicht neben sich eine Macht heranzuziehen, die der gegenwärtigen Regierungsform mit der Zeit selbst gefährlich werden könnte. Er begrüßt mit Freuden die gegenwärtige Zersplitterung der Religionen, weil er in ihr stets ein Mittel findet, die Religionsparteien selbst gegen einander zu hetzen, um eine durch die andere unschädlich zu machen. Er ist aber auch nicht gegen die Religion und achtet jede Religion nach dem Einflusse, den sie an der Regierung des Landes hat. Da aber die Regierung eine Regierung der Parteien ist, so ist sie mehr oder minder bei der regierenden Partei geachtet, je nach den Stimmen, die sie ihr liefert. Je mehr Stimmen, desto sicherer der Sieg, je mehr Glaubensgenossen, desto größer der Einfluß. Mag auch die eine Regierung dieser oder jener Religion mehr geneigt sein als der andern, so schätzt doch der Staat jede Religion auf gleiche Weise. Ein Staatsgesetz hat dafür gesorgt, daß kein Gottesdienst gestört werden darf, jeder Lärm in und außerhalb der Kirche während des Gottesdienstes vermieden werden muß und jede Ruhestörung während des Gottesdienstes bis zu 30 Tagen Arrest bestraft wird. Alle Kirchengüter hat das Gesetz von den Abgaben befreit und nie bin ich angegangen worden, Abgaben an den Staat zu zahlen. In Omaha, der Hauptstadt von Nebraska, wollten einige liberale Deutsche auch die Kirchen mit Stadtabgaben belegen, aber alle Amerikaner stimmten dagegen und die Kirchen blieben hier wie anderswo nicht nur von allen Staats- sondern auch Stadtabgaben befreit. In allen Städten brennt auf Kosten der Stadt vor jeder kleinern Kirche eine und vor jeder größern zwei Gaslampen. Und wie schön ist das Sonntagsgesetz in Amerika! Alle Fuhrwerke, Eisenbahnen, Faktorien und Gewerbe müssen an diesem Gott geheiligten Tage stille stehen und es ist so ruhig in der Stadt, als wenn niemand in selber wohnen würde. Oeffnet an diesem Tage ein Kaufmann seinen Laden, ein Wirth die Schenkstube, so wird er um 50 Dollars im ersten Uebertretungsfalle, um 100 im zweiten und mit Einziehung des Geschäftes im dritten bestraft. Wohl thut diese Heiligung des Sonntags dem christlichen Gemüthe und jedem Menschen bietet sie Gelegenheit, seinen religiösen Bedürfnissen und Pflichten nachzukommen.

Die Religionsfreiheit führt zu den verschiedensten Religionsbekenntnissen und so finden wir in diesem Lande so viele Religionen als es Religionsführer wenn nicht gar Köpfe gibt. Der Amerikaner ist nicht gewohnt, sich nach einer Religion zu richten, sondern die Religion muß sich nach ihm richten. Er ist so zu sagen Alles und Nichts und nur das gemeine Volk und öfters auch die Frauen machen hievon eine rühmliche Ausnahme. Daher kommt es, daß die Methodisten und Baptisten nach den Katholiken, welche Letztere bereits aus lauter Einwanderer bestehen, die meisten Anhänger zählen. Nach zuverläßigen Berichten sollen die Katholiken am stärksten vertreten sein und 4 Millionen Seelen zählen mit 4000 Kirchen und 3500 Priestern. Die Methodisten (Frömmler) nehmen 2 Millionen Bekenner an mit 10,500 Kirchen, die Baptisten (Wiedertäufer) 1,700,000 Anhänger mit 17,400 Kirchen, die Prespiterianer (Schottländische Protestanten) 700,000 Bekenner mit 5000 Kirchen, die Lutheraner haben 2,900 Kirchen und 324,000 Anhänger, die Congregationisten zählen 2,800 Kirchen und 267,400 Anhänger, die protestantischen Episkopalen (englische Hofkirche) zählen 2,300 Kirchen mit 161,200 Anhänger, die deutschen Reformirten haben 1,160 Kirchen und 110,000 Anhänger. Außerdem bestehen noch ungefähr 3000 Brüdergemeinden: als die mährischen Brüder mit ungefähr 12,000 Communikanten, Unitarier mit etwa 300 Kirchen, Universalisten mit 6000 Mitgliedern, Orthodoxe Quäker mit 54,000 und Hussiten Quäker mit 40,000 Mitgliedern. Findet auch bei diesen Zahlen überall die höchste Annahme statt, so würden selbst nach ihr nur 10 Millionen, von welchen die bedeutend größte Zahl Einwanderer sind, sich an ein Religionsbekenntniß angeschlossen haben und 32 Millionen würden, wenn nicht ohne Religion, doch ohne öffentliches Religionsbekenntniß sein. Von diesen 10 Millionen aber mag die eine Hälfte, welche größtentheils aus einfachen, schlichten Leuten besteht, ihrer Religion aufrichtig zugethan sein, die andere Hälfte aber besteht aus Namenchristen, die nicht getauft sind oder die Kirche nur so lange besuchen, als dieses ihrem zeitlichen Interesse dienet.

Von den 50,000 Kirchen, welche in den Vereinigten Staaten sein sollen, muß man wissen, daß die bedeutende Mehrzahl auf dem Lande Blockhäuser sind, in kleinen Städten Främkirchen und in großen Städten einfache Betsäle ohne Thürme und Zierde, mehr einer Halle als einer Kirche ähnlich, und daß nur eine geringe Zahl im Kirchenstyle gebaut ist. Unter dieser geringen Zahl bilden die bedeutende Mehrzahl die katholischen und episkopalen Kirchen, aber auch unter ihnen findet sich nur selten eine, welche den großartigen Kirchen katholischer Länder gleichkommt.

Im Innern sind diese Kirchen ganz einfach und gleichen oft mehr einem Theater als einer Kirche, die katholischen allein ausgenommen. In der Regel haben sie 3 Reihen Stühle und 2 schmale Gänge, eine Kanzel und Chorbühnen, sind reinlich gehalten, der Boden ist in Städten gewöhnlich mit Teppichen oder Wachsleinwand belegt und im Winter sind sie mit Luftheizungen oder mit Oefen versehen. Selbst in den katholischen Kirchen vermißt man häufig schöne Altäre, fromme Bilder und den übrigen üblichen Schmuck, der auf das christliche Gemüth einen so günstigen Eindruck macht und das Herz himmelwärts lenket. Des großartigen erhabenen Gottesdienstes, welcher in katholischen Ländern mächtig anzieht und das Herz dem allmächtigen Schöpfer zulenkt, muß man ganz entbehren. Selbst in katholischen Kirchen finden Leviten- und Pontifikalämter und andere derartige Feierlichkeiten wenig Anklang, Prozessionen und Bittgänge sind auf die Kirche beschränkt und die Wallfahrten muß man ganz entbehren.

So viele der Kirchen in den Städten sind, so selten sind sie auf dem Lande. Man mag ganze Gegenden durchwandern, ohne auch nur eine Kirche zu sehen, wenn man nicht zu einer katholischen oder methodistischen Ansiedelung kommt. Wohl die Mehrzahl der Kirchen auf dem Lande ist katholisch.

Die Kirchen werden alle vom Volke gebaut und jeder Kirchenbau wird mit freiwilligen Beiträgen angefangen und mit Schulden beendigt. Der Städter spekulirt beim Kirchenbau auf schnelleren Wachsthum der Bevölkerung, auf bessere Bezahlung seiner Häuser und Bauplätze, der Bauer auf höhern

Werth seines Landes, der Landspekulant auf schnellern und bessern Verkauf seiner Ländereien, der Arbeiter auf Beschäftigung, der Ziegler und Holzhändler auf Verkauf seiner Waare, der Wirth auf Vermehrung seines Geschäftes, der Kaufmann auf großen Absatz, und so unterschreibt Jeder, wenn er auch keine Religion hat, seinen Antheil zum Baue einer Kirche und zahlt ihn auch, wenn er sich in seiner Hoffnung nicht getäuscht sieht und nicht anders kann. Die Gemeinde entscheidet über die Lage der Kirche und wählt 4 Männer, die den Bauplatz zu kaufen haben, wenn er nicht geschenkt wird, was auf dem Lande gewöhnlich in Städten nur hie und da, der Fall ist. Auch haben diese 4 Männer die Gelder einzusammeln, das Baumaterial anzukaufen, den Bau zu leiten und die Bauleute auszuzahlen. Bei der Wahl dieser 4 Männer wird besonders darauf gesehen, daß alle Parteien vertreten werden, was zur Folge hat, daß immer unter einigen rechtschaffenen Männern auch andere sind, die den Schwindel verstehen und unter dem Scheine der Rechtschaffenheit und des Eifers für die gute Sache sich selbst nicht vergessen. Es ist eben in Amerika wie in allen Ländern der Welt, daß man bei einem Unternehmen sich selbst selten vergißt. Nun aber bietet sich in diesen Fällen die schönste Gelegenheit, sich auf Kosten seiner Nebenmenschen zu bereichern und seine Freunde und Gönner zu begünstigen, da das Baumaterial niemand nachzählt, die Rechnungen niemand revidirt und den Bau niemand näher betrachtet. Geht das Geld bei einem solchen Baue aus, so steht der Bau stille, bis sich wieder Leute finden, welche Geld beisteuern. Je öfter der Bau eingestellt wird, desto mehr jammern die guten Leute, daß kein Segen bei diesem Baue sei, und desto mehr steuern sie zum Baue bei. Findet sich endlich Niemand mehr, der zum Baue beisteuern will, so gibt man Unterhaltungen, Fährs und Diners zum Besten der Kirche. Finden sich auch unzählige Menschen bei dergleichen Unterhaltungen ein, so ist doch beim Abschluß der Rechnungen der Gewinn gewöhnlich sehr unbedeutend. Nun muß Geld aufgenommen werden und die Kirche ist in der Regel überschuldet, bevor sie unter Dach ist. Ist die Kirche unter Dach, so wird das obige Manöver wiederholt, um die Kirche zu pfläftern und zu schmücken, und bis der Kirchenbau beendigt wird, hat die Kirche mehr Schulden als sie werth ist. Wird Rechnung abgelegt, so wird gesprochen über die mühevolle Verwaltung und große Zeitversäumniß, und da bei dieser Gelegenheit auch gewöhnlich die Kirchenvorstände gewählt werden, so wählt man in der Regel die 4 Bauvorstände zu Kirchenvorständen. Diese vermiethen nun die Kirchenstühle auf ein Jahr, welcher Miethzins mit den freiwilligen Opfergaben das Einkommen der Kirche bildet. Mit diesem Einkommen soll der Prediger unterhalten, die Kirchenbedürfnisse angeschafft, die Zinsen von den Kirchenkapitalien bezahlt und die Reparaturen der Kirche bestritten werden. Im Falle nun das

Einkommen der Kirche die Auslagen deckt, besteht
die Kirche fort, im entgegengesetzten Falle aber
werden immer mehr Schulden auf die Kirche ge=
macht, bis endlich niemand mehr Geld lehnt und
die Kirche unter dem Hammer verkauft wird. Nicht
selten hat der Führer der Gemeinde bis dahin
Geld genug gemacht, um die Kirche zu kaufen und
in ein Fabrikgebäude zu verwandeln oder wieder zu
verkaufen. Und jetzt, o wie thöricht ist das Volk!
— freuet sich die ganze Gemeinde, daß ihre Kirche
nicht in fremde Hände gekommen ist. Nicht selten
schreitet man bald hierauf, wenn auch nicht an
selbem Platze, zu einem neuen Kirchenbau und das
Schauspiel wird wieder aufgeführt, ohne daß die
guten Leute den Schwindel merken. Es versteht sich
von selbst, daß derselbe Schwindel beim Baue der
Pfarr= und Schulhäuser in Anwendung kommt,
wenn nicht sogar bei Anstellung der Prediger und
Lehrer. Die Einrichtung im Pfarrhause sowie die
Schmückung der Kirchen besorgen gerne die Frauen,
welche zu diesem Zwecke ebenso thätig sind wie die
Männer beim Kirchenbau waren. Vereine bil=
den, Fährs und Collekten veranstalten, aber auch
selten ehrlicher handeln. Die Frauen haben eine ei=
gene Gabe, immer das weniger Nothwendige vor dem
Nothwendigen anzuschaffen, um immer wieder einen
Vorwand zu neuen Collekten und Fährs zu haben.
Der Prediger muß zum Schwindel beihelfen oder
doch wenigstens schweigen, wenn er nicht beschimpft,
entehrt und verjagt werden will. Klagt er bestän=

dig seine Noth, so erhält er seine Besoldung und die Gemeinde gibt zu seinem Benefit auch Diners, Fährs und Tänze. Interessant ist es zu hören, mit welcher Achtung diese Leute von ihrem Prediger sprechen, so lange die Führer der Gemeinde mit ihm zufrieden sind, und noch interessanter ist es zu hören, mit welcher Verachtung sie von ihm reden, wenn sie mit ihm abgehaust haben. Maßen sich diese Kirchenvorstände das Recht über den Prediger an, geben sie ihm Vorschriften ꝛc. für Frau, Kinder und Magd, so wird seine Lage eine schwierige und er wird sich kaum mehr lange halten können. Es ist dieses so bereits bei allen Confessionen, nur machen die Katholiken, Methodisten und Baptisten eine kleine Ausnahme. Bei den Katholiken hat nämlich der Bischof das Besetzungsrecht, bei den Baptisten und Methodisten die Synode, weßwegen diese Religionsgemeinden ihre Priester und Prediger nicht so leicht verjagen können, weil sie sich der Gefahr aussetzen würden, keinen mehr zu erhalten. Unter Synode versteht man die Prediger eines Distriktes zur Berathung religiöser Angelegenheiten an einem bestimmten Orte versammelt. Es kommen nämlich die Prediger genannter Confessionen von einem Distrikte einmal im Jahre an einem gelegenen Orte zusammen, berathen sich unter einander, nehmen die Versetzungen vor und machen neue Anstellungen. Fallen in einer Gemeinde keine Unordnungen vor, so werden die Prediger bei diesen Gemeinden nur alle zwei oder drei Jahre, je nach der Bestimmung der

Synode, gewechselt. Geschieht es, daß sich ein
Prediger während des Jahres ein Vergehen zu
Schulden kommen läßt, so kann ihn der Aelteste
der Synode suspendiren, aber abgeurtheilt wird er
erst bei der nächsten Synode. Ich gestehe es offen,
daß bei den beiden genannten Confessionen der
Prediger geehrt ist, das Volk religiös und die Ge=
meinden sich im blühendsten Zustande befinden, wäh=
rend bei den übrigen sich die Gemeinden immer
mehr zersplittern, die Kirchen schlecht besucht werden,
die Kirchenkassen ohne Geld sind, die Bethäuser
überschuldet, das Volk ohne Religion und der Pre=
diger nicht selten ohne hinlängliches Einkommen und
Bildung. Ob es bei den Katholiken immer viel
besser aussieht, wollen wir dahingestellt sein lassen.

Wo das Volk sich selbst regiert, sollte man
glauben, würde sich auch der Klerus selbst regieren.
Da dieses in der katholischen Kirche nur mittelst
der Bischöfe geschieht, so möchte man denken, der
katholische Klerus habe in einer Republik das Recht,
sich selbst seine Bischöfe zu wählen und mit ihm seine
Angelegenheiten in jährlichen Synoden zu berathen.
Nun werden aber keine Diözesansynoden gehalten
und bei der Bischofswahl schlägt der Erzbischof und
seine Diözesanbischöfe 3 Kandidaten sede vacante
dem Pabste vor, von welchen der Pabst gewöhn=
lich einen auswählt. Daß sich unter den vorge=
schlagenen nur solche Priester befinden, welche nach
Oben zu schmeicheln und nach Unten zu tyrannisiren
verstehen, läßt sich denken. Da sich aber die im

Auslaube geweihten Geistlichen selten lange tyrannisiren lassen, so errichten die Bischöfe entweder selbst Priesterseminare oder schicken ihre Candidaten zur Ausbildung in ein ihnen genehmes Priesterseminar. Diese Priesterseminarien werden von freiwilligen Beiträgen errichtet und unterhalten. Hat ein Bischof auch nur einen Candidaten in einem solchen Seminar, so müssen die Geistlichen seiner Diözese jährlich einmal an einem bestimmten Tage zu diesem Zwecke eine Kirchenkollekte veranstalten. Der Candidat wird zwar schon nach den Elementarschulen aufgenommen, erhält seine ganze Erziehung und Pflege im Seminar, da es keine Stadtstudenten gibt, erhält aber keine Unterstützung, bevor er seine philosophischen oder theologischen Studien beginnt, wenn nicht die Eltern des Candidaten dem Bischofe außerordentliche Dienste geleistet haben. Jedes Seminar ist unabhängig von der Regierung, die Priesterseminare aber ganz abhängig vom Bischofe. In sechs Jahren kann der Student seine lateinische und theologische Studien absolviren, ist aber um diese Zeit gewöhnlich ein Krüppel, wenn nicht am Leibe doch an der Seele. Er wird in diesen Seminarien ganz einseitig erzogen und um ihn in seinen irrigen Ansichten noch mehr zu bestärken, wird von Zeit zu Zeit ein verjagter Priester ins Seminar geschickt, um Exerzitien zu machen. Nach seiner Ordination und Primiz, welche gewöhnlich im Stillen geschehen, tritt er in die Seelsorge, erhält gewöhnlich einen selbstständigen Posten und oft sogar den besten im ganzen Bisthume. Erst in neuester Zeit hat man angefangen die Stelle des zweiten und dritten Pfarrers mit Assistenten zu besetzen und dazu manchmal neugeweihte Priester verwendet. Da sich aber jeder Bischof als alleiniger Pfarrer in der Diözese betrachtet, so ist jeder Priester nur sein Assistent, mit dem er nach Belieben verfahren zu können glaubt. Nach diesem Grundsatze regiert er seine Priester allein, ohne Domkapitel, und wählt sich nur hie und da einige geistliche Räthe, welche „Ja" sagen dürfen, wenn sie zu Rathe gezogen werden. Diese Räthe genießen beim Klerus zwar einige Achtung, werden aber vom Bischofe eben so schnell wieder entlassen, als sie gemacht wurden. Außer diesen geistlichen Räthen haben die Bischöfe gewöhnlich auch noch mehrere Generalvikare, was wohl kaum etwas anderes als ein Ehrentitel ist, da der Generalvikar keine besondern Vollmachten hat und ganz vom Bischofe abhängig ist. Es ist somit der Bischof der unumschränkteste Herr seiner Priester und kann mit ihnen nach Belieben verfahren. Von jedem amerikanischen Bischofe müssen wir annehmen, daß er den geheimen Gesellschaften angehört und nur für sich selbst Interesse hat. Da er aber seine Priester selbst weiht, so hat er nicht die geringste Achtung für irgend einen Priester, sondern betrachtet sie nur als seine Gesellen, behält sie so lange sie seinem Interesse dienen, entläßt sie, nachdem er sie ausgenützt hat und weiht andere, wenn er glaubt, daß selbe mehr seinem Interesse dienen werden. Sein Interesse ist Selbsterhaltung, welche mittelst des Geldes geschieht. Wer ihm daher das meiste Geld zuträgt, ist ihm der Angenehmste. Befriedigt ein Priester in diesem Punkte seinen Bischof, so hat er Nichts zu fürchten, während er im entgegengesetzten Falle beständig mit Intriguen zu kämpfen hat, bis er endlich gar verjagt und entlassen wird. Gefühllos sieht der Bischof den einen Priester aus seinem Hause hinaus und einen andern hereingehen, nur wenn er hört, daß auch die Priester zu ihrem Schutze Vereine gründen wollen, wie die Gesellen gegen ihre Meister längst haben, erwacht er und suspendirt und exkommunizirt seine Diener Gottes. Machen auch nicht alle Bischöfe von ihrem Rechte gleichen Gebrauch, so sind sie doch in der Regel die reinsten Despoten gegen ihre Priester, suchen selbe nur auszusaugen, irrezuführen, in Unannehmlichkeiten zu verwickeln, Schwierigkeiten zu bereiten, um ihnen schaden zu können. In ihren Worten sind sie in der Regel sehr süß und angenehm und wissen selbe ganz nach der Person zu bemessen, welche sie vor sich haben, in ihren Sitten sind sie selten rein, mit ihren Priestern aber beim geringsten Vergehen ohne jede Nachsicht, wenn man nicht mit Geld nachhelfen kann. Zwar hat der Priester das Recht beim Erzbischofe oder in Rom zu klagen, aber mir ist kein Fall bekannt, wo einem Priester in solchen Fällen Gerechtigkeit wiederfahren wäre. Der Erzbischof schützt seine Bischöfe und in Rom ist man „schwarz", bevor man dort anlangt. Freilich könnte man seinen Bischof verlassen und bei einem andern um Aufnahme nachsuchen, allein man muß seine Entlassung von seinem Bischof haben, bevor man von einem andern aufgenommen werden kann und wird entweder nicht aufgenommen oder auf einen solchen Posten geschickt, wo man sich bald wieder in seine frühere Diözese zurücksehnet. Sollte man sich, eines solchen Lebens müde nach Ruhe sehnen, so darf man keine Messe mehr lesen, keine kirchlichen Funktionen verrichten, und hat man Geld, so wird man in Prozesse verwickelt und seines Vermögens beraubt, ohne zu wissen wie man um selbes gekommen ist. Sollte man sich jetzt entschließen ein Geschäft anzufangen, so wird, wenn man nicht den geheimen Gesellschaften angehört, vor dem Laden oder Wirthshause eine Wache aufgestellt, welche Niemand ein- und ausgehen läßt. So bleibt dem Priester nur mehr übrig, das Land zu verlassen und bei einem auswärtigen Bischofe um Aufnahme nachzusuchen, was in frühern Zeiten nur den auswärtig geweihten Priestern möglich war. Um auch diese letzte Ausflucht den Priestern zu benehmen, nehmen die amerikanischen Bischöfe auswärtige Priester nicht gerne auf. Da nun aber die Söhne amerikanischer Eltern selten oder nie Priester werden, so nahm man zu ausgesprungenen Ordensleuten, verjagten Studenten, eingewanderten Handwerksburschen und Stallknechten, welche kein besseres Unterkommen finden konnten, seine Zuflucht und so ist es im Lande zum Sprichworte geworden: „So lange man Schuster und Schneider hat, ist kein Mangel an Priestern." Sollte auch in den neuen Ländern hie und da eine Stelle unbesetzt sein, so ist es eine solche, wo kein Priester leben kann und welche vom Bischofe unbesetzt gelassen wird, weil die Geistlichen auf den Priestermangel gerne sündigen und die Gemeinden fürchten, keinen Priester zu bekommen, wenn sie nicht zur Unterstützung des Priesterseminars beisteuern. Ist so ein Bischof unumschränkter Herr seiner Diözese selbst, so leitet er sie doch indirekt.

Auf Befehl des Bischofes muß jede Kirche, die Cathedral- und Klosterkirchen allein ausgenommen, Kirchenvorstände haben. Diese Kirchenvorstände werden nicht selten benützt, dem Priester Vorschriften zu geben und sein Betragen zu überwachen, ihm Unannehmlichkeiten zu bereiten, ihm zu schaden und ihn zu vertreiben. Der amerikanische Bischof leitet seine Priester nicht, er läßt sie treiben wie das Vieh und Treiber machen in der Regel die Kirchenvorstände. Mögen sie auch in gewissen Fällen bezahlt sein, so wird ihnen doch noch öfters Gelegenheit geboten, sich selbst vom Kircheneinkommen bezahlt zu machen. Das Volk selbst ist sehr gut, wenn man es nur gut lassen würde, aber es wird ebenso getrieben wie der Priester. Es ist eben in der Welt so, daß das Volk Alles glaubt, was man ihm vorsagt und nie daran denkt, daß das Gesagte auch unwahr sein könnte. Nun gibt es aber für die Priester im Lande nur zwei Strafen, welche Versetzung und Suspens heißen. Die gewöhnlichste von diesen beiden Strafen ist die Suspens, welche bei jedem Vergehen in Anwendung kommt. In der Regel wird die Suspens nicht formel verhängt, sondern dem Priester nur zu wissen gemacht, daß seine Jurisdiktion zu Ende sei. Es wird keine Suspens verhängt und keine Versetzung vorgenommen ohne vorhergehende Unruhen, und aus der Art der Unruhen kann man abnehmen, ob man versetzt oder suspendirt werde. Mag die Versetzung oder Verjagung verschuldet oder unverschuldet sein, so wird der Priester vor derselben in der Gemeinde unpopulär gemacht. Zu diesem Zwecke müssen die Kirchenvorstände und andere bezahlte Leute ihn strenge bewachen, in seiner Handlungsweise Tadel finden, in den Häusern einherlaufen und auf allen Wegen und Stegen erzählen, welch schlechten Priester sie haben. Es versteht sich, daß aus der Mücke ein Elephant gemacht wird und wenn dieses nicht ausreicht, ihm in Allem eine schlechte Absicht untergeschoben wird. Oft werden sogar die größten Unwahrheiten erdichtet und erzählt. Es ist dieses bei allen Priestern — frommen wie nichtfrommen — der Fall. Der Pfarrer wird bald von diesen Verläumbungen unterrichtet, vertheidigt sich in der Kirche und kommt es hierauf zu Ausschreitungen, so ist der Pfarrer suspendirt, im entgegengesetzten Falle aber wird er nur versetzt. Es sind nämlich die Führer der Gemeinde genau unterrichtet, wie weit sie in solchen Fällen zu gehen haben. Die Geistlichen meinen, daß diese Unruhen von der Gemeinde ausgehen und drohen der Gemeinde, schreiben dem Bischofe und verkünden dessen Rückantworten, wissen aber nicht, daß der Bischof seine Priester irre zu leiten versteht und sich hinter diesen Leuten nur verborgen hält. Diese Bischöfe verstehen aber nicht nur Gemeinden gegen die Priester und Priester gegen Gemeinden, sondern auch die Priester selbst unter einander zu hetzen. Sie dulden daher nie lange zwei gleichgesinnte Priester neben einander und schimpfen über jeden Priester. Auch dürfen nie zwei gleichgesinnte Priester in einer Gemeinde auf einander folgen, sondern immer muß der Eine verderben was der Andere gut gemacht hat, und umgekehrt. Planmäßig ist es angelegt, jede Achtung dem Volke für seine Priester zu nehmen, das Volk selbst aber dem Unglauben zuzuführen. Da ich so etwas den katholischen Bischöfen nicht zutraute, glaubte ich diese Intriguen den geheimen Gesellschaften zuschreiben zu müssen, überzeugte mich aber bald, daß dieses nicht so sei, da sie nicht in jeder Diözese gleichmäßig betrieben werden und von dem jeweiligen Bischofe abhängig sind. Während ein Bischof die Gelegenheit abwartet, seinen Priestern zu schaden, wird sie von andern hervorgerufen. Daß ein Volk, welches für seine Priester jede Achtung verloren hat, bald auch für seine Religion wenig Achtung mehr haben wird, läßt sich denken. Schon im Jahre 1460 schrieb der Bischof von Chicago en Erzbischof von Baltemore:

„ich weiß nicht, was es mit meinen deutschen Katholiken ist — sie fallen Alle vom Glauben ab." — In der That betrachten viele die Religion nur mehr als einen Erwerbszweig, besuchen die Kirche, so lange sie dabei etwas verdienen können und fallen von ihrem Glauben ab, wenn dieses nicht mehr der Fall ist." Es ist bewiesen, daß wenn die katholischen Einwanderer und ihre Kinder und Nachkommen alle ihrer Religion getreu geblieben wären, über 36 Millionen Katholiken in der Union wären, während sie heute auf 4 Millionen angegeben werden, von welchen kaum die Hälfte die Kirchen regelmäßig besucht und die heiligen Sakramente empfängt. Man sage nicht, daß sich unter den eingewanderten Katholiken lauter solche befinden, welche in Europa schon am Glauben Schiffbruch gelitten hatten; denn ich würde antworten, daß dieses in Gegenden der Fall sein mag, wo die Auswanderungen selten sind; aber die bedeutende Mehrzahl der Einwanderer im Lande gute Katholiken sind, die planmäßig um ihren Glauben gebracht wurden. So lange die Einwanderung, wie jetzt sich mehret, mehren sich verhältnißmäßig die Katholiken, nimmt die Einwanderung ab, so mindert sich die Zahl der Katholiken und geht es fort wie bisher, so ist 10 Jahre, nachdem der letzte Einwanderer in Newyork gelandet hat, auch kein Katholik mehr im Lande. Man darf sich dessen nicht wundern, da immer die Reichen und Gebildeten abfallen und die Armen und Denkfaulen ihrem Beispiele folgen. Wer im

Lande war, weiß, daß sich heute schon viele Katholiken ihrer Religion schämen und die katholische Religion am wenigsten im Lande geachtet ist. Sie würde noch weniger geachtet sein, wenn sie nicht nach Millionen Bekenner hätte. Freilich hört man auch von Bekehrungen, und wir sprechen auch dem Amerikaner sein religiöses Gefühl nicht ab, glauben auch, daß er Einsicht und Verstand genug hat, die Göttlichkeit der katholischen Religion anzuerkennen, bedauren jedoch, daß bei dieser Kirchenregierung nur Einzelne sich der Kirche zuwenden, während sie in Massen abfallen.

Wie steht es nun mit dem Kirchenvermögen? Ich beschränke mich auf das katholische Kirchenvermögen, welches von den übrigen Glaubensgenossen wenig Unterschied macht. Das katholische Kirchenvermögen besteht in Schulden und das protestantische mit geringer Ausnahme gleichfalls. Es mag auf dem Lande Kirchen geben, welche ohne Schulden sind und einige Tagwerk Land besitzen, in den Städten aber sind im ganzen Lande kaum zwei katholische Kirchen, welche nicht verschuldet sind. Es ist daher keine Kirche im Lande consecrirt, viele nicht einmal benedicirt. Wir bedauern diesen Zustand gar nicht, da ja alle modernen Staaten mit Schulden regiert werden und so der Staat nie in Versuchung kommen kann, die Kirchengüter einzuziehen. Das Einkommen der Kirche besteht in der Stuhlrente, freiwilligem Opfer, Fährs 2c. Bei dem Baue der Kirche wird dafür gesorgt, daß möglichst viele Stühle angebracht werden können. Die Gänge sind in der Regel schmal und der übrige freie Platz möglichst beschränkt. Wer sich in diesen Gängen oder freien Plätzen während des sonntäglichen Gottesdienstes begnügt, hat in den deutschen katholischen Kirchen nichts, in den irländischen 48 Pfennige Eintrittsgeld zu zahlen; wer aber dieses nicht will, miethet sich einen Stuhl oder Sitz. Diese Sitze haben ihre festen Preise und werden vierteljährig bezahlt. Der Preis eines solchen Stuhles ist verschieden und richtet sich nach den Vermögensumständen der Gemeindemitglieder. Es gibt Kirchen, wo ein solcher Stuhl vierteljährig nur einen Dollar kostet, während in andern 25 und mehr bezahlt werden. Alle Stuhl- und Sitzhalter sind Gemeindeglieder und haben bei den Vorstandswahlen und übrigen Kirchenangelegenheiten gebende und nehmende Stimmen. Neben der Stuhlrente bildet ein Haupteinkommen der Kirche das Opfer, welches nicht viel weniger als die Stuhlrente ausmacht. Es wird nämlich jeden Sonn- und Feiertag mit dem Klingenbeutel, wie in protestantischen Kirchen gebräuchlich ist, in der Kirche während der Messen und der übrigen Gottesdienste herumgegangen und die freiwilligen Opfergaben collectirt. Auf dem Lande wird manchmal, wo dieses Opfer sehr unbedeutend ist, das Opfer dem Pfarrer überlassen, um dafür Wein, Hostien und Lichter zu besorgen. Ist das Opfer und Stuhlrente nicht hinlänglich, die Ausgaben der Kirche zu bestreiten, so hält man Fährs, gibt Diners, macht Ausflüge und hält sogar Tanzunterhaltungen. Unter Fährs versteht man unsere Glückshäfen, zu welchem die Gegenstände theils geschenkt, theils gekauft werden. Diese Fährs werden immer in großen Salons gehalten und dabei gegen Bezahlung Kaffee und andere Getränke mit einigen Leckerbissen verabreicht. Auch werden zu solchen Fährs eine große Auswahl von Luxusartikeln angekauft und dem Publikum verkauft. Die Verkäufer sind junge hervorragende Damen und Herrn, welche fürs Publikum etwas Einladendes haben. Es werden diese Fährs im Lande immer nur zu wohlthätigen Zwecken gegeben, um dem lebenslustigen Publikum eine Gelegenheit zu bieten, ihre Schärfchen zu solchen Zwecken beizutragen. Tanzunterhaltungen zu kirchlichen Zwecken sind von den katholischen Bischöfen verboten und bereits auch abgekommen. In den Filialkirchen sind die Stühle nur dann vermiethet, wenn sie das Recht zu sonntäglichen Gottesdiensten beanspruchen; in allen übrigen Fällen werden die Auslagen mit freiwilligen Beiträgen bestritten. Ich habe die gedruckte Kirchenrechnung des Pfarrers Mooney von der Brigittenkirche von Newyork vom Jahre 1857 vor mir, welche lautet:

Einnahmen.	Ausgaben.
1. Jän. 1875 Ueberschuß in der Hand 3827,60	Pfarrgehalt bis Nov. 1857 . . 600,00
Stuhlrente . . 3262,44	Cooperatorsgehalt
Opfercollecte . . 2403,58	bis 24. Jun. 1857 250,00

Einnahmen.		Ausgaben.	
Eintrittsgeld	1141,15	Dessen Nachfolger	200,00
Hausrente in der 8. Strasse	46,65	Musikchor	419,37
		Organist	250,00
Rosenkranzkollekte	24,16	Musikbücher	35,00
Orgelrechnung.		Sekret. Hannou bis November	250,00
Vom Pfarrer collectet	2600,00	Cathedratikum	100,00
Ergebniß eines Ausfluges 1856 und dessen Interesse zu 7 Proc.	1391,00	Versicherungsgesellschaft	1470,00
		Interesse für Kirchenschuld	1041,00
Feuerversicherungsgeld zahlt an die Kirche	1900,00	Kircheneinricht.=Versicherung	187,50
		Auslagen vom Kirchenbrand	1000,00
Neue Schulkollekte.		Baumeister	128,67
Geschenke u. Col.	2500,00	Locois Oberin	96,54
Profit von einem Concert	700,00	John Murphy u. Sohn	92,00
Profit von einem Fähr	2000,00	Aufrechthaltung des Bauplatzes 8. Strasse	15,00
Von der Rosenkranz und Altarbruderschaft und Sammelgeld	700,00	Kirchenthürerep.	10,00
		Meßbuch	7,00
Summa	22,497,58	Kirchenmalen	5,10
		Altarwein	61,00
		Kerzen	52,85
		Schlüssel	7,17
		Kohlen für 1856	73,50

Ausgaben.

Kohlen für 1857	63,30
Kohlen für 1858	84,00
Gasconten für 1856	114,08
Gosconten für 1857	99,29
Holz und Feuren	21,08
Feuerkessel für die Kirche	172,19
Glaserconten	141,00
Krotonwasser	28,90
Druckauslagen	43,00
Zeitungen	20,33
Architekt	65,00
Verlust an Kleingeld	38,35

Zum Baue der neuen Schule.

Zahlt an Herrn Tirpennig 2c.	5458,00
An J. Muopty 2c.	4410,00
Schlagen der Pfeiler	400,00
An Herrn Flanelly	50,00
Schulglocke	60,00
Architekt	200,00
Ankauf	78,00
Dampfapparat	400,00
Fenstereinsetzen	16,00
Mauermalen	74,00
Gasleiter	100,00
Einrichtungen	349,00
Erben	2608,00
Schulorgel	300,00
Kirchenschuld 24,400,00	Summa 21,743,23.

John Alt Barron.

Jeder Bischof soll sich nach den Vorschriften des Conciliums von Baltemore die jährlichen Rechnungen über das Einkommen einer jeden Kirche seiner Diözese vorlegen lassen, aber in der Regel überläßt der Bischof diese Geschäfte den Kirchenvorständen, so lange sie das Cathedraticum bezahlen und seinen Willen erfüllen. Der Pfarrer hat der Kirchenverwaltung wenig einzureden und sein Gehalt nimmt bei den Kirchenausgaben gewöhnlich den letzten Platz ein. Es mag wohl ein oder der andere Bischof sein, der es nicht gerne sieht, wenn seine Priester ihren Gehalt nicht bekommen, aber in der Regel kümmert sich kein Bischof um den Gehalt des Priesters, und oft schon ist es geschehen, daß den Priestern auf Befehl des Bischofes ihr Gehalt nicht ausbezahlt wurde. Nicht selten geschieht es, daß der Priester nach dem ersten sonntäglichen Gottesdienst förmlich gedungen wird, während des ganzen Jahres Sonntag für Sonntag vom Altare die Leute zur Bezahlung auffordern und am Ende die Pfarrei, ohne seinen Gehalt erhalten zu haben, verlassen muß. Soweit ist es gekommen, daß die Priester mit den Gemeinden schriftliche Verträge abschließen und den Pfarrhof nicht eher verlassen, als bis sie ihren Gehalt erhalten haben. So ist der Pfarrer nicht selten mit seiner Gemeinde in Streit von seinem Eintritt in die Gemeinde bis zu seinem Austritt und es ist schwer zu sagen, ob es bei seinem Austritt oder Eintritt stürmischer in der Gemeinde zugeht. Anders ist dieses bei den Bischöfen, welche ihr Einkommen theils vom Missionsverein, theils von ihrer Cathedrale, theils von ihren Priestern beziehen. Auch erhebt jeder Bischof von jeder Kirche seiner Diözese ein Cathedratikum, welches er selbst bestimmt, jedoch selten für eine Kirche im Jahre mehr als 500 Dollars ausmacht. Ferners gehört ihm der katholische Gottesacker in seiner Residenzstadt, wo für jedes Grab 7 Dollars und für eine eigene Grabstette bis zu 500 Dollars bezahlt wird. Außerdem ist das Einkommen des Priesterseminars, Waisenhauses ec. ganz in seinen Händen. Würde auch ein amerikanischer Bischof seine Pfarreien nicht verkaufen und sich von seinen Priestern Geld erpressen, so würde sein jährliches Einkommen, die Bischöfe in den neuen Ländern allein ausgenommen, von 100,000 bis 300,000 Mark belaufen. Nun sind aber die meisten Diözesen in Schulden und man möchte sich wundern, wie sie das Geld verwenden, wenn ihre Intriguenregierung nicht all ihr Einkommen aufzehrt.

Man braucht bei dem gegenwärtigen Regierungssysteme der katholischen Regierung in Amerika keine Verfolgung der Religion um sie auszurotten, da ihr die katholischen Bischöfe diesen Dienst erweisen. Sollte jedoch der Staat einmal eine oder alle Religionen ausrotten wollen, so braucht er nur die Religionspartcien gegen einander zu hetzen und sie werden sich selbst aufreiben. So mißlich aber auch diese religiösen Zustände scheinen mögen, so ist doch unsere Hoffnung auf den Herrn gerichtet, der aus den Steinen Kinder Abrahams erwecken kann.

Es ist unsere Aufgabe zu säen und zu pflanzen und das Gedeihen vom Himmel zu erflehen. Der liebe Gott, der die Herzen der Menschen lenket, kann es auch ordnen, daß unsere heilige Religion in diesem großen Reiche Wurzeln fasse und zur Blüthe gelange. Lasset uns im Gebete nicht ermüden, damit der Thau der Gnade auf dieses Land herabfalle und die katholische Religion auch in den Herzen der Amerikaner Eingang finde.

Regieruug.

So wenig eine Familie ohne Haupt, ein Geschäft ohne Meister, eine Gesellschaft ohne Vorstand bestehen kann, eben so wenig kann eine Nation oder Reich ohne Regierung sein. Noch nie ist man daher auf den Gedanken gekommen, ohne alle Regierung zu leben. Wie aber den Eltern der älteste Sohn in der Regierung der Familie gewöhnlich nachfolgte, so den Fürsten ihr ältester Prinz, und wie wir Beispiele finden, wo die Kinder eines aus ihrer Mitte als Regent des Hauses aufstellten, so finden wir auch Beispiele, wo Völker sich ihre Regierung selbst wählten. Diese beiden Systeme mit einander zu vereinigen, hat man in neuerer Zeit versucht, indem man den Fürsten Landstände zutheilte, welche vom Volke gewählt werden und mit den Fürsten gemeinschaftlich regieren sollen. Von den englischen Landständen und Königen hart gedrückt, haßte man in den Vereinigten Staaten, die monarchische wie die monarchisch-constitutionelle Regierung und wählte die republikanische, welche bis heute die ausschließliche Regierungsform im Lande ist.

Bei der republikanischen Regierung vereinigt das Volk alle Macht in sich. Unter Volk versteht man die Gesammtheit aller großjährigen Staatsbürger. Da aber nicht jeder aus dem Volke seine Macht selbst ausüben kann, so überträgt das Volk dieselbe Einigen auf bestimmte Zeit und setzt an deren Spitze einen Präsidenten, welcher in den Vereinigten Staaten auf 4 Jahre gewählt wird und im sogenannten weißen Hause, einem Pallaste in der Stadt Washington, im Staate Virginien, wohnt. Der erste Präsident dieses großen Reiches war der große Feldherr Washington, welcher mit seinen tapfern Soldaten die Unabhängigkeit von Amerika erkämpfte. Obgleich der Friedensschluß mit England schon im Jahre 1784 erfolgte, scheint doch England die Präsidentenwahl mit Intriguen bis zum Jahre 1789 hinauszuschieben gewußt zu haben, da Washington erst im genannten Jahre zum Präsidenten der Vereinigten Staaten gewählt wurde. Vier Jahre später fiel die Wahl abermals auf ihn, worauf er sich ins Privatleben zurückzog und etliche Jahre später auf seinem Landgute bei Washington starb. Seit dieser Zeit fand alle 4 Jahre am ersten Dienstag im November die Präsidentenwahl statt, am 4 März hierauf nahm der Präsident vom weißen Hause Besitz und bis heute hat es noch kein Präsident gewagt, seinem Nachfolger das weiße Haus streitig zu machen oder mit Gewalt sich im Amte zu erhalten. Da es aber bei andern Republiken geschehen ist, daß sich Präsidenten während ihrer Amtsführung zu Kaisern ausrufen ließen, hat das amerikanische Volk Vorsorge getroffen, daß der Präsident weder Geld noch Macht besitze.

Dem Präsidenten zahlt das Volk jährlich 50,000 Dollars während der Zeit seiner Präsidentschaft und nach derselben hat er ohne Pension ins Privatleben zurückzutreten. Jeder amerikanische Bürger, wenn er auch nur die Erklärung abgegeben hat, daß er zu seiner Zeit amerikanischer Bürger werden wolle, ist mit 21 Jahre wahlberechtigt, um aber zum Präsidenten wählbar zu sein, muß er in Amerika geboren und 30 Jahre alt sein. Es läßt sich denken, daß immer mehrere Amerikaner nach der Präsidentschaft streben und sich Anhänger zu verschaffen suchen. Es werden so die politischen Parteien im Lande genährt, welche gegenwärtig in die republikanische und demokratische zerfallen, in Deutschland etwa „Fortschritt und Conservativ" genannt. Kann auch jeder Wähler seine Stimme nach Belieben abgeben, so werden doch von beiden Parteien Kandidaten aufgestellt und dem Volke vorgeschlagen. Zu diesem Zwecke beginnen etwa 4 bis 5 Monate vor dem Wahltage die Vorberathungen und die Parteiführer bestimmen einen Tag zur Versammlung in einer großen Stadt, welchen die Zeitungen bekannt machen. Wer immer will, kann sich dabei einfinden, jedoch finden sich gewöhnlich nur solche Männer ein, welche zu gewinnen hoffen. In der Versammlung einigt man sich gewöhnlich erst nach wiederholten Abstimmungen. Da der Candidat selbst bei der Versammlung selten oder nie gegenwärtig ist, so hat die Berathung noch kaum begonnen, so sind die Telegraphen schon in Bewegung und kommen nicht zur Ruhe, bis die Nomination erfolgt ist, was bereits aussieht, als müßten die Herrn der Versammlung vom Herrn Candidaten zufrieden gestellt sein, bevor sie ihm ihre Stimme geben. Ist in dieser Versammlung ein Candidat ernannt, so wird sein Name in den Zeitungen bekannt gemacht, in verschiedenen Theilen des Landes werden Nachversammlungen gehalten und der Nomination beigetreten oder nicht. Wird in mehreren Nachversammlungen, was selten geschieht, der ersten Nomination nicht beigetreten, so wird in einer neuen allgemeinen Versammlung ein neuer Candidat aufgestellt. Hat jede Partei ihre Candidaten aufgestellt, so beginnt der Wahlkampf. Die Zeitungen machen den Anfang, und je nachdem sie einer Partei angehören, hängt vom Candidaten der Partei das Wohl und Wehe des Landes ab, während der Gegencandidat mit Spott, Hohn und Verachtung überschüttet wird. Vereine sammeln sich, ziehen an den Abenden mit Musik durch die Strassen, und Redner verkünden in öffentlichen Versammlungen das Lob ihres Candidaten und suchen den Gegencandidaten mit mächtiger Stimme nieder zu donnern. Auf den Strassen wie in den Häusern hört man nur mehr von dem Präsidentschaftscandidaten reden und erzählen. Selbst die Schulkinder wählen sich ihre Candidaten aus und es kommt oft unter ihnen zu sehr interessanten Auftritten. So fand ich eines Sonntages, als ich zur Kirche ging, vor dem Kirchenthore zwei Knaben auf einander, wovon der obere den untern an der

Gurgel hielt, droſſelte und beſtändig fragte, ob er
jetzt ein Greeley Knabe ſein wolle, was der untere
beſtändig verneinte. Es war dieſes zur Zeit, wo
H. Greeley und Präſident Grant als Präſident=
ſchaftscandidaten aufgeſtellt waren. Die beiden
Knaben fochten ſo heftig mit einander für ihren Can=
didaten, daß ſie über einander herfielen, einander
auf den Boden warfen und, wie ich glaube, einander
erdroſſelt hätten, wenn ich nicht glücklicher Weiſe
dazu gekommen wäre.

Am Wahltage ſelbſt ſind alle Schulen im
Lande geſchloſſen, und iſt es auch nicht verboten zu
arbeiten, ſo wird doch an dieſem Tage wenig ge=
arbeitet. Schon am frühen Morgen ziehen Männer
und junge Burſchen durch die Straſſen und bringen
den Wählern ihre Wahlzettel auf. An der Wahl=
urne ſelbſt ſtehen von allen Parteien Männer und
Burſchen, welche ſorgfältig wachen, daß ihrer Partei
keine Stimme entgehe. An dieſem Orte iſt es ſchon
manchmal geſchehen, daß ſich einige Burſchen ſo er=
hitzten, daß ſie einander erſchlugen; wer jedoch ſeine
Stimme ruhig abgibt und hierauf ſeines Weges
geht, hat nichts zu fürchten. Iſt die Wahl beendigt,
ſo werden die Wahlzettel gezählt, Muſik und Böller=
ſchüſſe folgen der Verkündung des Wahlreſultates,
alle Gehäßigkeit hat aufgehört und ruhig geht man
wieder mit einander nach Hauſe. Wird auch der
Präſident nicht direkt vom Volke gewählt und hat
das Volk nur die Wahlmänner zu wählen, welche
ſpäter in Waſhington den Präſidenten wählen, ſo

hat das Volk die Wahl entschieden, da es kein Wahlmann wagen darf, seine Stimme einem andern Candidaten zu geben, als für den er bevollmächtigt ist. Am Tage, wo der neue Präsident ins weiße Haus in Washington einzieht, sind alle Beamten, deren Stellen der Präsident zu vergeben hat ohne Pension entlassen und ihre Aemter werden mit Männern von der Partei des Präsidenten besetzt. Je nach dem Einflusse, den jemand bei der Wahl ausgeübt hat oder dem Versprechen, das ihm vor der Wahl gemacht wurde, erhält er auch ein Amt. Die Neuernannten treten ihr Amt an, das Volk merkt, daß es sich nur um Geld und Aemter bei der Wahl gehandelt hat, ist aber bei der nächsten Wahl für seine Candidaten ebenso begeistert, als es bei der frühern Wahl war.

Die Aemter, welche der Präsident zu vergeben hat, sind: die Minister-, Post-, Mauth- und Militärstellen. So klein auch die Zahl dieser Stellen scheinen mag, so ist sie doch in der That sehr groß; und so unbedeutend die Erträgnisse einiger Stellen sind, so sind doch andere sehr erträglich und werden noch verbessert, wenn der Präsident seine Partei Geld machen läßt, wo es anständig geschehen kann.

Das Einkommen des Präsidenten ist, wie man glauben möchte, zu geringe, um damit zu leben und für die Zukunft zu sorgen, und doch wird dem gegenwärtigen Präsidenten nachgesagt, daß er in den ersten 4 Jahren seiner Präsidentschaft 100 Millionen Dollars für die Zukunft zurückgelegt habe. Mag auch diese Summe etwas hoch gegriffen sein, so gibt es doch in einem so großen mächtigen Reiche für einen Präsidenten sehr viele Gelegenheit, seinen Gehalt zu verbessern. Vielleicht hat ihm der Ankauf der russischen Besitzungen in Nordamerika, die Angelegenheiten in Mexico, Cuba, St. Domingo ꝛc. Gelegenheit geboten, sein jährliches Einkommen zu vermehren. Oft habe ich im Lande gehört, daß er alle Stellen, die er zu vergeben hatte, um Geld verkaufte, aber ich hielt es nicht für wahrscheinlich, da ich weiß, daß sich ihm andere Gelegenheiten Geld zu machen bieten, wenn er solches machen will. Von seiner Macht überträgt das Volk seinem Präsidenten die vollziehende Gewalt, die Macht über Krieg und Frieden und bevollmächtigt ihn, Verträge mit dem Auslande zu schließen. Auch steht unter ihm die Land- und Seemacht, für die Post Zölle ꝛc. jedoch sind die Minister verantwortlich.

Zugleich mit dem Präsidenten wird auch ein Vizepräsident gewählt, der im Senate den Vorsitz führt und beim Tode des Präsidenten dessen Stelle für die Zeit der Wahlperiode einnimmt.

Die gesetzgebende Gewalt für das Reich legt das Volk in die Hände zweier Kammern, welche Congreß und Senat genannt werden. Die Mitglieder des Congresses werden vom Volke auf 3 Jahre direkt gewählt und diese Wahl ist so geordnet, daß in jedem Jahre der dritte Theil des Congresses austritt und von Neugewählten ersetzt wird, wenn nicht die alten Mitglieder wieder ge=

wählt werden. Auf 33,000 Einwohner trifft ein Abgeordneter zum Congresse, jeder Distrikt von 33,000 Einwohnern wählt seinen Abgeordneten und nie werden mehrere Distrikte zusammengeworfen oder mehrere Abgeordnete in einem Orte gewählt. In den Senat, bei uns Kammer der Reichsräthe genannt, schickt jeder Staat 2 Mitglieder, welche vom Volke auf 6 Jahre gewählt werden und deren Wahl so geordnet ist, daß in jedem zweiten Jahre der dritte Theil der Mitglieder austritt und von andern ersetzt wird, wenn nicht die alten Senatoren wieder gewählt werden. Diese beiden Kammern geben die Gesetze fürs Reich, bewilligen der Regierung das Geld und ertheilen die Reichsconcessionen. Die Gesetze und Concessionen erlangen bei der Majorität der Stimmen der beiden Kammern Gesetzeskraft mit der Unterschrift des Präsidenten, müssen jedoch mit einer Majorität von ⅔ Stimmen beide Kammern passiren, wenn der Präsident seine Unterschrift verweigern sollte. Jeder Abgeordnete bezieht jährlich einen Gehalt von 3000 Dollars, womit er nicht leben könnte, wenn es keine weitern Nebenverdienste geben würde. Es läßt sich kaum annehmen, daß beim amerikanischen Parteigeist nicht auch Gesetze um Geld geschaffen, daß die Concessionen immer unentgelblich gegeben und die Abgeordneten und Senatoren nicht begünstiget werden.

Die Manöver bei den Senatoren- und Abgeordneten Wahlen sind dieselben wie bei der Präsidentenwahl, nur werden sie nicht so großartig betrieben und beschränken sich hauptsächlich auf die Distrikte, auch Bezirke genannt. Auch diese Wahlen finden am ersten Dienstag im November eines jeden Jahres statt und werden bei einer Präsidentenwahl mit derselben zugleich vorgenommen.

Ueberträgt das amerikanische Volk die Reichs= macht einem Präsidenten und zwei Kammern, so be= hält es sich vor, seine Staatsangelegenheiten selbst zu regeln und zu ordnen. Zu diesem Zwecke hat jeder Staat seinen eigenen Gouverneur, welcher vom Volke eines jeden Staates direkt gewählt wird und die executive Gewalt im Staate ausübt. Ihm sind Landräthe beigegeben, welche die gesetzgebende Ge= walt für den Staat haben. Auch diese Landräthe werden vom Volke direkt in den verschiedenen Be= zirken einzeln gewählt, kommen jährlich einmal am Sitze des Gouverneurs des Staates zusammen, be= rathen die Staatsangelegenheiten und geben die Staatsgesetze. Der Gehalt des Gouverneurs sowie seine Amtsdauer richtet sich nach dem Willen des Volkes oder der Gewohnheit im Staate. Es gibt Staaten, wo der Gouverneur jedes Jahr gewählt wird, und wieder andere, wo er auf 3 und 4 Jahre gewählt ist; und ebenso gibt es Staaten, wo das Einkommen des Gouverneurs auf 1500 Dollars festgesetzt ist und wieder andere, wo es 5 und 6 Tausend ausmacht. Wie der Präsident der Ver= einigten Staaten den beiden Reichskammern unter= geordnet ist, so der Gouverneur eines Staates den Landräthen, und wie die beiden Reichskammern Ge=

setze für das ganze Reich geben, so die Landräthe für jeden einzelnen Staat. Zwar sind auch die Landräthe den beiden Reichskammern untergeordnet, aber dessenungeachtet ist die Macht der Landräthe sehr groß und erstreckt sich selbst über Leben und Tod. Daher kommt es, daß in einigen Staaten die Todesstrafe abgeschafft ist, während sie in andern strenge ausgeübt wird, und daß in einem Staate verboten, was im andern erlaubt ist. Mancher mag dieses nicht billigen, allein er vergißt, daß jeder dieser Staaten so groß ist, wie ein kleines Königreich und jedes Königreich seine eigenen Gesetze schafft. Nicht jeder Guß kann nach demselben Model gegossen werden und nicht jede Nation nach denselben Gesetzen regiert. Was einer Nation dienlich ist, kann einer andern schädlich sein. Ich bewundere die amerikanische Einrichtung, wenn auch andere Alle in denselben Panzer pressen möchten.

Der Gehalt von 1500 Dollars ist in der That zu geringe für den Gouverneur eines Staates, aber ich zweifle nicht, daß auch ihm Wege offen stehen, seinen Gehalt aufzubessern, ohne deswegen ungerecht handeln zu müssen. Mancher mag eine solche Besoldung für gemein halten, aber der Amerikaner ist praktisch genug, dafür zu sorgen, daß sich seine Beamten keiner offenbaren Ungerechtigkeit gegen das Land zu Schulden kommen lassen. In Amerika ist man der Meinung, daß der große Gehalt die Ungerechtigkeiten nicht vermindert, jedoch die strenge Bewachung selbe auf die Länge unmöglich macht.

Die Staatswahlen machen von den Reichs-
wahlen nur insofern einen kleinen Unterschied, als
sich die Wahlmanöver nur auf einen Staat beschränken und der Gouverneur kein geborner Amerikaner zu sein braucht. Die Staatswahlen finden im
Frühjahre statt, wahrscheinlich um auch in dieser
Zeit Geld, Bewegung und Leben unters Volk zu
bringen. Es grenzt ans Unglaubliche, welche
Summen bei diesen Wahlen unters Volk kommen.
Millionen werden von den Candidaten oder den
Parteien bei einer Präsidentenwahl geopfert und
Tausende bei den übrigen Wahlen. Der Amerikaner
ist aber auch so begeistert für sein Wahlrecht, daß
er es für einen Vaterlandsverrath ansehen würde,
wenn er an einem Wahltage von der Wahlurne
ferne bleiben würde. Es besteht keine Ursache
die Vaterlandsliebe der Amerikaner zu bezweifeln,
nur hat es bei diesen Wahlmanövern den Anschein,
als müßte jede Stimme gekauft werden, was wir
dem Volke nicht verargen können, so lange es einem
würdigen Candidaten seine Stimme gibt.

Das amerikanische Volk dehnt sein Recht sogar
bis auf die Bezirke und Gemeinden aus und wählt
bei den Staatswahlen zugleich direkt seine Bezirks-
und Gemeindebeamten. Die Bezirksbeamten sind:
ein Richter, ein Polizeikommissär, (county marshal)
ein Staatsanwalt, ein Schulvorstand, ein Cassier
und ein Gerichtsschreiber. Gewöhnlich werden die
Bezirksbeamten auf 3 Jahre gewählt und müssen
für die Zeit ihrer Amtsführung am Sitze des Be-

zirksgerichts wohnen. Der Bezirksrichter ist Richter bei den Schwurgerichten, der Polizeikommissär hat die Bezirkspolizei zu besorgen, der Staatsanwalt vertritt das Gesetz, der Schulvorstand hat die Aufsicht über die Freischulen, der Cassier hat die Steuern einzuliefern und der Gerichtsschreiber die Bezirksschreibereien zu besorgen. Die Besoldung war jährlich 600 Dollars für einen jeden dieser Beamten mit Ausnahme vom Cassier, welcher von jedem Dollar, den er abliefert, 2 Cents (8 Pfennige) erhält, aber eine sehr bedeutende Caution zu stellen hat, da das Volk für seine Beamten verantwortlich ist. Die Gemeindebeamten erhalten keine andere Bezahlung, als was sie sich bei ihrer Amtsführung verdienen, und selbst die Taxe ist ihnen bestimmt, welche sie für ihre Gänge, Zeitverlust und Amtsverrichtungen erheben können. Ihre Amtsdauer ist gewöhnlich 3 Jahre. Es werden in jeder Gemeinde, Taun genannt, 3 bis 4 Richter gewählt und eben so viele Polizeidiener, ein Vorsitzender, 4 Gemeindemitglieder und ein Cassier. Die 3 bis 4 Richter werden gewählt, um weder Kläger noch Verklagten an eine Person zu binden, die Polizeidiener haben die Ordnung in der Gemeinde aufrecht zu erhalten und bei Klagen den Verklagten Nachricht zu geben, der Vorsitzende mit dem Gemeindeausschuß besorgt die Angelegenheiten der Gemeinde und der Cassier sammelt die Steuern ein. Man möchte glauben, daß sich bei solchen Bedingungen kein Candidat für diese Aemter finden würde, irrt sich aber sehr. Es finden sich nicht nur sehr viele Candidaten für ein jedes Amt, sondern sie lassen sich noch bedeutend kosten und wenden alle Mittel an, ein solches Amt zu erhalten. Ich bin an Orten gewesen, wo man sich Hunderte von Dollars kosten ließ, um ein Amt zu erhalten, welches das ganze Jahr keine 50 Dollars eintrug, und bin in Gegenden gewesen, wo Amerikaner oder deren Frauen und Kinder sehr fleißig die katholische Kirche besuchten, weil die Katholiken bei diesen Wahlen den Ausschlag gaben. Von den Gemeindewahlen machen die großen Städte eine kleine Ausnahme, indem statt des Vorsitzenden und des Gemeindeausschusses ein Mayor mit zwölf Magistratsräthen, Aldermann genannt, gewählt werden, welche Bezahlung erhalten, und die Polizeidiener von der Stadt anstellen und bezahlen.

Die Wahlmanöver bei den Bezirks-, Gemeinde- und Stadtwahlen machen wohl einen geringen Unterschied von den Staatswahlen. Auch bei den genannten Wahlen wird im Bezirke, in der Gemeinde oder in der Stadt eine Versammlung von jeder Partei anberaumt, und die Candidaten aufgestellt. Wer nach einem Amte strebt, sorgt dafür, daß er bei dieser Versammlung möglichst stark vertreten sei, weil in denselben immer derjenige zu einem Amte als Candidat aufgestellt wird, welcher die meisten Stimmen erhält. Es steht zwar jedem frei, seine Stimme nach Belieben an der Wahlurne abzugeben, aber in der Regel zersplittern sich die

Stimmen so, daß der in der Versammlung aufgestellte Candidat als Sieger aus der Wahlurne hervorgeht. Neben den genannten Beamten werden noch für jede Freischule 3 Schulvorstände und in der Gemeinde etliche Wegmeister aufgestellt. Diese Aemter werden durch Acclamation (Beifallsruf) vergeben, da sie zu unbedeutend zu sein scheinen, um deswegen zu einer Stimmabgabe zu schreiten. Jeder Mann mit 21 Jahren hat im Lande wenigstens einen Tag im Jahre an der Strasse zu arbeiten, der Wegmeister bestimmt die Zeit der Arbeit und erhält, wenn er mitarbeitet, einen halben Dollar des Tages mehr als ein gewöhnlicher Arbeiter. Dieses wird ihm vom Gelde derer ausbezahlt, welche ihre Strassenarbeit lieber bezahlen als abverdienen wollen. Die Schulvorstände ernennen den Lehrer oder die Lehrerin ihrer Schule, besorgen das Holz, die Schuleinrichtung und die nöthigen Reparaturen des Schulhauses, erhalten keine Besoldung, wissen sich aber oft selbst zu entschädigen. Dieses sind die Beamten im Lande und andere gibt es nicht. Das Volk setzt seine Beamten ein und entläßt sie. Hat ein Beamter auch noch so lange seinem Vaterlande gedient, so hat er doch keinen Anspruch auf Pension und muß sich bei jeder Wahl bemühen und etwas kosten lassen, um ihm länger dienen zu dürfen. Damit er seinem Volke treu diene, ist er beständig bewacht und seine Gegner scheuen sich nicht, seine Fehler aufzudecken und öffentlich bekannt zu machen. Um dieses aber un=

gehindert thun zu können, ist Preßfreiheit, Redefreiheit, Religionsfreiheit und Petitionsrecht dem Amerikaner heilig. Nur mittelst dieser Freiheiten kann das Volk die Fehler wie die Tugenden seiner Beamten kennen lernen und ein günstiges Resultat von den Wahlen erwarten. Als man daher unter der Regierung Lincolns anfing, die Preßfreiheit zu beschränken, erhob sich die gesammte Presse dagegen und man sah sich bald veranlaßt, zu den alten Freiheiten zurückzukehren. —

Das Grundgesetz des amerikanischen Reiches ist die amerikanische Verfassung und sie abzuändern, sind ²/₃ der Stimmen der beiden Kammern sowie des Volkes der Vereinigten Staaten nothwendig, um jedoch Bezirks- und Gemeindegesetze abzuändern, genügt die Majorität der Stimmen. Das Volk überträgt nie seinen Abgeordneten das Recht die bestehende Ordnung abzuändern, ändert jedoch nach Belieben, wenn es ihm gut oder dienlich scheint. Schwer würde es sein, das gesammte Volk des Reiches bei der Schaffung eines jeden Gesetzes um seine Einwilligung zu fragen, aber nicht schwer ist es in einem Bezirke oder in einer Gemeinde. Deswegen übergibt das Volk seinen Abgeordneten die legislative Gewalt für das Reich und den Staat, übt sie aber in den Gemeinden und Bezirken selbst aus. Den Gesetzen, welche für den Bezirk oder die Gemeinde geschaffen werden, muß das Volk in seiner Mehrzahl beistimmen. Auch darf in einem Bezirke oder in einer Gemeinde keine außergewöhnliche Auslage gemacht werden, ohne das Volk gefragt zu haben und von der Mehrzahl gebilligt zu sein. Soll eine Brücke angelegt werden, eine Strasse gebaut, ein Schulhaus errichtet ꝛc. eine Auslage gemacht, so wird das Volk bearbeitet, hierauf zusammengerufen und das Unternehmen unterbleibt, wenn es dem Volke nicht genehm ist. Wie steht es bei diesen Gesetzen und Beamten mit der Rechtspflege im Lande wird man fragen?

Die Rechtspflege ist in den Händen der Richter und Schwurgerichte, die Richter selbst aber sind gewöhnliche Bürgersleute, welche, wie bereits jeder Mensch im Lande, in den Gesetzen sehr gut bewandert sind. Bei Klagen unter 200 Dollars begibt sich der Kläger zu irgend einem Friedensrichter im Bezirke, bringt seine Klage vor und beschwört sie mit einem Eide. Der Friedensrichter bringt den kurzen Inhalt der Klage zu Papier, bestimmt den Tag zur Verhandlung und gibt dem Verklagten Nachricht. Am Tage der Verhandlung erscheinen Kläger, Verklagte und Zeugen, werden vom Friedensrichter vernommen und abgeurtheilt, wenn nicht der Verklagte anders bestimmt. Es steht nämlich dem Verklagten frei, sich von diesem Friedensrichter oder dem nächsten aburtheilen zu lassen, Geschworene zu berufen oder einen Aufschub von nicht mehr als 10 Tagen zu verlangen. Klagen im Werthe von mehr als 200 Dollars, wie alle Criminalfälle, werden vom Schwurgerichte verhandelt, welche zweimal im Jahre sitzen und von unsern Schwurgerichten keinen Unterschied machen. Appellationen finden selten statt und sind vom Friedensrichter ans Bezirks-, Staats- und Reichsschwurgericht. Es ist dieses Verfahren einfach, schnell und mit wenig Kosten verbunden. Das Begnadigungsrecht steht allein dem Präsidenten zu, welcher davon selten Gebrauch macht.

Wem gefällt dieses Regierungssystem nicht? Bei dieser Regierungsform hat das Volk seine Regierung in seinen eigenen Händen, vertraut sie einigen Männern auf eine bestimmte Zeit unter gewißen Bedingungen an und behält das Recht vor, sie jeder Zeit wieder an sich zu ziehen. Für die Dienste, die der Gewählte dem allgemeinen Wohle leistet, erhält er Bezahlung, für den Rest sollen ihn jene bezahlen, die seinen Dienst in Anspruch nehmen. Es steht jedem frei, sich um ein Amt zu bewerben, und jedem ist es überlassen, sein Recht an seinem Nachbar abzutreten. Verlangt der Nachbar etwas für die Abtretung eines Rechtes und gibt es ihm der andere Nachbar, so kann ihn niemand hindern. Sind ihrer mehrere Käufer, von welchen jeder die gehörigen Eigenschaften zum Amte zu besitzen glaubt, so kann er, wo er will, seine Anhänger versammeln oder versammeln lassen und seine Vorzüge bekannt machen, die Rede- wie Preßfreiheit bieten ihm allen Schutz und alle rechtlichen Mittel stehen ihm zu Gebote. Verwendet er all seine Habe oder nur seinen Ueberfluß zu so einem Zwecke, so kommt es unter seine Mitbürger und könnte wohl kaum besser verwendet werden. Millionen Dollars kommen so jährlich unter das Volk, und die Armen und Dürftigen im Lande werden zum Theile davon erhalten. Ist man dessenungeachtet in der Wahlschlacht besiegt, so hat man nur sein Geld verloren und kann seinen Gegner während seiner Wahlperiode bewachen und seine Fehler aufdecken, um vielleicht beim nächsten Wahltage über ihn zu siegen. Seine Wähler haben ihm die Taxe bestimmt, die er für Gang, Mühe, Arbeit, Zeitaufwand und Urtheil erheben kann, und überlassen es jedem unter solchen Bedingungen ein Amt zu suchen; aber hat man ein Amt erlangt, so wird man sich hüten, seine Wähler zu beeinträchtigen oder sich große Ungerechtigkeiten zu Schulden kommen zu lassen, weil man überzeugt ist, daß der Gegner wacht und die Schattenseite der Amtsführung benützt, um sich sobald als möglich zu diesem Amte zu erschwingen. Hat der Beamte in Ehren seine Dienstzeit beendigt, so tritt er ohne Pension in seinen frühern Stand zurück, wenn er nicht vorzieht, sich um eine Neuwahl zu bemühen. Bei seiner Wahl mußte er sich Geld kosten lassen und bei seinem Rücktritt vom Amte — welch ein Vortheil für das Land! — hat er keine Rückvergütung zu erwarten. Noch mehr! — Nicht selten verhelfen einem fähigen Manne seine Freunde zu einem Amte, das geringe Nebeneinkommen leistet ihm gute Dienste und wenn seine Amtszeit zu Ende ist, kann er sich nicht selten selbst helfen und ist der Gemeinde nicht länger zur Last. Bei der nächsten

Wahl kann wieder einem andern geholfen werden und so werden viele würdige Gemeindemitglieder, die außerdem der Gemeinde hätten zur Last fallen können. Zudem ist der Reiche wie der Arme wahlfähig, der eine wie der andere wahlberechtigt und der eine wie der andere kann sich bei solchen Gelegenheiten etwas verdienen oder kosten lassen. Zahlt man in andern Ländern Millionen den Beamten, so läßt sich der Amerikaner von seinen Beamten für die Erwählung bezahlen und haben sie auch den höchsten Preis bezahlt, so dürfen sie doch nie nach Belieben schalten und walten, sondern haben nur die bestehende Ordnung aufrecht zu erhalten.

So schön und gut aber auch diese Regierungsform scheinen mag, so hat sie doch auch ihre bedeutenden Schattenseiten. Sie ist nämlich eine Regierung der Parteien und Leidenschaften, von welchen immer die eine auf Kosten der andern genährt und erhalten wird. Jeder Richter, wie jeder andere Beamte, ist nur auf sich und seine Partei bedacht und drückt und verfolgt die entgegengesetzte. Während man seine eigene Partei begünstiget, scheut man keine Ungerechtigkeit die entgegengesetzte auszusaugen. Glaubt man seine eigene Partei während seiner Amtsperiode zu sehr geschwächt zu haben, so läßt man sich am Wahltage einige ungerecht erworbene Dollars kosten, schmeichelt dem Volke, die alten Ungerechtigkeiten sind vergessen und werden nach der Wahl von Neuem begonnen. So regiert der Präsident mit seiner Partei das Land und die Minderzahl wird gedrückt, wenn sie auch noch so sehr für das Wohl des Landes besorgt ist; so sind die beiden Kammern nur für ihre Partei bedacht und machen Gesetze, die zur Verstärkung ihrer Partei aber nicht zum Wohle des Landes beitragen; so bereichert sich die Regierungspartei auf Kosten ihrer schwächern Mitbürger und ihre Anhänger müssen ihre Handlungsweise entschuldigen, vertheidigen und gut heißen, wenn sie auch zum Verderben des Landes sein sollte. Kaum ist der Präsident in sein Amt eingeführt, so sind alle Beamten der frühern Partei, so weit dieses von ihm abhängig ist, entlassen, die Banken, die zu seiner Erwählung beitragen, erhalten nicht nur zu rechter Zeit Nachricht über die Vorgänge an der Börse, sondern es wird ihnen auch Gelegenheit geboten, sich zu bereichern und ihrer Helfer zu gedenken. Aehnlich dem Präsidenten verfahren die Kammern, ertheilen ihrer Partei Concessionen und gewähren ihr Vortheile auf Kosten ihrer Mitbürger. Nicht anders handelt der Gouverneur und sein Landrath im Staate, und selbst die Gemeindebeamten machen hievon keine Ausnahme. Welche Partei auch immer an der Regierung ist, wird die entgegengesetzte tyrannisiren. Daher mag es auch kommen, daß man, obgleich es im Lande kein Militär und keine bezahlten Beamten gibt, doch mehr Steuern zu zahlen hat als in vielen andern Ländern. Sind die direkten Steuern schon sehr hoch, muß das Vieh, das Land und die Einrichtung wie die Waare im Laden versteuert werden und wird zum Kapitale geschlagen, abermals versteuert wird, — also doppelt versteuert, — so sind die indirekten so hoch wie in keinem andern Lande der Welt. So zahlt ein Päckchen Zündhölzeln, das 3 Pfennige kostet, 15 Pfennige Steuer, 1 Pfund Tabak 70 Pfennige, 1 Kiste Cigarren 5 Mark, 1 Liter Brantwein 2 Mark. Je größer nemlich die Einnahmen in einem Reiche sind, desto mehr Gelegenheit hat die regierende Partei sich zu bereichern, und so glaubt jede Partei das Land könne noch höhere Steuren zahlen und die Steuren mehren sich mit jedem Jahre.

Was aber über dieses Regierungssystem so gänzlich den Stab bricht, sind die Mittel, welche angewendet werden, zur Regierung zu gelangen und ein Amt zu erhalten. Man schmeichelt und heuchelt, steigt zum Volke herab, verstellt sich, verspricht, was man nicht zu halten gedenkt, stellt die Gemeinsten unter dem Volke zu Treibern auf, gibt ihnen Lüge und Verläumbung als Waffe in die Hand und schlägt seinen Gegner moralisch wenn nicht phisisch todt, um seine Absicht zu erreichen. Kann man diese Absicht nicht anders erreichen, so wagt man sich selbst ins Familienleben, hetzet die Frau gegen den Mann, die Kinder gegen die Eltern und fühlt sich glücklich beim Untergang ganzer Familien. „Muß man ja alle Mittel gebrauchen, die Gott und die Natur in die Hand gegeben haben, seinen Zweck zu erreichen."

So groß aber auch die Schattenseite dieses Regierungssystemes sein mag, so ist der Amerikaner doch ganz dafür begeistert und hält es für das Beste auf der Welt. So lange die gegenwärtigen Verhältnisse im Lande bestehen und die Besitzungen sich immer mehr ausdehnen, mag er recht haben, die Zukunft aber wird ihn vom Gegentheil überzeugen. Ob sich dieses System lange werde halten können, bezweifelt man um so mehr, als es gegenwärtig sehr korrupt gehandhabt werden soll. Wollen wir hoffen, daß man in Washington in Bälde zu den ursprünglichen Grundsätzen zurückkehre und das Land recht lange die Früchte seiner Bemühungen genieße.

Wenn wir nun die Gesetze ansehen, welche die vom Volke gewählten Abgeordneten geben, so sehen wir ihnen auf den ersten Blick an, daß sie Parteigesetze sind, welche einem beständigen Wechsel unterworfen sind und zu leicht umgangen werden können. So besteht z. B. in Gegenden, wo die Yankis und Methodisten in der Mehrzahl sind, das Verbot, berauschende Getränke zu verkaufen. Es ist dieses offenbar des Mißbrauches wegen, aber nach diesem Grundsatze müßte man Alles in der Welt verbieten, da Alles mißbraucht werden kann. Ist ein Mann strafbarer der mäßig Bier trinket als der, welcher mäßig Thee oder Kaffee trinket? Einen nüchtern Mann des Genusses dieser Getränke berauben, weil sie oft mißbraucht werden, heißt man den Schuldigen mit dem Unschuldigen bestrafen.

Was nun die Anwendung dieser Gesetze betrifft,

so ist sie oft eigener Art. Ich rede hier nicht von dem sogenannten Lynchgesetze, wo das Volk gleich selbst Justiz übet, weil dieses gewöhnlich nur in neuen Ländern geschieht, wo das Gerichtswesen noch nicht geordnet ist und der Thäter auf frischer That erwischt wurde; ich rede vom Gerichtswesen in kultivirten Ländern und erlaube mir ein Beispiel anzuführen, das mir unbegreiflich ist. Karl Hugli, ein deutscher Jüngling, wurde in Newyork an einem Sonntage Abends so lange von einem Taugenichts geneckt, bis er die Hand erhob und dem Taugenichts Eine versetzte. Augenblicklich, als wenn er auf dieses schon gewartet hätte, stürzte der Taugenichts zu Boden und gab nur mehr schwache Lebenszeichen von sich, wurde ins Krankenhaus gebracht, der Arzt erklärte, daß er sterben müsse und des andern Tages hing Karl Hugli am Galgen und der Taugenichts ging am darauffolgenden Tage wieder spazieren. Ich war zwar nicht Zeuge dieser That, habe sie aber aus dem Munde solcher Leute erfahren, an deren Aussage ich nicht zweifle. Da die Hinrichtungen in den Gefängnissen, wie in andern Ländern, geschehen, so habe ich keiner beigewohnt, aber öfters gehört und gelesen, daß sich nach der Vollstreckung des Urtheiles die Unschuld des Gehängten herausstellte. Im Gegentheile kommen dann wieder Fälle vor, welche außerordentlich milde abgeurtheilt wurden, und es erfolgen Freisprechungen, welche man nicht erwartet. Das Geld hat überhaupt einen zu großen Einfluß beim amerikanischen Gerichtswesen. Ob unsere Justiz besser ist als die amerikanische, kann ich nicht sagen, erlaube mir jedoch auch ein Beispiel unserer Justiz aufzuführen, wovon die Akten vor mir liegen.

Im Monate September 1874 übergab K. eine Schuldforderung von 1383 Gulden an G. und dessen Ehefrau dem k. Advokaten Mayrhofer in Augsburg, welche der k. Advokat ohne Wissen und Willen des Klägers in eine Forderung von 383 Gulden und eine andere von 1000 Gulden theilte und zwei verschiedene Prozesse einleitete. Es ist nun einmal so bei unserm Gerichtswesen, daß man in solchen Fällen einem Fremden (Advokaten) seine Angelegenheiten anvertrauen muß, daß das Gericht nur mit den Advokaten verkehrt und der Kläger wie Verklagte glauben muß, was die Advokaten sagen. Als Advokat Mayrhofer wegen dieser Theilung zur Rede gestellt wurde, sagte er, „daß er es gethan habe, weil wir so schnell Geld bekommen," später äußerte er sich, „daß es sich bei unserer Gerichtsordnung nicht leicht anders machen lasse."

Ist bei unserm Gerichtswesen der Verklagte von der Klage in Kenntniß gesetzt, so hat auch er einen Anwalt aufzustellen, die Advokaten verständigen sich mit einander, erscheinen bei Gericht und ein Tag zur Verhandlung wird bestimmt. Könnte man nicht gleich selbst die Klage bei Gericht stellen und sich die Zeit der Verhandlung bestimmen lassen? In diesem Falle wurde der 26. Oktober zur Verhandlung bestimmt, die Advokaten erschienen und das

Gericht vertagte auf Antrag des Gegenadvokaten die Verhandlung auf Kosten des Klägers, obgleich von ihm keine Veranlassung zur Vertagung gegeben war und er die Verhandlung bringend verlangte. Aus den übrigen Fällen, welche auf diesen Tag zur Verhandlung angesetzt waren, gieng klar hervor, daß das Gericht längst bestimmt hatte, diese Angelegenheit an diesem Tage nicht zu verhandeln. Als der Kläger gegen diese Vertagung appelliren wollte, sagte ihm sein Advokat, daß dieses unmöglich und zwecklos sei.

Am 7. Januar 1875 kam endlich die Angelegenheit zur Verhandlung, die Klage wurde zulässig erkannt, die Gegenklage abgewiesen und Rath Röhrle mit der Vernehmung der Zeugen beauftragt. Der Advokat hat die Zeugen zu benennen und der Kläger muß sie ihm angeben. In diesem Falle versicherte Advokat Mayrhofer den Kläger, daß man in Bayern jeden Menschen, Bruder wie Schwester und Nichte, zur Zeugenschaft zwingen könne, auf welche Versicherung der Kläger ihm gegen seine Ueberzeugung 7 Zeugen benannte, von welchen 5 Blutsverwandte im ersten und zweiten Grade waren. Als sich bei Gericht herausstellte, daß Zeugen im ersten und zweiten Grade der Blutverwandtschaft nicht gezwungen werden können und Advokat Mayrhofer über diese Lüge bei Gericht zu Rede gestellt wurde, erwiederte er: „es ist einmal so, daß Blutsverwandte im ersten und zweiten Grade sich der Zeugenschaft entschlagen können." Als der Kläger dieses hörte, wollte er auf die Zeugenschaft der Blutsverwandten verzichten, aber der Gegenadvokat und das Gericht gab es nicht zu, obgleich vorherzusehen war, daß die Vernehmung zu keinem Resultate führe. Am 17. November 1875 war erst ein Zeuge vernommen und der Kläger stellte beim Justizministerium Klage, worauf ihm vom Bezirksgerichtsdirektor in Augsburg zu wissen gemacht wurde, daß am 30. November ein weiterer Zeuge vernommen werden soll. Die übrigen 3 weiteren Zeugen waren im Auslande, jedoch lag von einem ein gerichtliches Zeugniß vor und die beiden andern waren Blutsverwandte. Das Zeugniß dieses Zeugen mußte nun bald verloren gegangen, bald ungültig sein und diese 3 Zeugen durch den Consul vernommen werden. Nun berief den Kläger Advokat Fischer, — Mayrhofer war entlassen, — bald um ihm im Auftrage des Rathes Röhrle, wie er sagte, den betreffenden Reichskonsul namhaft zu machen, da Rath Röhrle ausgefunden habe, daß die Vernehmung der Zeugen durch den Reichskonsul zu geschehen habe; bald um die betreffenden Gerichte namhaft zu machen, da Rath Röhrle ausgefunden habe, daß der Reichskonsul dieser Mühe der vielen Geschäfte wegen enthoben worden sei und die Vernehmung der Zeugen unmittelbar durch die betreffenden Behörden zu geschehen habe; bald mußte Rath Röhrle ausgefunden haben, daß der betreffende Reichskonsul vom Ministerium zur Zeugenvernehmung requirirt sein müsse. Da diese Anfragen immer nach langen Zwischenräumen geschahen, so hatten sie nicht nur einen großen Zeitverlust zur Folge, sondern der Kläger hatte auch beständig Auslagen für die Dummheit des Beamten oder die Angabe seines Advokoten. Am 3. Dezember mußte der Kläger 75 Gulden zur Vernehmung der Zeugen im Auslande beim Bezirksgericht in Augsburg erlegen und, obgleich man in 4 längstens 5 Wochen eine Antwort von Amerika erwarten kann, hatte das Bezirksgericht in Augsburg am 13. Februar 1876 noch keine Antwort vom Reichskonsul und der Kläger war gezwungen abermals zum Justizministerium seine Zuflucht zu nehmen. Es erschien nun ein Brief vom Reichskonsul? daß der Zeuge nicht aufgefunden werden könne, längere Zeit hernach ein anderer Brief, daß auch der zweite Zeuge nicht aufgefunden werden könne, und wieder nach einiger Zeit, daß es im Lande keinen Ort dieses Namens gäbe, was nicht so ist. Einige Zeit später traf wieder ein Brief ein — wenn es wahr ist — daß ein Zeuge jetzt aufgefunden sei; ob man wünsche, daß er vernommen werde? Unterdessen war von diesem Zeugen selbst, welcher längst sein gerichtlich beschworenes Zeugniß geschickt hatte, ein Brief eingetroffen, in welchem er anzeigte, daß er gerade vor dem 3. Dezember wegen Krankheit seinen Wohnort verlassen mußte, und da dieses dem Kläger eben so auffallend war, als die Anfrage des Consuls, stand er von der abermaligen Vernehmnng des Zeugen ab, um die Krankheit nicht unterdessen noch bedenklicher zu machen.

Im weitern Jahre endlich, nemlich am 11. Januar 1877, nahm das kgl. Bezirksgericht Augsburg die Eide vom ersten Falle ab, brauchte dazu von Morgens 9 Uhr bis Abends 6 Uhr, zog sich hierauf zur Berathung zurück, sein Advokat führte den Kläger ins Advokatenzimmer und unterhielt sich mit ihm, während der Gegenadvokat, der bei der Verhandlung von einem Substituten vertreten war, erschienen war und mit seinem Substituten im Sitzungssaale verblieb. Nach einer langen Zeit wurde das Urtheil verkündet, welches in einfach schlichten Worten lautete: der Kläger bekommt nichts, hat an den Verklagten 146 Gulden und seine Kosten zu zahlen. Die Gründe sind folgende: Der Verklagte hat 283 Gulden theils auf seinen Namen angelegt, theils selbst benützt, sowie 100 Gulden für den Kläger einkassirt und mit den obigen 283 Gulden verwendet. Da aber der Frau des Verklagten nichts genommen werden kann, hat die Frau dem Kläger 283 Gulden zu zahlen. Der Kläger hat die Zinsen dem Verklagten von 1869 an zu zahlen, während die Frau des Verklagten die Zinsen, welche sie vom Jahre 1866 an bezog, vom Jahre 1870 an zu zahlen hat. Die 146 Gulden hat der Kläger an den Verklagten aus Liberalität zu zahlen. So geschehen zu Augsburg am 11. Januar 1877. Hiller, Senatsvorstand.

Kosten des Klägers für die Klage von 383 Gulden.
1874
September 24. Arha . . . . . 6 fl — kr.
„   „   Klage . . . . . 6 „ 35 „

September 24. Pauschale . . . . 1 fl. — kr.
" 28. Gerichtsakt . . . 2 „ 14 „
Oktober 26. Motivirter Antrag . . 2 „ 55 „
" " Sitzungsanmeldung . . — „ 30 „
" " Sitzungseinladung . . 1 „ 22 „
" " Hinterlegung resp. Vertagung 1 „ — „
November 20. Motivirter Antrag . 3 „59½„
" 24. Hinterlegung . . . 1 „ — „
" 27. Taxzettel . . . . — „ 22 „
Dezember 24. Nachtrag in Folge j. Recht 3 „ 7 „
1875
Januar 7. Verhandlung bez. Vertag. 3 „ — „
" 9. Klage-Antrag . . . 2 „ 59 „
" 13. Taxzettel . . . . — „ 32 „
Februar 6. Motivirter Antrag . . 7 „33½„
" 11. Mündliche Rechtsvertheidig. 6 „ — „
" " Darstellung d. Sachverhalts 7 „ 52 „
" " Abschrift des Beweises des
    Gegenanwaltes . . . 5 „ — „
" " Auslage z. Gerichtsschreib. — „ 13 „
" " Zustellung d. Sachverhalts — „ 23 „
" 19. Taxzettel . . . . . 1 „ 47 „
März 13. Urtheil mit 4 kr. Zustellungsgeld 3 „ 32 „
" " Zustellung . . . . . 1 „ 22 „
" " Urtheils-Copie 96. . . . 3 „ 30 „
" " Zeugendenomination . . 2 „ 52 „
" " Requisition an Gerichtsvollzieh. — „ 14 „
" " Antrag an Bezirksrath . . 1 „ 3 „
" " Verfügung desselben . . . — „ 22 „
" 30. Bekanntgabe an Gegenanw. 1 „ 22 „

April 2. Akt b. G. V. Springer	2 fl.	37 kr.
" " Zeugengeld	2 "	48 "
" 9. Beweisaufnahme	1 "	30 "
Juni 19. Sitzungsanmeldung	— "	30 "
" " Motivirter Antrag	2 "	58 "
" " Sitzungsladung	1 "	22 "
Juli 4. Anzeige	1 "	22 "
" 6. Vertagung	1 "	— "
" 10. Taxzettel	— "	32 "
August 3. Antrag	1 "	4 "
" 9. Verfügung	— "	22 "

Advokat Mayrhofer.

September 27. Arha	6 fl.	— kr.
" " Partikvisum	1 "	— "
" " Anwaltsbestellung	1 "	26 "
Oktober 2. Anwaltsakt	1 "	26 "
" 10. Gesuch an Rath Röhrle	— "	53½ "
November 2. Anzeige an detto	— "	49½ "
" 28. Verfügung	— "	22 "
Dezember 3. Anwaltsakt	1 "	26 "
" " Erklärung	— "	49½ "
" " bei Gericht erlegt	25 "	— "

1876
Januar 3. Arhaergänzung	— ℳ.	71 Pfg.
" " Partei Pauschale Ergänz.	1 "	29 "
" " Verfügung	— "	85 "
" 5. Anzeige an Rath Röhrle	1 "	62 "
" 20. Gesuch an denselben	1 "	62 "
" 24. Erklärung an denselben	1 "	62 "
" " Anwaltsakt	2 "	70 "

Mai 11 Anmeldung . . . . 1 ℳ. — Pfg.
„ 15. Ladung . . . . . 2 „ 70 „
„ 16. Motivirter Antrag . . . 9 „ 38 „
„ 30. Hinterlegung . . . . 1 „ 80 „
Juni 5. Gericht. Taxnote . . . 1 „ 15 „
Juli 27. Mündliche Verhandlung . 12 „ — „
„ „ Darstellung d. Sachverhalts 8 „ 74 „
August 5. Taxnote . . . . . 3 „ 50 „
„ 24. Gerichtsakt . . . . . — „ 77 „
„ 30. Ausfertigung des Urtheils 4 „ 15 „
Oktober 3. Anwaltsakt . . . . 2 „ 70 „
„ 9. Kostenverzeichniß . . 1 „ 40 „
Advokat Fischer.
November 6. ½ Arha . . . . 5 ℳ. 50 „
„ „ Aversum . . . . 3 „ — „
„ „ Anwaltsbestellung ꝛc. 6 „ 22 „
Advokat Bölk.
Gerichtsverhandlung ꝛc. . . . . 108 ℳ. 38 Pfg.
Advokat Premeuer
Substitut des Advokaten Dischner.

O wie weit ist unser Gerichtswesen zurück! Wer soll nicht erschrecken, wenn er zum Gerichte seine Zuflucht nehmen muß! In Amerika hätte man diesen Fall in einer Stunde abgeurtheilt, die Kosten würden sich auf kaum 10 Dollars belaufen und das Urtheil wäre wohl kaum so ausgefallen.

Familienleben.

Wie bekannt ist, sind die Einwohner von Amerika, die 30,000 Chinesen von St. Franzisko abgerechnet, theils Weiße, theils Schwarze (Neger), theils Ureinwohner, auch Rothhäute genannt. Die Ureinwohner sind bereits ausgerottet und kommen mit den übrigen Einwohnern in keine Berührung, die Weißen und Schwarzen aber leben unter einander und haben gleiche Rechte. Für sie gibt es kein Heimatrecht, wo sie sich befinden, sind sie heimatberechtigt, können sich verehelichen und müssen im Alter, Krankheit und Armuth erhalten werden. Die Verehelichung geschieht durch den Friedensrichter; jedoch ertheilt der Staat jedem Priester und Prediger diese Vollmacht, wenn er bei einer Gemeinde angestellt ist, nur hat er die Verpflichtung, jährlich beim Bezirksgerichte die von ihm Getrauten anzuzeigen, damit der Staat den Ehekontrakt schützen kann. Jeder Mann wie Frau kann sich verehelichen, wenn er nur an keine Frau oder Mann gebunden ist, da die Vielweiberei im Lande nicht geduldet wird.

Lebt der Sohn oder die Tochter zur Zeit der Verehelichung im elterlichen Hause, so wird die Ehe gewöhnlich mit Einwilligung der Eltern geschlossen, im entgegengesetzten Falle aber, sind die Kinder oft verheirathet, bevor es die Eltern erfahren. Es kommt dieses daher, weil der Yanky in der Regel seinen Kindern kein Mitgift gibt und wenn er um ein Mitgift angegangen wird, frägt, ob man seine Tochter oder sein Vermögen heiraten wolle.

Ist der Amerikaner überhaupt kein Freund von großem Gepränge, so ist er es noch weniger bei Hochzeiten. Läßt er sich beim Friedensrichter trauen, was selten der Fall ist, so erscheint er, gewöhnlich am Abende, mit der Braut und zwei Zeugen bei ihm, selber erklärt sie verheiratet und erhält 75 Cents für seinen Dienst. Gewöhnlich läßt man sich vom Prediger trauen, schickt ihm ein Briefchen, in welchem von 5 bis 100 Dollars eingeschlossen sind, mit der Bitte zur bestimmten Stunde zu Hause zu bleiben. Hievon machen die katholischen Trauungen allein eine Ausnahme, welche alle in der Kirche nach vorhergegangener Verkündigung vorgenommen werden. In Fällen, wo eine ledige Mannsperson einem Frauenzimmer das Heiraten versprochen hat und sie nicht heirathen will, wird, wenn das Frauenzimmer klagt, der Mann gerufen und gezwungen sie gleich bei Gericht zu heiraten oder zu befriedigen, wenn er es nicht vorzieht zu entfliehen. Zur Zeit, wo ich in Newyork war, ereignete sich folgender interessante Vorfall. Ein Bankier besuchte ein Frauenzimmer etliche Mal, ohne sich später wieder sehen zu lassen. Das Frauenzimmer wollte ihn besuchen, wurde aber nicht vorgelassen. Sie klagte und der

Bankier fand sich mit ihr mit 30,000 Dollars ab. Als sie nach Hause zurückkehrte und ihrer Schwester erzählte, daß sie sich mit 30,000 Dollar abgefunden habe, war diese vor Wuth wie außer sich, gebrauchte nicht die höflichsten Ausdrücke und beredete die Schwester 100,000 Dollars zu verlangen. Dieses war dem Bankier um so mehr zu viel, als der Advokat, dem man sich in Bayern anvertrauen muß, die Sache billiger abzumachen versprach. Bis zum Tage der Gerichtsverhandlung standen die Zeugen in Bereitschaft, welche behaupteten, daß sich dieses Frauenzimmer auch mit ihnen abgegeben habe. Sie wurde als schlechtes Mensch zu den Kosten verurtheilt und der Bankier freigesprochen, weil es sich für einen so hohen Herrn nicht schicke, ein so gewöhnliches Weibsbild zu heiraten. So unangenehm dieses Gesetz auch sein mag, so ist es doch sehr gut für die Sittlichkeit, weil ein junger Mann sich besinnt, bevor er sich mit einem Frauenzimmer abgibt. Nach der Verehelichung machen die Großen einen Ausflug auf etliche Tage, gewöhnliche Leute aber bereiten ein kleines Abendessen im Hause und laden einige Freunde und Bekannte dazu ein. Die alte Freundschaft ist jetzt zu Ende und wird nur mit jenen unterhalten, denen man die Vermählungskarten zuschickt.

Nach den amerikanischen Gesetzen muß der Mann seine Frau ernähren und das Heiraten hat bei den Männern in der Regel keine Eile. Gewöhnlich hat der Janky sein dreißigstes Jahr längst überschritten, wenn er heiratet, und viele Männer im Lande heiraten nicht, obgleich es ihnen ihre Verhältnisse bereits gebieten. Anders ist dieses bei den Frauen, die je eher desto lieber heirathen. Finden auch aus ihnen einige frühzeitig einen Mann und bleibt selten eine übrig, so erreichen sie doch gewöhnlich die zwanziger Jahre, bevor sie eine Partie treffen können. Sind sie verheiratet, so lieben sie sich zu zeigen, zu kleiden, bei Frauenvereinen zu erscheinen, sich auf ihrem Schaukelstuhle zu wälzen und die Zeitung zu lesen. Eine kleine Ausnahme machen die deutschen Frauen, aber auch sie lassen sich recht gerne von ihren Männern bedienen, den Kaffee ins Bett bringen, das Feuer machen, die Kuh melken ꝛc. Uebrigens sind die Frauen im Lande in der Regel für ihre Männer besorgt und sind ihnen treu und anhänglich. Auch die Männer sind mit ihren Frauen artig und liebevoll und unschöne Worte werden in der Regel nur bei den Eingewanderten gewechselt.

Setzt es Unfrieden in der Ehe ab und nimmt die Frau zum Gerichte ihre Zuflucht, so hilft das Gericht der Frau als dem schwächern Theile. Ist der Mann verschwenderisch und sorgt nicht für seine Familie, so stellt ihn das Gericht auf Verlangen der Frau unter Kuratel der Frau. Ist eine Frau mit ihrem Manne unzufrieden und verlangt Ehescheidung, so scheidet das Gericht und der Mann hat sie zu erhalten, bis sie sich wieder verehelichet, wenn sie unschuldig ist. Diese Ehescheidungen gehen so leicht, wenn man bezahlen kann, daß mir Fälle bekannt sind, wo Eheleute geschieden wurden, weil der Mann einer andern Frau einen heimlichen Blick zuwarf, oder weil der Mann seiner Frau befahl, ihm seine Stiefel zu wichsen. In den katholischen Kirchen gibt es nur Ehescheidungen zwischen Tisch und Bett und auch diese kommen selten oder nie vor. Gewöhnlich geht man in solchen Fällen auseinander, wie man zusammen gekommen ist.

Das amerikanische Gesetz kennt nur eine Person in Mann und Frau, und die Kinder gehören den Eltern; jedoch überläßt der Vater gewöhnlich die Kinder der Mutter. Der Mutter ist es überlassen, ob sie kein, ein oder zwei Kinder aufziehen will und ob sie selbe in einer Religion oder in keiner erziehen will rc. Gewöhnlich werden die Kinder ohne Religion erzogen und schließen sich der Religion ihrer Männer an oder jener Religion, die ihnen am besten gefällt. Daher die Bekehrungen bei Missionen.

Im sechsten Jahre geht das Kind gewöhnlich in die Schule und zwar wann, wo und wie lange es ihm beliebt. Ich sage gewöhnlich, weil es nicht gezwungen wird in eine Schule zu gehen. Geht es in eine Schule, so kann es in eine Kloster=, religiöse oder Freischule gehen, es kann kommen wenn es will und ausbleiben wenn es ihm beliebt, da kein Schulzwang besteht und die Eltern ihren Kindern gewöhnlich nicht befehlen eine Schule zu besuchen. Es gibt nur Freischulen, welche nichts

Anderes sind als unsere Elementarschulen. In diesen Freischulen stellt die Gemeinde den Lehrer an, besorgt das Schulhaus und zahlt den Lehrer. In einigen dieser Freischulen wird 4, in andern 6 und wieder in andern 8 Monate Schule gehalten, je nach dem Willen der Gemeinde. Kinderbewahranstalten, Fortbildungsschulen 2c. gibt es nicht. Gewöhnlich begnügt man sich mit dem Elementarunterrichte, und wer eine weitere Ausbildung erlangen will, kann die Collegien besuchen, welche Privatanstalten für Knaben und Mädchen sind und von unsern Pensionaten für Mädchen keinen Unterschied machen.

Affenliebe hat der Amerikaner nicht zu seinen Kindern, sondern behandelt sie mehr gleichgültig und ärgert sich nicht, wenn seine Kinder auch seinen Befehlen nicht nachkommen. Haben auch die Knaben wenig Freude zur Arbeit, so wird sie von den Mädchen nicht einmal verlangt. Nach dem 21. Jahre hat der Vater seinem Kinde nach dem Gesetze den Lohn zu bezahlen, was es aber vor dem 21. Jahre verdient, verdient es für den Vater.

Hat der Amerikaner auch nur ein kleines Häuschen, von großen Palästen ist er ohnehin kein Freund, so ist es reinlich gehalten und wenn immer möglich, ist wenigstens ein Zimmer tapezirt, ordentlich eingerichtet und der Fußboden mit Teppichen belegt. Schläft man auch im Lande gewöhnlich auf

Matratzen oder Stroh, finden sich an den Fenstern nur papierene Vorhänge, so liegen doch auf dem Tische die Zeitungen und eine Nähmaschine und ein Klavier gehört zur Hauseinrichtuung. Selten ziert ein Bild die Wände des Zimmers, nur der Spiegel fehlt nie. Es ist dem Janki eigen sein Haus, selbst bei der größten Armuth, geschmackvoll einzurichten und reinlich zu halten.

Ich möchte den Amerikaner lieber einen Feind als einen Freund geselliger Unterhaltung nennen. Im Wirthshause läßt er sich selten sehen und höchstens ergötzen sich die Frauen am Forte-Piano und die Männer am Billard. Was der Janki liebt, sind die Volksversammlungen und hie und da ein anständiger Tanz, wobei er mit seiner Familie erscheint. Nicht selten gehören die Jankis (geborene Nordamerikaner) den geheimen Gesellschaften an und erscheinen dann bei diesen Versammlungen sehr fleißig. Den ersten Rang unter den geheimen Gesellschaften im Lande nehmen die Freimaurer ein, wenn auch die Abbfelloos in der Mehrzahl sind.

Das Lieblingsgetränk im Lande ist Kaffee und Thee und die Lieblingsspeise Biefsteck, welches letztere immer so gebraten ist, daß das Blut noch auf dem Teller herumläuft. Arbeitsleute ausgenommen, wird das Frühstück gewöhnlich um 9 Uhr Morgens, das Diner um 12 Uhr und das Abendessen um 6 Uhr Abends genommen. Bei jeder Mahlzeit kommt Biefstek, Kaffee oder Thee auf den Tisch. In der Regel sind die Amerikaner keine großen Esser, lieben Süßigkeiten zu sehr, was viel zur Verweichlichung der Nation beiträgt und oft die Ursache sein mag, daß sie so zärtlich und mager sind und so vielfältig an der Abzehrung sterben.

So liebevoll der Amerikaner mit seiner Familie ist, so gut ist er in der Regel mit seinen Arbeitern und Dienern, und so dienstgefällig und zuvorkommend mit seinen Nebenmenschen. Er läßt sich von seiner Dienerschaft nicht viel bedienen, zahlt guten Lohn und macht keine Ansprüche außer der Arbeitszeit. Gewöhnlich stellt der Amerikaner keinen Arbeiter ein, wenn er ihn nicht bezahlen oder anständig halten kann. Anders ist dieses bei den Eingewanderten, welche nicht selten die neuen Einwanderer zu jeder Arbeit gebrauchen und bis aufs Blut ausnützen. Nie verlangt der Amerikaner ein Dienstzeugniß und nie stellt er eines aus, er beurtheilt die Arbeit und nicht das Zeugniß und ist weit entfernt seinen Untergebenen bei ihrer Entlassung zu schaden. Schlagen und streiten sich die Eingewanderten nicht selten unter einander und rufen die Gerichte zu Hilfe, so lebt der Amerikaner gewöhnlich mit Jedermann in Frieden und ist von Allen geliebt und geachtet. Fängt er ein Geschäft an, so ist es um des Publikums willen, treibt sein Nachbar dasselbe Geschäft, so muß er ihm zu Hilfe kommen, und kauft er jemand aus, so muß er ihm aus der Noth helfen. Glaubt er bei der Eröffnung eines Geschäftes Opposition zu finden, so sorgt er dafür, daß einige Männer zu ihm kommen und ihn ersuchen, das Geschäft anzufangen. Ist er gezwungen zu Gericht zu gehen, so fährt er mit seinem Gegner zu Gericht, vertheidigt sich muthig bei Gericht und kehrt mit seinem Gegner wieder nach Hause zurück. Hat ihn jemand betrogen, so lebt er mit dem Betrüger in größter Freundschaft, bis er ihn wieder betrogen hat. Kommt ein Fremder zu ihm, so begegnet er ihm höflich und erfüllt, wo möglich, seinen Willen. Begegnet er einem Verunglückten, so ist sein erstes Geschäft, dem Verunglückten aus der Noth zu helfen. Ist er mit Wagen oder Chaise und begegnet ihm ein Fußgänger, so ersucht er ihn aufzusitzen, wenn sein Wagen auch schwer geladen ist. Auch die Frauen stehen in diesen Beziehungen den Männern nicht nach, wie sich leicht denken läßt. Uebrigens hat der Janki einen sehr scharfen Blick und ist nicht leicht zu hintergehen.

Sein größtes Vergnügen findet der Amerikaner in seinem Geschäfte und im Kreise seiner Familie. Mit dieser unterhält er sich zu Hause, mit ihrer Einwilligung ladet er seine Freunde ein und mit ihr besucht er die Kirche und etwaige Unterhaltungen. Von großartigen Essen und Einladungen ist er kein Freund, bei Tanzunterhaltungen ꝛc. zahlt er Eintritt und auf dem Lande geschieht es nicht selten im Herbste und Frühlinge, daß Tänze gegeben werden und die Nachbarn sich dazu gegenseitig einladen.

So lieb aber dem Amerikaner seine Familie ist,

so besorgt ist er für sie. Er rennt den ganzen Tag und fühlt sich glücklich seine Familie anständig ernähren zu können. Hat er etwas mehr als zum Leben nothwendig ist, so macht er mit seiner Familie hie und da eine Reise und steigt in den ersten Hotels ab; entbehrt er des Nothwendigsten, so begnügt er sich auf einige Tage selbst mit etwas Zwieback und seine ganze Familie mit ihm. Man wirft ihm vor, das er das Geld sehr liebe, aber er spendet es eben so frei als er es gewonnen hat und verzagt nicht, wenn er um all sein Vermögen gekommen ist.

Da die Frau nach dem Landesgesetze nur das Recht des Unterhaltes hat und nicht Erbe ist beim Tode des Mannes, so hat der Amerikaner gewöhnlich längst vor seinem Tode sein Testament gemacht, welches gewöhnlich lautet: „Meine Frau ist Erbin meines ganzen Vermögens und niemand krümme ihr ein Haar bis zu ihrem Tode, wo es an meine Kinder vertheilt werden soll." Selbst nach seinem Tode steht es der Frau frei, zu heiraten oder nicht, nur muß das Vermögen nach ihrem Tode den Kindern oder Erben zukommen. Im Falle man in Amerika ohne Testament stirbt, fällt das Vermögen des Vaters den Kindern und Erben zu und für die Frau wird nur gesorgt, daß sie zu leben hat. Sind die Kinder beim Tode des Vaters nicht 21 Jahre alt, so fällt die Verwaltung des Vermögens der Kinder dem Gerichte zu und die Mutter muß zusehen, wenn das Vermögen ihrer Kinder vergeudet wird. Zwar kann das liegende Vermögen der Kinder während ihrer Vormundschaft nicht veräußert werden, wenn es nicht zur Erziehung der Kinder nothwendig ist, aber dafür kann gesorgt werden, daß dieses nothwendig wird.

So theuer die Frau dem Amerikaner im Leben war, so theuer ist sie ihm nach dem Leben. Jedes letzte Wort, welches der Mann oder die Frau beim Tode gesprochen, jede Verfügung, jedes Verlangen, jeder Wunsch und Willen wird nach dem Tode sorgfältigst ausgeführt und erfüllt, ein schöner Sarg und Leichenwagen darf bei der Beerdigung nicht fehlen, die ganze Nachbarschaft in Chaisen und Wägen gibt das Geleite zum Grabe und, wo immer möglich, wird ein schöner Grabstein das Grab des Verstorbenen zieren.

Man wende mir nicht ein, daß dieses anders bei den Marmonen sei, weil ich erwiedern würde, daß diese nicht geduldet sind. Es ist bekannt, daß es in Amerika Staaten und Territorien gibt, von welchen die erstern ihre Senatoren, Abgeordneten und Beamten selbst wählen, die letztern aber keine Senatoren und Abgeordneten haben und ihre Beamten vom Präsidenten erhalten, bis sie zum Staate erhoben werden, was erst dann geschehen kann, wenn sie in den beiden Kammern nachsuchen und wenigstens 33,000 Einwohner zählen. Zum Gouverneur eines solchen Territoriums wurde P. Joung ernannt und da er als solcher vom Präsidenten abgesetzt wurde und wie es scheint, ein Freund des schönen

Geschlechtes war, benützte der schlaue Amerikaner diese Gelegenheit, auf Kosten der Religion zu leben und gründete die Sekte der Marmonen, welche aus mehreren Tausend Köpfen besteht. Es wurde diese Sekte in verschiedenen Orten vertrieben und auch in unsern Tagen müssen die Pfarrer, Bischöfe genannt, beständig auffordern, Geld beizusteuern, um nicht vertrieben zu werden.

Die Revolution
und das amerikanische Kriegsverfahren.

Wenn ich von einer Revolution in den Vereinigten Staaten rede, so ist dieses vielleicht mehr als man erwartet, und man wird fragen, wie in diesem Lande, wo doch alles so vergnügt lebt, es zu einer Revolution kommen kann? Auch ich war bis jetzt gewohnt, an Revolutionen in Königreichen zu glauben, war auch Zeuge solcher gewesen in Bayern, Oesterreich und Ostindien, aber in den Vereinigten Staaten glaubte ich derartiges nicht zu finden. Es war mir dies um so auffallender, als ich die Revolution von Südamerika immer dem Einflusse des Nordens zuzuschreiben gewohnt war.

Eine Revolution ist nichts anderes, als eine offene Auflehnung Vieler gegen die bestehende Ordnung. Kleine Geister beugen sich und lassen sich wie die Würmer zermalmen, große Geister rühren sich, stellen sich zur Gegenwehr, und kämpfen zuvor den Kampf auf Leben und Tod, bevor sie sich zermalmen lassen. Leider denken nur zu Viele, wie ich ehedem dachte, sie lassen sich zum Aufstande verleiten und büßen es mit ihrem Leben.

Daß dem Amerikaner die Revolution heilig ist, können wir ihm nicht verargen; denn durch die Revolution ist Amerika geworden, was es ist, und durch Revolutionen vergrößert es beständig seine Macht. In Englands Ketten war das Land gefesselt, diese Kette schüttelte die Revolution ab, wenn auch, wie bei allen Revolutionen erst nach langem Kampfe und vielem Blutvergießen, was eine Folge aller Revolutionen ist.

Ich zittere vor einer Revolution, kann aber nicht umhin, Männern das Wort zureden, wie Adams und Jefferson, die unter allen Umständen ihren Fahnen treu blieben und den Muth nie verloren. Während Washington mit seinen Soldaten die gerechte Sache der Amerikaner verfocht, waren es diese beiden Männer, welche die Angelegenheiten des Landes leiteten. Verdankt die amerikanische Nation dem großen Feldherrn Washington, was sie heute geworden ist, so haben an diesem Danke die beiden Ersten gleichen Antheil, wenn auch andere Männer nach ihnen von diesem Danke nicht ausgeschloßen sind. Gerecht war die Ursache der ersten amerikanischen Revolution, und doch hätte es das Land gebüßt, wäre nicht zu rechter Zeit Frankreich den Amerikanern zu Hilfe gekommen; gerecht mögen oft die Ursachen eines Volkes zum Aufstande sein, und doch müssen es Viele mit ihrem Leben büßen.

Um die Revolution von 1861 bis 1865 in Amerika würdigen zu können, müssen wir vor Allem die damaligen Verhältnisse in's Auge fassen. Der Amerikaner ist ein Feind der Aristokratie, haßt das aristokratische System, haßt das Sklaventhum und liebt die Gleichheit Aller. Im Süden hatte sich durch das Sklaventhum die Aristokratie eingenistet; die reichen Sklavenhalter lebten wie die Fürsten, und ihre Sklaven umgaben sie und mußten sich in Allem ihrem Willen fügen. Diese Aristokratie des Südens dehnte sich immer mehr aus, hemmte die Civilisation des Landes sowie die Einwanderung. Fast jeder Präsident des Landes, Washington selbst nicht ausgenommen, gehörten den Sklavenstaaten an, und die Sklavenstaaten schienen selbst dem Norden gefährlich zu werden. So oft ein neuer Staat in die Union aufgenommen wurde, setzte es deswegen harte Kämpfe ab. War es dieser Punkt, an dem die Union bei ihrer Gründung zu scheitern schien, was man dadurch vermied, daß man von ihm Umgang nahm, so gab er später Anlaß zu beständiger Unzufriedenheit im Lande, und der Congreß sah sich veranlaßt, die Einführung der Sklaven ganz zu verbieten, sobald er sich dazu stark genug fühlte. Da aber selbst dieses Verbot vor dem Einschmuggeln der Sklaven nicht sicherte, so wurde die Todesstrafe auf das Einbringen derselben gesetzt, und ein Schiff, auf dem Sklaven transportirt worden waren, durfte in keinem Hafen der amerikanischen Staaten mehr landen. Amerikanische Schiffe hatten sich nemlich herbeigelassen, Sklaven nach Cuba, Mexiko, Brasilien und die übrigen Staaten von Südamerika zu schiffen, was die Amerikaner als entehrend für ihre Flagge ansahen.

Diese Sklaven sind nämlich lauter Neger aus

Afrika, die nach Amerika eingebracht wurden Alles, Männer, Frauen und Kinder, die in den afrikanischen Kriegen der eingebornen Fürsten den Siegern in die Hände fielen, wurde niedergemetzelt. Seitdem man aber selbe verkaufen konnte, wurden diese Männer, Frauen und Kinder verkauft und in's Ausland geschifft. Gewöhnlich wurden sie für alte Gewehre, Pulver, Blei, Schirtings gekauft und in Amerika für 1000 Dollars und mehr verkauft. Es rentirte sich daher der Sklavenhandel sowohl, daß England in früherer Zeit den Sklavenhandel allein beanspruchte, später aber denselben ganz aufgehoben wissen wollte, womit Nordamerika bald einverstanden war. Ob England in früherer Zeit die Bewohner aus diesen Ländern entfernen wollte, und ob man sie heute ausrotten will, kann ich nicht sagen, so viel aber ist gewiß, daß die Länder, aus denen die Sklaven exportirt wurden, jetzt unter englischer Herrschaft oder englischem Einflusse stehen.

War aber die Einfuhr der Sklaven gesperrt, so vermehrten sich die Sklavenhalter selbst im Lande so viel als möglich. Es wurde gesorgt, daß die Sklavinen möglichst viele Kinder gebaren und selbe gesund und kräftig erhalten wurden. Die Sklaven nahmen so mit jedem Jahre zu, wie das Vieh wurden sie gehalten, auf Märkten öffentlich feilgeboten, wie das Vieh angegriffen, und das Verdienst wie die guten Eigenschaften derselben gerühmt. Mit den Sklaven bebaute man das Feld, trieb sein Geschäft, und die man nicht selbst verwenden konnte, schickte man auf Taglohn, gab ihnen Wohnung, Nahrung und Kleider und steckte den Lohn ein. Mit den Sklaven spekulirte man, und in denselben legte man seine Kapitalien an.

Diesem Treiben Schranken zu setzen, erließ man die strengsten Gesetze zu Gunsten der Sklaven. Waren bis jetzt die Sklavenhalter nicht immer sehr human mit denselben umgegangen, so ließen jetzt die Meisten in dieser strengen Behandlung nach und andere, besonders jene, deren einziger Nahrungszweig die Sklaven waren, hielten sie sogar sehr gut und schlossen Verträge mit ihnen. Die Sklaven fingen an, sich zu fühlen, und wurden gegen ihre Herrschaften immer mehr aufgebracht; keine Kost war ihnen mehr gut genug, keine Kleidung schön genug, und das Geld selbst schienen sie nur mehr wenig zu achten. Es geschah, daß viele Sklaven schöner gekleidet einhergingen und in Städten verschwenderischer lebten, als die Herrschaft selbst. Uebermüthig und stolz, gut beleibt, ja selbst gemästet, schritten sie an Sonntagen in prächtige Kleider gehüllt in den Strassen der Städte einher, nahmen nicht selten Anstand, den Weißen auszuweichen, zechten und zehrten in den Wirthshäusern bis zum Ueberflusse und die Kaufläden schienen nur für sie zu sein. Ihre Unterhaltung wechselte gewöhnlich zwischen ihrer Herrschaft und der Wahlurne, welche letztere ihnen besonders am Herzen lag. In ihrem Uebermuthe mußten sie ihre Freiheit verlangen, wenn sie auch selbst einsehen mußten, daß sie nach

erlangter Freiheit ihrer Gönner beraubt, schutzlos
dastehen würden. Ihre scheinbaren Gönner gingen
immer gleichen Schrittes mit ihnen, verlangten im=
mer größere Freiheiten im Congresse für sie, bis es
endlich dahin kam, ihnen die volle Freiheit zu ge=
währen. Die Einen wollten sie nun alle frei kaufen
und nach Haiti ausliefern, während die Andern hierin eine Unmöglichkeit erblickten, indem sie der Sü=
den nur gegen enorme Summen freilassen würde
und sie am Ende in Haiti armselig verhungern
müßten. Die Andern wollten sie alle gleich frei
sehen, während wieder Andere die Freiheit nur auf
die Kinder ausgedehnt wissen wollten, welche in der
Zukunft geboren würden. Das Land zahlte 400
Dollars für jeden Sklavenkopf, aber die Sklaven=
halter zeigten sich nicht geneigt, dieselben frei zu
geben. Durch die vollen 4 Jahre der Präsident=
schaft von Buchanan, der als amerikanischer' Ge=
sandter in England zum Präsidenten der Vereinigten
Staaten gewählt wurde, beschäftigte dieser Gegen=
stand den Congreß, bis er am Ende dieser Prä=
sidentschaft plötzlich zur Entscheidung kam. Der
Norden beschloß nämlich, bevor Buchanan von sei=
ner Präsidentschaft zurücktrat, die Freiheit aller
Sklaven, und der Süden weigerte sich, selbe freizu=
geben. Er rüstete sich zum Kriege, der Präsident
ließ es geschehen und erst unter seinem Nachfolger,
der der Partei der Sklavenbefreier angehörte, nahm
der Krieg zwischen dem Süden und Norden seinen
Anfang.

Es war dieselbe Partei, die im Norden für die Freiheit der Sklaven arbeitete, die im Süden für die Beibehaltung der Sklaven sich abmühte, während weder die eine noch die andere Partei ein eigentliches Interesse an der Angelegenheit hatte. Ob es dem Norden in der That um die Freiheit der Schwarzen zu thun war, wollen wir dahingestellt sein lassen, aber gewiß wäre es dem Süden nicht eingefallen, die Sklaven mit Gewalt der Waffen zu vertheidigen, wenn nicht beide Parteien von einen Dritten bezahlt gewesen wären. Dieser Dritte aber kann nicht in Amerika gewesen sein, denn es war Niemand im Lande, der aus dieser Angelegenheit besondere Vortheile hätte ziehen können. Auch wissen wir in Europa keine Macht, die für diese Angelegenheit größeres Interesse hatte als England. Glauben wir aber ja nicht, daß eine Macht, namentlich nicht England, ohne alles Selbstinteresse, allein aus Liebe zur Menschheit Geld spendet und Interesse heuchelt. Auch ist es England, das seine Pläne nicht auf einmal realisirt sehen will, wenn es nur immer schön langsam demselben Ziele zusteuert. Seitdem Amerika seine Freiheit erlangte, hat England den Plan nie aufgegeben, die Herrschaft über jenen Welttheil wieder zu erlangen.

Bei der so bedeutend wachsenden Macht von Amerika mußte England wohl zur Erkenntniß kommen, daß nicht nur die Vereinigten Staaten, sondern alle seine Besitzungen in diesem Welttheile für immer verloren gehen müßten. Ein gleiches Loos

stand den spannischen Besitzungen bevor und es
mochte für England wohl kaum schwer sein, Spanien für seine Pläne zu gewinnen. Anders war
dies mit Frankreich, welches nur unbedeutende Besitzungen in diesem Erdtheile hat und mehr hätte
auslegen müssen, sie zu erhalten, als sie werth wa=
ren. Es konnte auch Frankreich nur mit bedeutenden Versprechungen bewogen werden, sich mit den
beiden übrigen Mächten gegen Amerika zu verbinden. Das Verbot der Sklaveneinfuhr, die Gesetze
zu Gunsten der Sklaven, die Präsidentschaft Buch=
anans zeigen zur Genüge, daß England längst die
Angelegenheit allein betrieb und erst Spanien und
Frankreich zur Theilnahme anwarb, als die An=
gelegenheit der Realisirung nahe war. Und in der
That, Englands Schlauheit würdig war der Plan
gelegt. —

Der Reichthum des Südens der Vereinigten
Staaten war dem Norden längst ein Dorn im
Auge. Da aber der Reichthum des Südens haupt=
sächlich in den Sklaven bestand, so gab der Norden
ein geneigtes Gehör dem Verbot der Einfuhr der
Sklaven. Da aber nachher der Süden die Sklaven
der Mittelstaaten kaufte und sie durch Nachkommen=
schaft vermehrte, war es im Norden leicht, Gesetze
zu schaffen, die deren Weiterverbreitung hintern sollten.
Da aber auch dieses Mittel nicht zum gewünschten
Ziele führte, so war der Norden ebenso leicht zu
bewegen zur Gewalt seine Zuflucht zu nehmen, als
der Süden selber zu widerstehen. Ob aber die

Führer des Nordens wie die Führer des Südens nicht mit europäischem Gelde bezahlt waren, und England seit Jahren Geld spendete, ist mehr als ich sagen kann, soviel aber weiß ich, daß der Amerikaner ohne Geld nicht viel zu thun geneigt ist.

Der Norden war zum Kriege getrieben, der Süden zur Selbstvertheidigung, das Geld war in den Taschen und der Krieg begann, nur die Soldaten fehlten. In andern Ländern müssen die Soldaten eingeübt werden, in Amerika macht der Präsident nur bekannt, daß er Soldaten brauche und sie kommen von selbst. Ueberall, besonders aber in Amerika sind der Leute, Loffers genannt, genug, die immer Arbeit suchen und nie finden wollen oder können. Sie wollen eben nichts arbeiten und gut leben. Es wimmelt von dieser Gattung Leute nicht nur in den Straßen großer Städte, sondern selbst in kleinen Städten und auf dem Lande ist großer Ueberfluß an ihnen. Der Amerikaner weiß diese Gattung Leute recht gut zu benützen und zieht sie absichtlich groß, oder besser gesagt, begünstigt sie. Zu jeder Gemeinheit und Schlechtigkeit, die er selbst nicht ausführen will, findet er sie gegen geringe Bezahlung bereit. Braucht er sie bei Gericht, zu Tumulten auf der Straße oder um eine schlechte Absicht durchzusetzen, bei Tag wie bei Nacht stehen sie bereit, braucht er sie im Kriege, so bieten sie auch dazu ihre Dienste an. Der Gauner auf der Straße, wie der Trinker im Wirthshause eilt der Armee zu, sobald er vom Kriege hört. Rauben, plündern, nichts arbeiten, gut leben, sind zu verlockende Dinge, als daß ihnen wiederstanden werden könnte. Daß Einige dieser Gattung von Leuten gute Soldaten machen, wird kaum Jemand bezweifeln, während Andere sich mehr in Spitälern als auf dem Schlachtfelde aufhalten. Doch beim ersten Aufgebote wurde diese Gattung Leute nicht angenommen, es waren Herrn, die mit zwei Dienern versehen waren, welche sich in die Armee aufnehmen ließen. Sie glaubten, nur nach dem Süden gehen zu dürfen, um ihn zu unterjochen, und in einigen Wochen mit Schätzen beladen nach Hause zurückkehren zu können. Ein anständiges Handgeld wurde vorausbezahlt, manatlich 16 Dollars, Kleidung und Kost versprochen, und in wenigen Tagen hatte der Norden wie Süden mehr Soldaten, als sie anfänglich verlangten.

Der Amerikaner ist ein praktischer Mann, der sein Geld nicht unnütz hinauszuwerfen gewohnt ist mit Einexerciren, aber es frei spendet, wenn er es nothwendig oder dienlich erkennt. Er hält keine Soldaten in der Kaserne, erbaut nicht Kasernen und hält seine Leute müßig, sondern läßt sie frei und will, daß sie ihr Brod verdienen. Er will nicht seine Leute ernähren auf Staatskosten, sondern sorgt, daß selbe das ihrige zum Unterhalt der Regierung beitragen. Er zieht den praktischen Soldaten dem theoretischen vor. Auf dem Marsche muß er das theoretische erkennen, und auf dem Schlachtfelde gebildet werden. Erst nachdem der

Soldat Pulver und Blei gerochen, wird er zum Soldaten werden.

Auch die Kleidung macht den Soldaten nicht, sondern gibt ihm mehr den Anschein eines Hoflakaien als eines Soldaten. Der Amerikaner schnürt und preßt seine Soldaten nicht in einen Harnisch hinein, daß er ersticken möchte, sondern versieht ihn mit einer bequemen Kleidung. Sorgt er auch, daß die Soldaten alle gleich gekleidet sind, so nimmt er es gerade nicht immer so ganz genau, und macht sich nichts daraus, wenn selbe auch einige Tage in ihrer gewöhnlichen Kleidung marschiren, oder den ersten Kampf in ihrer bürgerlichen Kleidung mitzumachen haben.

Er erlaubt den Soldaten selbst im Felde möglichst freie Bewegung. Zu diesem Zwecke sind Wachen möglichst beschränkt, und man ist mit dem Wachposten zufrieden, wenn selber nur auf seinem Platze ist und Vorsorge trifft, nicht unversehens überrumpelt zu werden.

Es besteht bei Newyork eine Militärschule und jene, die in selber gebildet waren, konnten jetzt Nutzen aus ihrer Bildung ziehen. Hat auch der Präsident das Vergeben der Militärstellen, so ist doch der, der ein Regiment anwirbt, Obrist; der eine Compagnie zusammenbringt, Hauptmann; und wer ein halbes Regiment anwirbt, Major. Gewöhnlich machten sich mehrere im Kriegswesen erfahrene Männer zusammen, vertheilten unter einander die Stellen und schickten sich an, die Anwerb-

ung zu beginnen. Gelang der Plan, so nahmen sie
die verabredeten Stellen ein, gelang er nicht, so
schlossen sie sich mit ihren Rekruten andern Regi-
mentern an, und nahmen jene Stellung ein, die sie
erlangen konnten. Man sah namentlich darauf, daß
der Obrist unter dieser Gattung Leute als Führer
oder Krieger einen guten Namen hatte, um nicht
den einen oder den andern vom Regimente abzu-
schrecken, da er in seinen Obristen kein Vertrauen
setzte. Diese Art des Anwerbens findet gewiß keinen
Tadel, indem die Führer sich um ihre Untergebene
bemühen müssen, und sich ihnen zu einem gewissen
Dank verpflichten für die Stellung, die sie einnehmen; der Soldat aber ein gewisses Vertrauen
zu seinem Obrist besitzt und sich freiwillig ihm
unterwirft. Auch ist der Amerikaner zu klug, sich
einem andern, als einem klugen Führer anzuvertrauen. Um die Nation des Führers, oder wo
derselbe hergekommen sei, kümmert man sich nicht,
aber gewöhnlich werben die Deutschen deutsche Regimenter an, die Irländer irländische, die Amerikaner amerikanische, und die Franzosen französische.
Das Commando ist nur in der englischen Sprache,
und Kleidung und Bezahlung dieselbe für jeden
Soldaten, welchem Regiment oder welcher Nation
er auch immer angehören mag. Wird bemerkt, daß
ein Offizier seinem Amte nicht gewachsen sei, so
kann er jeden Tag seiner Stelle enthoben werden.
Werden auch die höchstgestellten Offiziere oder die
vacanten Chargen alle vom Präsidenten besetzt, so

wird doch auch bei dieser Besetzung auf den Einfluß und das Ansehen in der Armee Rücksicht genommen und in der Regel nur jener an die Spitze der Armee gestellt, der das größte Ansehen in der Armee genießt oder allgemein als der fähigste angesehen wird. Hat er sich unfähig bewiesen, so wird auch er ohne Pension entlassen. Ueberhaupt erhalten weder Offiziere noch Soldaten Pensionen, ausgenommen er wird im Kriege arbeitsunfähig. Ist aber der Vater Soldat, so erhalten Mutter und Kinder ihre wöchentliche Bezahlung (2 Dollars) vom Staate und stirbt der Soldat im Kriege, so wird diese Unterstützung den Kindern bis zum 14. Jahre, der Mutter aber für ihr ganzes Leben bezahlt, wenn sie es nicht vorzieht, sich wieder zu verehelichen.

Diese Bedingungen waren lockend genug, in den Städten allein das erste Aufgebot von Soldaten in etlichen Tagen aufzubringen, bevor die Nachricht auf das Land gelangte. Vielen von diesen jungen Herrn gefiel es dessenungeachtet beim Militair nicht, sie meldeten sich krank und kehrten, ehe ihre Zeit aus war, in die Heimat zurück. Andere aber bildeten sich zu Soldaten heran.

Man warb die ersten nur auf ein Jahr und das Volk glaubte, der Krieg werde zu Ende sein, bevor 4 Wochen vorüber seien. Es scheint dieß eine absichtliche Täuschung gewesen zu sein, um das Volk für den Krieg zu begeistern und die Soldaten leichter zu bekommen; es lag aber weder in der

Absicht des Nordens noch des Südens, den Krieg
so schnell zu beendigen. Noch hatten die ersten
Truppen kaum den Feind gesehen, und es folgte
ein zweites Aufgebot, nach welchem es Jedem frei=
stand, sich auf ein oder drei Jahre anwerben zu
lassen. Das Handgeld betrug auf 3 Jahre das
dreifache und die Meisten wurden auf 3 Jahre
Soldaten. Die sich vom ersten Angebote zu Sol=
daten herangebildet hatten, richteten die neuen Re=
gimenter ab, ließen sich, nachdem ihre erste Dienst=
zeit aus war, auf 3 fernere Jahre engagiren, und
wer einmal Soldat war, blieb es in der Regel so
lange der Krieg dauerte, und würde noch länger
gedient haben, wenn man seiner länger bedurft
hätte.

Man klage nicht über diesen langsamen Gang,
sondern bedenke, daß dieser in dem Willen der Re=
gierung lag, die eben so leicht eine Armee in 4
Wochen auf dem Felde hätte haben können, wenn
sie gewollt hätte; aber wie die großen Herren aus
Vergnügen Krieg führen, thun es die Amerikaner
um des Geldes willen. Bis jetzt lieferte der Ge=
neral Mc. Lallan nur kleinere Scharmützel, jetzt
glaubte er aber im Ernste vorgehen zu können, um
dem Kriege baldigst ein Ende zu machen, mußte
aber gar bald das Feld räumen und einem andern
General Platz machen, der den Schwindel besser
verstand. Dieser lieferte kleine Treffen, in welchen,
wie es bei diesen Aufständen gewöhnlich zu ge=
schehen pflegt, bald der Norden bald der Süden

siegte, um keine der Parteien zu entmuthigen; die Soldaten wurden mit Hin- und Hermärschen beschäftigt, in Sümpfe und Moräste geführt, wo sehr viele von Fieber und Krankheiten hinweggerafft wurden. Oft schien es, als wenn sie absichtlich in Sümpfe und Moräste commandirt würden, damit recht viele ihr Leben einbüßten. Waren auch diese Leute in den Straßen von Newyork 2c. angeworben, wo an selben großer Ueberfluß war, so muß man doch diese Geringschätzung des Menschenlebens ernstlich mißbilligen.

Daß bei einer solchen Kriegsführung die Armeen ohne Erfolg immer bald wieder gelichtet waren und man immer wieder zu neuen Anwerbungen seine Zuflucht nehmen mußte, läßt sich denken. Der Enthusiasmus mußte künstlich gehoben werden, die Zeitungen benützten ihren Einfluß und Werbsoldaten durchstreiften bald das ganze Land, um Freiwillige anzuwerben. Als auch dieses Mittel nicht mehr ausreichte, wurde bestimmt, wie viel Soldaten jeder Staat, ja jeder Distrikt stellen mußte. Um diese Zahl aufzutreiben, gab nicht nur das Land, sondern auch der Staat und Distrikt den sich zum Kriegsdienste freiwillig Anmeldenden Handgeld, und so weit kam es, daß jeder sich freiwillig für ein Jahr Meldende 800 Dollars (2000 Gulden) Handgeld bekam. Viele Distrikte wollten weder Freiwillige stellen, noch Handgeld bezahlen und es mußte zum Loosen Zuflucht genommen werden. In der That schien es nicht in der Absicht der Regierung zu

liegen, Zwangssoldaten zu bekommen, sondern nur
den Distrikt zu seiner Pflicht zu bringen. Entfernte
sich ein Gezogener auch nur auf einige Wochen oder
nahm er in einem andern Staate Arbeit, so küm=
merte sich bei seiner Rückkehr Niemand mehr um
ihn, blieb er aber an seinem Wohnorte, so mußte
die Regierung annehmen, daß er sich dem Gesetze
widersetze oder Soldat werden wolle, er erhielt sein
Handgeld und wurde zum Regimente abgeliefert.
Die Männer von 20 bis 45 Jahren bildeten jetzt
Vereine, bezahlten eine gewisse Summe und kauften
Ersatzleute. An andern Orten wurde dieses unter=
lassen und die Gezogenen mußten sich selbst die
Schuld zuschreiben, wenn sie in's Heer gesteckt
wurden. Auf das Geld allein war es während des
ganzen Krieges Abgesehen, aber es war auch Jeder=
mann Gelegenheit geboten, Geld zu machen, beson=
ders aber jenen, welche ein hohes Amt bekleideten.
Die Steuern wurden ungemein erhöht, Papiergeld
mußte Gold und Silber ersetzen, und 26,000 Mil=
lionen Dollars Schulden wurden gemacht. Geld
war überall im Ueberfluß, die Bauern konnten ihre
Produkte theuer verwerthen, die Arbeiter und Hand=
werksleute hatten einen sehr hohen Lohn und die
Soldaten verzehrten gewöhnlich ihr Handgeld, bevor
sie einrückten. Bekleidete Jemand einen hohen
Staatsposten, so konnte er Millionen machen, ohne
daß man es merkte. Die Soldaten standen auf
dem Papier, ihre Kleidung, Kost, Waffen, Pulver
und Blei wurde verrechnet, aber wer durfte sie

zählen, wem gaben die Contrakter ihre Rechnungen, und wer weiß, wo diese Millionen hinkamen? Vom Präsidenten Lincoln erzählt man, daß er 50 Millionen spendete, um ein zweites Mal als Präsident gewählt zu werden, und doch will man wissen, daß er ohne Vermögen gewesen sei. Fiel oder starb ein Soldat, so kam seine Habe wie seine Löhnung nicht selten in die Hände der Offiziere, die sich außerdem auch möglichst zu bereichern suchten. Im Süden wurde geraubt und geplündert, und das Geld spazierte nach dem Norden. Kurz es cirkulirte nie mehr Geld in Amerika als während des Krieges und kein Wunder, daß, während man anderswo die Leute zum Kriegsdienste zwingen muß, sie in Amerika den Raub, die Strassen, Handwerkstätten, den Pflug verließen und sich freiwillig auf den Schlachtfeldern einfanden. Es war im ganzen Lande bereits kein junger Mann mehr zu sehen, alles hatte sich dem Militair zugewendet und Viele wünschten, daß der Krieg beständig dauern möchte.

Vier volle Kriegsjahre waren verflossen, Frankreich hatte sich in Mexiko niedergelassen, Amerika hatte seine Absicht erreicht und dachte jetzt daran, im eigenen Lande Frieden zu machen um den Fremdling in der Nachbarschaft zu vertreiben. „Wo ist der Mann, der nicht gekauft werden kann," sagte einst Napoleon III. und so mochte auch der Norden von Amerika denken. Durch Telegramm wurde der Präsident nach Richmond gerufen, wo der südliche und nördliche General lagen.

Er kehrte nach Hause zurück, ein Treffen wurde geliefert, der südliche General zog sich in eine Stellung zurück, aus der er nicht mehr auskommen konnte, capitulirte, nahm seine frühere Stellung wieder ein und der Aufstand des Südens war unterdrückt, der Krieg beendigt und die südlichen wie nördlichen Soldaten kehrten in ihre Heimat zurück und gingen wie früher ihren Berufsgeschäften nach.

Wenn es in unsern Tagen noch Leute gibt, die der Tapferkeit der Soldaten, der Stärke der Armee oder gar den Schießgewehren den Sieg im Kriege zuschreiben, so lassen wir sie recht gerne in ihrem Wahne, glauben jedoch, daß dies bei unserer Kriegsführung von gar keiner Bedeutung mehr sei. Wo ist ein tapferer Soldat, als der österreichische? Die französischen Soldaten selbst, welche den italienischen Feldzug 1859 mitgemacht haben, staunten ob der Tapferkeit der österreichischen Soldaten, und doch wurden sie überall geschlagen. Bevor man in unsern Tagen Krieg erklärt, ist auf diplomatischem Wege die Angelegenheit schon geordnet. Das Volk ist durch Zeitungen und Gerüchte bearbeitet und ein Ministerium steht an der Spitze, welches das Commando der Armee nur solchen anvertraut, die in ihre Pläne eingeweiht oder von denen es überzeugt ist, daß sie der Verordnung oder den Plänen gemäß handeln. Was hilft es dem größten Feldherrn, wenn er nicht zum Commando gelangt oder wie M. Clellan, wenn er gegen den Feind nicht energisch einschreiten darf? Was hilft es dem tapfersten Soldaten, wenn er nicht zum Treffen kommt oder schon verkauft ist, wenn das Treffen beginnt? An den Vorgesetzten hat es gefehlt, sagte mir ein füdlicher Soldat. Man kauft nicht den gemeinen Soldaten, den man oft gar nicht kaufen könnte, man verschafft seiner Creatur, bevor der Krieg beginnt oder während desselben die höchste Stelle, welcher wieder seinen Creaturen die nächsthöchsten Stellen gibt, und die ganze Armee ist in den Händen des Feindes, verrathen oder verkauft, wie es beim Süden der Fall gewesen zu sein schien. Eine kluge Macht ist in unsern Tagen des Sieges gewiß, bevor sie Krieg erklärt oder die Kriegserklärung annimmt. Ist eine kluge Macht zur Kriegsführung gezwungen und ihres Sieges nicht gewiß, so zieht sie den Krieg in die Länge, wie die Amerikaner aus einer andern Absicht gethan, um die Ministerien oder Feldherrn, welche dem Feinde günstig waren, wechseln zu können, den Feind zu schwächen und am Ende den Sieg zu erlangen.

Kaum ist der Krieg beendigt, so denkt der Besiegte auf Rache, wenn er nicht wie der Süden ganz ruinirt ist, und tröstet sich mit der Hoffnung, daß es das nächste Mal anders gehe, wenn die Soldaten zahlreicher, die Offiziere erfahrener, die Waffen besser und die Kriegsführung weniger dumm sein würde. Mir kommt dies vor, als sehe ich zwei Knaben mit einander raufen, und den Besiegten von der Erde sich erheben, damit ihn der Sieger ein zweites Mal auf selbe hinstrecken kann. Jede Armee wird dieselben Erfahrungen machen, so lange in Regierung und Commando nur ein Personenwechsel und nicht ein Systemwechsel, was in Amerika der Fall war, stattfindet. Die Tausende der gefallenen Soldaten, das Weinen und Schluchzen der Eltern und Kinder machen auf diese Leute keinen Eindruck, da Gott auf sie keinen macht, und sie schlachten die Menschen zum zweiten Mal ab wie das erste Mal, und freuen sich ihrer los zu werden. Mit den Waffen und Soldaten streut man nur dem Volke Sand in die Augen und mit einem künftigen Siege verdoppelt man selben. Das Land, das beim ersten Kriege an den Rand des Verderbens gebracht worden ist, wird ihm beim zweiten nur noch näher gerückt, wenn selbe schnell aufeinander folgen.

Eine Ursache zum Kriege findet man immer und sollten es, wie in Amerika, die Neger sein. Die Führer der einen wie der andern Partei gehörten den geheimen Gesellschaften an. So ist es auch in andern Ländern; die Einen müssen im eigenen Lande zum Kriege hetzen und im andern zum Widerstande treiben, und wer beide Schürer bezahlt, ist im kurzen Kriege immer, im langen der wahrscheinliche Sieger; diese großen Herren füllen ihre Geldbörsen, das gemeine Volk muß bezahlen, der Schwindel mag so groß sein als er immer will.

Sind nach einem solchen vieljährigen Kriege gewöhnlich beide Parteien erschöpft und mit schweren Schulden überladen, so war das letzte wohl auch in Amerika der Fall, aber nicht der erste. Die Vereinigten Staaten standen nach dem Kriege blühender als je zuvor. Das Ausland hatte seine Macht kennen und schätzen gelernt, und im Innern fing es erst recht zu blühen an. So mancher hatte sich während des Krieges Schätze gesammelt, die er jetzt gut verwerthen konnte, so mancher sich ein kleines Vermögen gemacht, mit dem er ein Geschäft beginnen konnte. Viele der gemeinen Soldaten kehrten mit etwas Geld vom Felde zurück, richteten sich auf ihren Farmen gemächlich ein, während Andere sich in den Städten niederließen und Geschäfte trieben. Der Werth des Eigenthums erreichte hohen Preis und war leicht zu verkaufen, und an Arbeit bei gutem Verdienst kein Mangel. Es war Geld im Lande, woran früher großer Mangel war und die neuen Länder wurden schneller als je bewohnt. Kann man auch dem Amerikaner um Geld Alles abkaufen, so hat er sich doch darin bewährt, daß ihm sein Vaterland nicht abzukaufen sei. Nimmt er auch den Handelspreis an, so liefert er das Vaterland doch nicht aus, und würde es Einer ausliefern wollen, so würden die Uebrigen ihn ausliefern.

Wasserreise auf dem Missisippi durch die Vereinigten Staaten.

Bereits war ich 16 Jahre auf den Missionen gewesen, meinem Wirken waren nicht selten unüberwindliche Hindernisse gelegt worden, mein Plan ein Kloster zu bauen, eine Erziehungsanstalt zu gründen und Amerika zu meiner Heimat zu machen, war vereitelt, mein Muth länger zur Ehre meiner Religion in den Missionen zu wirken, war gebrochen und ich entschloß mich die Waffen zu strecken und für diejenigen zu beten, die mir mein Leben so oft verbitterten. Ich hatte mich dazu gleich entschlossen, als ich die Gründung meines Erziehungsinstitutes vereitelt sah, und führte meinen Entschluß aus, als meine Schulden bezahlt waren und ich ein kleines Reisegeld in Händen hatte. Oft war ich während des Baues meines Erziehungsinstitutes in solcher Noth, daß ich mit dem Kirchengelde meine Schulden bezahlte, aber jetzt war Alles zurückerstattet und bereinigt und es blieb mir selbst noch etwas Reisegeld. Vom Süden der Vereinigten Staaten hatte ich oft gehört, ihn aber nie gesehen, und da ich gerade im nördlichen Theile des Missisippi wohnte, entschloß ich mich diesen Fluß zu befahren und über Mexiko und Frankreich nach Rom zu reisen.

Der Mississippi ist bekanntlich der größte Fluß in den Vereinigten Staaten, durchströmt dieselben so ziemlich in der Mitte von Norden nach Süden und ergießet sich etwa 7 Stunden unterhalb New-Orleans in den mexikanischen Meerbusen. Die südliche Revolution ging zu Ende und die Dampfschiffe verkehrten wieder in regelmäßiger Tour zwischen St. Paul und New-Orleans. Täglich fuhren mehrere dieser Schiffe an dem Städtchen vorüber, in dem ich angestellt war und ich machte daher von dieser Gelegenheit Gebrauch.

Die Dampfschiffe in Amerika auf den Flüßen und Seen sind verschieden von jenen des Meeres. Auf dem Meere ist das Wasser in der Regel tief, die Schiffe sind Wind und Sturm ausgesetzt und daher die Cajüten im Innern des Schiffes angebracht; während auf den Flüssen der Wasserstand gewöhnlich nieder ist, das Schiff dem Sturme nicht recht sehr ausgesetzt, der untere Theil der Dampfschiffe nahezu flach und ein dreistöckiges Främgebäude darüber gebaut ist. Im ersten Stockwerke, oder unterstem Theile, befinden sich die Maschinen, die Matrosen, die Frachtgüter und jene Leute, die möglichst billig reisen müssen. Reisende dieser Art haben sehr wenig zu bezahlen, müssen für Kost und Bett selbst sorgen und können ihre Lebensmittel mit sich führen oder die Ueberbleibsel der Mahlzeiten dem Koch des Schiffes abkaufen. Diese Art zu reisen ist sehr unbequem und man findet an diesem Platze nur hie und da etliche Ausländer, Einwanderer und arme

Irländer. Die Amerikaner reisen nur erster Klasse, sie mögen aus Vergnügen oder in Geschäften reisen. Eine bequeme Stiege führt vom Verdecke zum ersten Stockwerke, und hat man daselbst eine Thüre geöffnet, so befindet man sich im Salon erster Klasse, wo man bei seinem Eintritte sein Billet löset und seinen Namen angibt. Der Salon nimmt den ganzen mittern Theil des Schiffes ein und ist mit Tischen, Stühlen, Spiegeln und übrigen Bequemlichkeiten hinlänglich versehen. Will man eine Cajüte, so zeigt man dem Schaffner, Stuart genannt, sein Billet und man erhält dieselbe. Diese Cajüten (Zellen) sind kleine Zimmer, ziehen sich an den beiden Seiten des Salons dahin und haben selten mehr als 2 Betten. Das Bett besteht aus einer Matraze und wollenen Decke. Wer ein Cajütenbillet hatte, hatte auch das Recht zu Frühstück, Diner und Nachtessen. Speisekarten, welche im Lande so wenig gebräuchlich sind als Trinkgelder, lagen auch hier nicht auf und die Gebräuche, welche in Hotels üblich sind, wurden auch hier beobachtet. Priester und Prediger zahlten die Hälfte des Fahrpreises, wie es damals auch auf den Eisenbahnen gebräuchlich war.

Hundert englische Meilen südlich von St. Paul ging ich auf's Schiff, wo der Mississippi die Grenze von Minnesota und Wiskonsin bildet. Diese beiden Staaten liegen an der äußersten nördlichen Grenze der Vereinigten Staaten, sind im Norden noch sehr wenig bevölkert, im Süden aber ziemlich angesiedelt.

Wiskonsin hat sehr viel gutes fruchtbares Land, aber auch viele sandige unfruchtbare Strecken; Minnesota hingegen sehr schöne üppige Prairies. Der Winter währet in diesen Ländern gewöhnlich sechs Monate und ist oft sehr kalt. Minnesota hat zu dem noch in vielen Gegenden Holzmangel, was in Wiskonsin nicht der Fall ist. Westlich von Minnesota ist Decotah, ein Staat, der sehr groß ist, sehr fruchtbare Prairies hat, aber in vielen Gegenden schlechtes Wasser und Holzmangel. Vor 6 Jahren war dieser Staat noch von den Indianern bewohnt, heute zählt er schon gegen 50,000 Ansiedler, mehrere Eisenbahnen sind in Angriff genommen und werden aller Wahrscheinlichkeit nach in etlichen Jahren das ganze Land durchschneiden. Jankton, die Hauptstadt des Staates, liegt am Missuri, dem zweitgrößten Flusse der Vereinigten Staaten und zählt bereits 10,000 Einwohner. Das Klima im südlichen Theile von Decotah ist dem deutschen ähnlich, im nördlichen aber soll es dem nördlichen Klima von Minnesota so ziemlich gleich kommen, jedoch hat dieser Theil Ueberfluß an Holz und gutem Trinkwasser. Nach diesem Lande richtet sich gegenwärtig die Einwanderung von Amerika sowohl als vom Auslande und im verflossenen Jahre wanderten dorthin nicht weniger als 20,000 Menschen. Westlich von Decotah liegen die Territorien Montana, Idaho, Washington ꝛc., welche Länder einst viel Gold lieferten, aber der Einwanderung nicht sehr günstig sein sollen, da die fruchtbaren Thäler so ziemlich angesiedelt und die Hügel und Berge, welche den größten Theil des Landes ausmachen, für den Ackerbau nicht recht geeignet sind.

Oft habe ich von dem Wunderstrome Missisippi gelesen und seine Schönheit und Reichthum preisen gehört, aber wie man bei Lobeserhebungen selten findet, was man sucht, so war es auch hier der Fall. Der Fluß ist sehr breit, das Wasserbeet jedoch während des Jahres, Frühling und Herbst ausgenommen, eng und der Wasserstand oft so nieder, daß er mit größern Schiffen nicht befahren werden kann und die kleinern sehr häufig auf Sandbänken auffahren. Unzählige Inseln liegen in Mitte des Flußes, die mit Bäumen bewachsen sind und beim Hochwasser oft auf einige Zeit unter Wasser stehen. Keine Brücke, mit Ausnahme von ein paar Eisenbahnbrücken, führt über den Fluß und bis heute bedient man sich an bestimmten Plätzen der Dampfschiffe, welche von der Person 15 Kreuzer, von Pferd und Wagen 2 Gulden fürs Uebersetzen erheben. Die Umgebung des Missisippi im nördlichen Theile ist auf beiden Seiten auf 14 englische Meilen hügelig und oft sogar bergig. Die Hügel und Berge sind mit Holz bewachsen, welches verkauft und auf dem Flusse den größern Städten zugeführt wird. Später mag man jene Theile, die nicht urbar gemacht werden können, zu Schafweiden benützen.

Der ganze Reichthum der Missisippigegend bestand bis jetzt im Ertrag des Transportes und in etwas Mineral, welches an einigen Orten auf beiden Seiten desselben gefunden wurde. Es ist nämlich in den neuen Ländern, wo die Eisenbahnen noch selten sind, schwer, die Bedürfnisse zu beziehen und noch schwerer die Erzeugnisse des Landes zu verwerthen. Dieses ist auch die Ursache, daß die ersten Ansiedler im neuen Lande sich gewöhnlich zuerst in der Nähe eines großen Flußes niederlassen und sich von da weiter in's Innere verbreiten. Auf dem Missisippi konnte man im Sommer (zur Winterszeit ist er im Norden zugefroren) seine Waare beziehen und die Produkte verschicken. Daher hatten sich auch schon an den Gestaden des Flußes kleine Städtchen gebildet, die selten mehr als 2 Stunden auseinander lagen, bei welchen die Dampfschiffe landeten, um ein- und auszuladen. Da jetzt an beiden Ufern des Flußes Eisenbahnen erbaut sind, hat die Schifffahrt bedeutend abgenommen.

Von den vielen Städten, welche auf beiden Seiten des Missisippi angelegt sind und von welchen der größte Theil noch nicht 1000 Einwohner zählt — etliche nicht 100 — ist Winona die größte auf der Seite von Minnesota und Lacroß auf der Seite von Wiskonsin. Eine jede von diesen beiden Städten zählt schon jetzt 10,000 Einwohner, ist sehr regelmäßig und schön angelegt, hat viele sehr schöne Häuser und geht einer sehr schönen Zukunft entgegen. In Lacroß ist ein katholischer Bischof, was wohl deutlich zeigt, daß die Stadt und Gegend sehr stark mit Katholiken angesiedelt ist.

Wir fuhren an Lacroß vorüber und landeten hierauf an der südlichen Grenze von Minnesota und der nördlichen von Jowa. Vom Flusse aus war dieses wohl kaum bemerkbar, denn dieselben schönen Anhöhen mit ihren Hügeln und Felsen in manigfaltigster Abwechslung umgaben uns auch ferner auf beiden Seiten und die Städtchen an beiden Ufern wurden immer größer, bis wir endlich vor Dubuque (Dubjuk), der Hauptstadt von Jowa (sprich: Euowe), landeten. Diese Stadt ist an einem schönen Einschnitt, der ein Dreieck bildet, am Missisippi gelegen, und auf 3 Seiten von schönen Anhöhen umgeben, hat sehr schöne breite Straßen, schöne Häuser, bedeutenden Handel nach dem Westen, Süden und Norden, viele Kirchen, Schulen und Banken. Es ist hier ein katholischer Bischof, 5 katholische Pfarrkirchen mit 5 katholischen Schulen, 2 Frauenklöster und ein katholisches Waisenhaus. Unter den Kirchen zeichnet sich besonders die Marienkirche, eine deutsche katholische Kirche, im gothischen Style gebaut, aus, und ist eine der schönsten Kirchen in Amerika. Die Stadt zählt gegenwärtig gegen 25,000 Einwohner, ist aber so gelegen, daß die Einwohnerzahl mit der Zeit auf mehr als 100,000 wachsen muß, da die Schifffahrt sehr bedeutend ist und die Eisenbahnen hier eine Hauptstation haben. Hier ist auch die Hauptloge der Oddfellos vom Staate, welche mit ihren untergeordneten Logen über 20,000 Mitglieder zählt. Sind auch die Logen im ganzen Lande sehr zahlreich, so ist dieses besonders in den neuen Ländern der Fall.

Jowa ist ein sehr fruchtbarer Staat und hat Steinkohlen im Ueberfluß. Da das Land größtentheils eben ist, hat es heute schon mehr Eisenbahnen als irgend ein anderer Staat von gleicher Größe. Gewöhnlich wird Jowa für den fruchtbarsten Staat in der Union angesehen. Ist er auch an vielen Orten sumpfig und im Norden noch nicht recht stark bevölkert, so wird das Land doch schon sehr gut bezahlt und steht dem Nichtbemittelten nicht mehr leicht zur Verfügung. Der Arbeiter und Handwerker findet in Jowa leicht Beschäftigung und gute Bezahlung, der Bauer aber ohne Mühe Pacht= güter, woran es im Lande überhaupt nicht fehlt. Sorgt der Eigenthümer des Landes für Vieh, Same und Geräthschaften, was selten der Fall ist, so bezieht der Pächter die Hälfte der Früchte, im entgegengesetzten Falle zwei Dritttheile. Frische Einwanderer pachten gerne in diesem Staate Land= güter, da der Boden sehr ergiebig und leicht zu be= bauen ist und westlich von diesem Staate die neuen Länder sind, wo sie sich, wenn sie eingerichtet sind, gewöhnlich niederlassen und ein Eigenthum zu kultiviren anfangen.

Die westliche Grenze von Jowa bildet der Missourifluß und jenseits desselben ist Nebreska, ein sehr großer fruchtbarer Staat, der noch vor etlichen Jahren fast ohne Ansiedler war, jetzt aber sehr schnell bevölkert wird. Das Land ist in diesem

Staate fruchtbar und an Wasser und Holz soll es nicht fehlen. Es haben alle westlichen Länder den Nachtheil, daß mehr gebaut als verzehrt wird und daher der Ueberfluß der Produkte zu weit auf der Eisenbahn verschickt werden muß, wodurch der Preis der Produkte um die Versendungskosten geringer ist, als in jenen Ländern, die dem Meere nahe sind. Dasselbe gilt auch von den Bedürfnissen, welche bezogen werden müssen. Was man somit kaufen muß, ist theuer und was man zu verkaufen hat, ist billig, oder besser, man muß billig verkaufen und theuer einkaufen. In der Regel profitirt der Bauer nicht viel mehr in diesen westlichen Ländern, als was der Werth seines Landes steigt. Hinter Nebreska ist der südliche Theil von Idaho und Origen, welche beiden Länder bergig sind und noch weniger angesiedelt als Nebreska, aber berühmt wegen ihrer Goldfelder

Oestlich von Jowa, über dem Missisippi, liegt Illonois, welcher für einen der fruchtbarsten Staaten von ganz Amerika gehalten wird. Einige halten diesen Staat sogar für fruchtbarer als Jowa. Es ist dieser Staat ziemlich angesiedelt und der Werth des Landes schon ziemlich hoch. Die größte Farm in der Union, welcher 36,000 Tagwerk Land hat, liegt in diesem Staate. Im südlichen Theile des Staates wird ziemlich viel Wein gebaut. Sind die Haupterzeugnisse in Wiskonsin und Minnesota Weizen und Haber, so wird hier wie in Jowa, Decotah und Nebreska sehr viel Türkenkorn gebaut, welches sehr guten Boden verlangt. Bei einer solchen Fruchtbarkeit des Landes, ist der Handel nicht unbedeutend und das Verdienst so gut wie irgendwo in der Union.

Die Dampfschiffe auf dem Missisippi gehen bei Tag wie bei Nacht und halten bei den Städten nicht länger an, als zum Ein- und Ausladen nothwendig ist, die Passagiere schlafen, essen und trinken auf dem Dampfschiffe und landen in 8 bis 10 Tagen von St. Paul in St. Louis, der Hauptstadt vom Staate Missuri. Hier hat man gewöhnlich die Dampfschiffe zu wechseln, da der Wasserstand so ist, daß das Wasser größere Schiffe trägt. Ich hatte 12 Stunden Aufenthalt und sah mich in der Stadt ein wenig um. St. Louis liegt ungefähr 330 deutsche Meilen von der Mündung des Missisippi in's Meer und 1½ Meilen von der Mündung des Missuri in Missisippi, ist die viertgrößte Stadt in der Union und zählt jetzt schon gegen 300,000 Einwohner, welche wohl zur Hälfte deutsch sind. Die Strassen sind schön, die Häuser im Innern der Stadt dicht aneinander gebaut, größtentheils 3 bis 4 Stock hoch, Handel und Gewerbe sind sehr bedeutend und die Stadt sehr lebhaft und bewegt. Die Eisenbahnen haben hier eine Haupthaltstelle von Osten, Westen und Norden, und die Dampfschiffe halten die Verbindung mit dem Süden bis New-Orleans während des ganzen Jahres offen. Diese Stadt ist so ziemlich im Mittelpunkt der Vereinigten Staaten gelegen und wurde 1664, wie schon der Name anzeigt, von den Franzosen angelegt. Ueberhaupt waren die ersten Einwohner am Missisippi größtentheils Franzosen, von welcher Nation jedoch heute hier kaum mehr eine Spur übrig ist. Die ersten Priester in St. Louis waren Jesuiten, welche seit der Gründung der Stadt Unglaubliches zum Besten der Religion und zum Gedeihen des Staates beigetragen haben. Auch heute noch stehen die Jesuiten hier in großem Ansehen, haben eine Universität, welche ihr Eigenthum und in ganz Amerika berühmt ist. Außer den Jesuiten sind die Redemptoristen, Lazaristen, Franziskaner und Weltpriester in zwanzig katholischen Pfarreien thätig, von welchen die Hälfte von den Deutschen erbaut wurde. Von den übrigen Orden und Congregationen erwähnen wir der barmherzigen Brüder, Schulbrüder, der Franziskanerinen, Carmeliterinen, Frauen vom guten Hirten, Schwestern von St. Joseph, Schwestern vom heiligen Herzen, Schwestern von der Heimsuchung, Schulschwestern, Dominikanerinen 2c. An der Spitze des Klerus steht ein Erzbischof, der in der Stadt seinen Sitz hat. Das Klima ist im Sommer ziemlich warm, im Winter angenehm, aber St. Louis ist feucht und ungesund. So ist der ganze Staat Missuri bis zu seiner nördlichsten Grenze und selbst der südliche Theil von Jowa macht hievon keine Ausnahme. Man sollte glauben, ein solches Klima würde den Deutschen nicht zusagen und doch wohnen kaum in einem Staat mehr Deutsche als in Missuri. Dieselben sind hier in so starker Mehrzahl, daß sie einen Deutschen, den ersten in ganz Amerika, in's Oberhaus (Senat) schicken konnten. Dieser erste Senator, Karl Schurze, ist der gegenwärtige Minister des Innern.

Missuri ist schon ziemlich bevölkert und steht an Fruchtbarkeit seinen beiden Nachbarstaaten Jowa und Illonois nicht viel nach. Die hauptsächlichsten Früchte sind Türkenkorn, Weizen, Kartoffel, Haber, Tabak und Wein. Wachsen auch alle Früchte im Norden von Amerika, die in Deutschland gebaut werden, so baut man doch hauptsächlich jene, aus welchen man den größten Nutzen ziehen kann. Zu diesen gehören Weizen und Türkenkorn, weil der Weizen nach Europa verschickt werden kann, mit dem Türkenkorn aber die Schweine und anderes Vieh gemästet wird. In Missuri insbesondere ist das Türkenkorn von großem Nutzen, da beim Ueberflusse an Gras, Heu, Stroh, Klee und Viehweiden, die Farmer ohne viele Mühe ganze Herden Pferde, Rindvieh und Schweine heranziehen und das Türkenkorn gut verwerthen können. Sind die Transportkosten des Weizens nicht unbedeutend, so sind die des Fleisches gering, und so kommt es, daß der Türkenkornbauer gegen den Weizenbauer im Vortheile ist. Die Schafzucht ist in diesem Staate nicht bedeutend, und mit dem Weinbaue hat man auch in neuester Zeit begonnen.

Westlich vom Staate Missuri liegt Kansas, wohin sich gegenwärtig hauptsächlich die irländischen Einwanderer begeben. Das Land in Kansas soll ähnlich dem von Nebreska und Decotah sein, das Klima aber soll dem irländischen ziemlich gleichkommen. Aeußerst selten soll man dort Schnee sehen, das Vieh soll den ganzen Winter auf der Weide sein, im Sommer jedoch soll es ziemlich warm werden.

Noch mehr westlich als Cansas sind Colorado, Utah, Nevada und der nördliche Theil von Californien. Coloredo und Utah sind gebirgig und wenig bewohnt, aber wegen des Goldes gleich Californien bekannt. In Californien sind die Goldadern nicht mehr sehr ergiebig, dafür hat Ackerbau Vieh= und Obstzucht und Weinbau bedeutend zugenommen. Das Land ist dort größtentheils vergriffen und hat einen hohen Werth, während Utah und Coloredo wenig angesiedelt sind. Die Einwanderung nach Californien hat nachgelassen und die Berichte von da lauten nicht sonderlich günstig. In Nevada wird in einer einzigen Silbermine monatlich für 5 Millionen Dollars Silber gewonnen.

Aus dem Gesagten ersieht man, daß die jetzigen neuen Ansiedelungen im Norden hauptsächlich mit dem westlichen Ufer des Missuri beginnen und bis dahin die Länder ziemlich bevölkert sind. Ich sage ziemlich, weil ich überzeugt bin, daß auch in diesen Ländern mit der Zeit fünf Mal so viel Menschen leben werden, als gegenwärtig dort sind. Wenn dieses geschehen ist, wird es wahrscheinlich im Westen so gut zu leben sein wie im Osten, weil die

Transportkosten aufhören, wenn der Westen seine Landesprodukte selbst verzehrt und die Maschinen und Waaren selbst verfertigt. Doch der Amerikaner, der nur für sich und nicht für seine Nachkommen sorgt, denkt nicht an die Zukunft.

Missuri ist der letzte nördliche Staat am Missisippi und an seiner südlichen Grenze beginnen die sogenannten Südstaaten der Union, ehemals Sklaven=Staaten genannt. Diese Südstaaten waren vor der Revolution bekannt wegen ihres großen Reichthums und Luxus und mein erster südlicher Dampfer, den ich in St. Louis bestieg, gab auch Zeugniß davon. Er war prachtvoll eingerichtet und was immer den Gaumen kitzeln konnte, stand bei den Mahl=zeiten auf dem Tische. Den Dienst bei Tisch ver=sahen junge reinliche Neger, wie damals im Lande in allen Hotels Sitte war.

Wir fuhren am Staate Cantuky vorüber und landeten in Memphis, einer bedeutenden Stadt im Staate Tennessi, welcher Staat zu den Mittel=staaten gezählt wurde. In den Mittelstaaten wurde hauptsächlich der Krieg um die Befreiung der Neger geführt, und so fruchtbar sie auch sind, so hatten sie doch während des Krieges so gelitten, daß die Ein=wohner mit den Negern vielfach ihre Farmen ver=ließen und ein großer Theil dieser Farmen öde und leer stand. Zwar hatten sich die Mittelstaaten während des Krieges neutral gehalten, aber sie theilten dessenungeachtet das Schicksal des Südens nach dem Kriege.

In Memphis hatte man viel Fracht einzuladen, der Dampfer hielt 6 Stunden an und ich fand Zeit die Stadt anzusehen. Auch diese Stadt gab Zeugniß von dem ehemaligen Reichthum des Südens. Sie war nicht sehr groß, zählte kaum 5000 Einwohner, hatte aber herrliche Gebäude, Straffen und Parks. Mehrere sehr hübsche Kirchen zierten die Stadt und unter diesen war die schönste die Dominikanerkirche, die einzige katholische Kirche in der Stadt, welche Kloster- und Pfarrkirche zugleich war. Der Krieg hatte viele neue Einwohner angezogen, welche ihre Geschäfte großartig betrieben, den alten Ansiedlern starke Concurrenz machten und sie nach und nach verdrängten. Unter diesen neuen Ansiedlern waren auch viele arme Deutsche und Irländer, welche bald zwei neue katholische Kirchen bauten, so daß heute schon 3 katholische Pfarrkirchen in der Stadt sind. Die Lage der Stadt ist hoch, am Gestade des Missisippi, in fruchtbarer Gegend und die Einwohner haben sich bis auf 50,000 vermehrt.

Während des Krieges herrschte im Lande eine solche Begeisterung für denselben, daß man bereits keinen jungen Mann mehr im Lande sah. Die meisten dieser Burschen hatten sich freiwillig zum Kriegsdienste gestellt. Unter diesen war auch der einzige Sohn einer sehr christlichen Familie meiner Missionen. Als er sich zum ersten Male hatte anwerben lassen, kaufte ihn sein Vater frei, was im Anfange des Krieges mit 300 Dollars geschehen

konnte. Er verlangte hierauf von seinem Vater das
Anwesen, um sich zu verehelichen. Der Vater war
noch nicht geneigt zu übergeben und der Sohn ließ
sich, um seine Eltern (besonders seine gute Mutter)
recht zu kränken, abermals anwerben, verweilte hie=
rauf noch einige Tage in der Gegend, bereute seinen
Schritt und glaubte, der Vater werde ihn abermals
loskaufen. Er hatte sich getäuscht. Leider daß nicht
alle Eltern dem Beispiele dieses Vaters folgen und
sich von ihren Kindern zu leicht immer wieder miß=
brauchen lassen. Der Sohn mußte in Krieg und
lag in Memphis, als ich dort ankam. Ich entschloß
mich ihn zu besuchen und sah bei dieser Gelegenheit
mein erstes amerikanisches Regiment. Man wird sich
dessen wundern, aber man kann 10 Jahre in Ame=
rika sein, ohne einen Soldaten zu sehen, da es eben
in civilisirten Ländern keine Soldaten gibt. Selbst
während des Krieges wurde nirgends eine Besatzung
zurückgelassen, sondern die angeworbenen Soldaten
wurden so schnell als möglich nach dem Kriegsschau=
platze geschickt. Unter den Soldaten waren Buben
mit 16 wie Greise mit 65 Jahren. Wer immer
seinen Dienst dem Vaterlande antrug, wurde ohne
Unterschied des Alters und der Statur in die Armee
gesteckt. Die Kleidung war aschgrau mit grünen
Aufschlägen, sehr bequem gemacht, nach Art der
Kleidung deutscher Forstleute. Der wachthabende
Soldat saß auf einem Bänkchen, hatte das Gewehr
an seinen Fuß gelehnt und unterhielt sich mit
seinen Kammeraden. Die meisten Soldaten schienen

zufrieden zu sein und klagten nur über ihre Vorgesetzten, von welchen sie wissen wollten, daß sie sich mit der Löhnung der Soldaten zu bereichern suchen. Sie lebten in der Ueberzeugung, daß sie oft während des Krieges absichtlich in Sümpfe und Moräste geführt wurden und viele dabei ohne Nothwendigkeit ihr Leben verloren. Wohnung, Nahrung, Kleidung und 16 Dollars (40 Gulden) des Monats schien Vielen so zu behagen, daß sie zu ihren Geschäften nicht zurückzukehren verlangten.

Auf der Westseite des Mississippi ist Arkansas, ein Staat, der 1836 in die Union aufgenommen wurde. Der Mississippi bildete nemlich im Norden wie im Süden lange Zeit die Grenze der Civilisation. Arkansas wurde hauptsächlich von Südländern angesiedelt, welche auch ihre Sklaven mit sich brachten. Bei der Aufnahme dieses Staates, sollte entschieden werden, ob Arkansas ein Sklavenstaat werden sollte oder nicht. Es setzte lange heftige Kämpfe ab und um die weitere Ausdehnung der Sklaverei zu verhindern, wurde die Abstimmung verschoben und Weiße in allen Richtungen in's Land geschickt, bis man gewiß war, daß die Weißen siegen werden. Solche Kämpfe gab es bereits bei der Aufnahme eines jeden neuen Staates in die Union, bis endlich 1865 alle Neger frei wurden.

Westlich von Arkansas sind die Indianer-Territorien, Neumexiko, Arizona und der südliche Theil von Californien. Es sind dieses sehr große

Länderstrecken, die wenig oder gar nicht bevölkert sind und der Ansiedler harren.

Südlich von Arkansas ist der Staat Louisiana, an welchen Texas grenzt. Texas, wohl der größte Staat in der Union, ist größtentheils sehr fruchtbar. Die Pferde und Ochsen 2c. laufen hier wild herum, die Pferde werden mit Stricken gefangen, die wilden Ochsen aber geschossen. Daß es in diesem Lande noch wilde Thiere gibt, läßt sich denken. Es soll hier im Sommer ziemlich warm sein, im Winter aber angenehm. Das Land ist noch wenig bevölkert, jedoch vermehren sich die Einwohner schnell. Wahrscheinlich wird dieser Staat, weil er zu groß ist, bald in zwei oder mehrere getheilt werden. In Texas soll Wein, Baumwolle, Zucker, Türkenkorn, Weizen, Haber, Gerste, Kartoffel 2c. gedeihen und Holz und Wasser im Ueberfluß sein.

Auf der Ostseite des Flußes liegt der Staat Missisippi, ein sogenannter Südstaat, der wie alle übrigen Südstaaten seine Sklaven verloren hatte und einem eroberten Staate gleich geachtet wurde. Der Missisippi wird gegen Süden immer tiefer und breiter und ist in dieser Gegend so breit, daß das bloße Auge das entgegengesetzte Ufer nicht erreicht. Da um diese Zeit die Soldaten gerade vom Felde in ihre Heimat zurückkehrten, so begegneten wir täglich mehreren Schiffen mit Soldaten und hörten, daß ein Schiff mit 2,200 Mann unterging. Die Stelle der Indigoplantagen von Ostindien scheinen

hier die Zucker= und Baumwolleplantagen zu ver=
sehen, nur wurde hier die Arbeit mit Sklaven ge=
than, während in Oſtindien mit den Einwohnern Con-
trakte abgeſchloſſen wurden. Die Häuſer dieſer Plan-
ter waren Schlößer und unweit derſelben ſtanden die
armen Dörfchen der Sklaven, und das Ganze ſah ſo
ziemlich wie unſere alten Hofmarken aus. Die Paläſte
wie Törfer ſtanden leer, die Felder waren nicht angebaut, die Sklaven waren geflohen, die Pflanzer waren tobt oder hatten ihre Plantagen während des
Krieges verlaſſen, große Ländereien waren der Re=
gierung zugefallen, welche an Deutſche, Irländer,
Italiener und Amerikaner verkauft werden, die Zucker
und Baumwolle im Kleinen bauen, wie es früher im
Großen geſchah. Vor der Revolution hatte das Land
einen hohen Werth und heute wird der Aecker um
2 Dollar verkauft. Iſt es auch im Sommer im
Süden ſehr warm, ungeſund und ſumpfig, die Plage
der Muskitos und ähnlichen Ungeziefers groß, herrſcht
ſehr häufig das gelbe Fieber und andere verheerende
Krankheiten, ſo zieht doch die Fruchtbarkeit des Landes und der große Verdienſt die Einwanderer mächtig
an, wenn auch viele frühzeitig ihr Leben laſſen müſſen.

Gibt es auch nicht ſo viele Städte im Süden
wie im Norden, ſo hatten wir doch ziemlich viele
Reiſende und hielten ziemlich oft an, jedoch der Auf=
enthalt war ſo kurz, daß es kaum der Mühe werth
war, das Schiff zu verlaſſen, bis wir endlich in
New=Orleans landeten, was von St. Louis in 12
Tagen geſchah.

19*

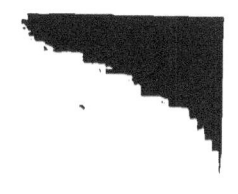

New-Orleans zählt gegen 300,000 Einwohner, ist aber sehr ungesund. Die Stadt zieht sich 14 bis 15 englische Meilen am Flusse dahin und ist eine Stunde breit. Sind auch in den äußern Theilen der Stadt, wie in allen Städten in Amerika, noch sehr viele Främhäuser, so sind doch in den Hauptstrassen die Häuser dicht aneinander gebaut und in der Regel 3 Stock hoch. Unter den Kirchen zeichnet sich besonders die Domkirche aus, ein Prachtgebäude, das von den Kapuzinern gebaut wurde, die hier noch in so gutem Andenken sind, daß das Portrait des letzten Kapuziners im Rathhause aufbewahrt wird. Gegenwärtig ist diese Kirche die Cathedrale des Erzbischofes. Unter den übrigen Kirchen zeichnen sich besonders die deutsche katholische Kirche der Redemptoristen und die Jesuitenkirche aus. Die Protestanten hatten hier nur etliche Betsäle, die Katholiken 26 Pfarrkirchen und mehrere Klosterkirchen, von denen die meisten geräumig und schön, einige sogar prachtvoll zu nennen sind.

New-Orleans wird nach Newyork für die größte Handelsstadt der Union gehalten, aber um diese Zeit stand der Handel stille, der Arbeitslohn war nicht viel höher als im Norden, Kost und Verpflegung bedeutend theurer und viele Arbeiter waren ohne Arbeit. Freilich war dieses im Hochsommer, wo man im Süden wie anderswo im Winter ausruht, da die Bauten und übrigen Arbeiten größtentheils im Winter, welcher im Süden sehr milde ist, geschehen. Mir schien es, daß die allgemeine Geschäftsstockung absichtlich herbeigeführt war, um den Süden zu bemüthigen, die alten Einwohner zur Auswanderung nach Mexiko zu zwingen und neue Einwanderer aus Amerika und vom Auslande anzuziehen. Wie dem immer sei, viele der alten Einwohner verließen das Land und siedelten in Matamoras, einer Grenzstadt zwischen Texas und Mexiko, an.

Auch ich wollte gleich meine Reise nach Mexiko fortsetzen, mußte aber zu meiner größten Verwunderung erfahren, daß zwischen den Vereinigten Staaten und Mexiko keine regelmäßige Verbindung bestehe. Da gerade die Feier des damaligen Jubileums herannahte, ersuchte mich ein Pfarrer, seiner Gemeinde eine Mission von 8 Tagen zu geben. War auch anfänglich die Theilnahme schwach, am dritten Tage konnte die Kirche die Leute kaum mehr fassen. Unter diesen meinen Zuhörern waren nicht nur Katholiken, sondern auch Andersgläubige und sogar Juden. Bei dieser Gelegenheit kam ein Geistlicher zu mir und ersuchte mich, seine Beicht zu hören, wenn es mir möglich sein sollte. „Wie so?" fragte ich begierig. „Ich war Pfarrer," fing er zu erzählen an, „in der St. Rosapfarrkirche bis zur Zeit, wo die Neger frei wurden. Der Herr Erzbischof excommunizirte alle Neger, welche ihre Herrschaft verließen und verbot allen Priestern, die Todesstunde selbst nicht ausgenommen, die Beichten solcher Neger zu hören, wenn sie sich nicht entschließen, zu ihrer Herrschaft zurückzukehren. Die protestantischen Missionäre kauften die Häuser an, wo die Neger früher auf Befehl ihrer Herrschaft geprügelt wurden, verwandelten sie in Bethäuser und schilderten ihnen in selben die Wohlthaten des Protestantismus, welcher sich ihrer annimmt, während die katholische Kirche sie aus ihrer Gemeinschaft ausschließt. Die Folge davon war, daß viele Katholiken die katholische Kirche verließen und protestantisch wurden. Beim Anblicke so vieler kostbarer Seelen, die mit dem Blute Jesu Christi erkauft sind, erbarmte ich mich derselben und schaffte sie nicht aus meiner Kirche hinaus, wie andere Priester thaten. Ich nenne diese Kirche nicht nur meine Kirche, weil ich Pfarrer derselben war, sondern auch weil ich sie erbaut habe und sie ³/₄ Theile auf meinem Grunde steht. Ich wurde suspendirt, meiner Kirche entsetzt, meine Funktionen waren zu Ende bis General Butler, welcher damals die Stadt befehligte, mich rufen ließ und mir auftrug meinen Gottesdienst wie früher zu halten. Ich erklärte ihm, daß ich dieses als katholischer Geistlicher, der seinem Bischof Gehorsam versprochen hat, nicht thun könne. Er ließ den Erzbischof hierauf rufen und erklärte ihm mit kurzen Worten, daß, wenn er mir, dem einzigen katholischen Geistlichen in der Stadt, der sich der Neger annehme, ferners irgend ein Hinderniß in Weg legen sollte, er ihm die Domkirche abnehmen und Mc. Mastre (der Name des Geistlichen) einräumen werde. Der Erzbischof schwieg, ich aber verlangte meinen Reisepaß, da in dieser Zeit niemand ohne Paß die Stadt verlassen konnte. Statt des Passes erhielt ich von General Butler den Auftrag, meinen Gottesdienst wie früher zu halten. Ich mußte meinen Gottesdienst in meiner Kirche fortsetzen, bis sich die Neger selbst eine Kirche und ein Pfarrhaus gebaut hatten, in welchem ich jetzt wohne. „Ich bin bereit," setzte er bei, „mich jeder Buße zu unterziehen, nur kann ich meine Gemeinde nicht verlassen, weil ich für sie fürchte." Es läßt sich denken, wie viel Aufsehen und Gährung diese Angelegenheit unter dem Volke hervorgerufen hatte, da der Charakter dieses Priesters unantastbar war und seine Freunde ohne Zahl. Bereits mehrere fromme Priester hatten mit mir über diese Angelegenheit gesprochen und ich gab mich der Hoffnung hin, daß der Erzbischof jetzt, wo die Neger ohnehin alle frei waren, seinen Schritt bereuen und die nächst beste Gelegenheit benützen werde, seinen Fehler gut zu machen, rieth dem Pfarrer seine ansehnlichsten Freunde zum Erzbischofe zu schicken und ihn zu bitten, um des Jubileums willen Priester und Gemeinde zu begnadigen. Es geschah, aber der Herr Erzbischof hatte nur das eine Wort für sie, „für euch ist kein Jubileum." Unterdessen hatte ich noch genauere Erkundigungen über den Fall eingezogen, konnte nicht mehr zweifeln, daß die obige Angabe wahr sei, und rieth die Sache nach Rom zu richten. Der Geistliche zweifelte an einer Berücksichtigung in Rom und entschloß sich zu meinem Rathe auf mein und anderer Priester Zureden und auf mein ausdrückliches Versprechen, daß ich mich der Angelegenheit annehmen werde. Ich that, wie ich versprochen hatte und erhielt für meine Empfehlung nach ein paar Monaten einen scharfen Tadel von Rom. Mir scheint, daß der Erzbischof zur Verantwortung gezogen wurde und sich unwahrer Mittel zur Rechtfertigung bedient hat. Rom nahm sich jedoch der Neger an und trug den Bischöfen in Amerika auf, für das Seelenheil derselben zu sorgen, was auch geschah.

In einer größern Stadt in Amerika halten sich immer mehrere suspendirte Geistliche auf und New-Orleans macht hievon keine Ausnahme. Der eine dieser Geistlichen hielt Schule, ein anderer nannte sich Doktor der Medizin, ein dritter hielt eine Bierhalle, ein vierter wurde Prediger und ein fünfter Advokat. Einen solchen Geistlichen kannte auch ich in New-Orleans und entschloß mich ihn aufzusuchen. Er war im Kriege, kehrte jedoch noch vor meiner Abreise nach New-Orleans zurück. Er erzählte mir, daß er nicht verheiratet sei, an Sonn- und Feiertagen die Kirche regelmäßig besuche und oft unter der Woche Stunden in den Kirchen zubringe. Ich bot ihm meine Dienste zur Versöhnung mit der katholischen Kirche an, er aber verzichtete auf selbe, weil es ihm als Advokat in einer Woche mehr trage als als Geistlicher in einem Jahre. O wie thöricht sind die Menschen, welche was sie hart verdienen, den Advokaten zuschleppen!

New-Orleans, die südlichste Stadt der Vereinigten Staaten, am mexikanischen Meerbusen, war während des Bürgerkrieges die erste, welche von den nördlichen Truppen eingenommen wurde. Gleich nach dem Beginne des Krieges schickte die Regierung von Washington, wahrscheinlich um die Zufuhr aus Europa abzuschneiden, einige Schiffe mit Soldaten. An der Mündung des Missisippi in den mexikanischen Golf erwarteten die südlichen Soldaten die nördlichen, aber nur, wie es scheint, um ihnen das Geleit in die Stadt zu geben. Kaum hatte man in der Stadt etliche Schüsse gehört, so nahten auch schon die südlichen Soldaten der Stadt und verkündeten, daß die nördlichen Schiffe im Anzuge sind. Das Volk lief dem Missisippi zu und sah 3 Schiffe daherschwimmen, die Alles eher als Kriegsschiffe genannt zu werden verdienten Die Stadt erhielt 24 Stunden Zeit zur Uebergabe, das südliche Militär zog ab, das nördliche ein und die Freiheit der Neger wurde proklamirt. Ich war zwar immer der Meinung, daß der Ausgang eines Krieges gewöhnlich schon beim Beginne bestimmt sei, hier aber merkten dieses selbst gewöhnliche Leute. Oft hörte ich aus dem Munde südlicher Soldaten, „an den Generälen hat es gefehlt," und in der That lag die Schuld nicht an den gemeinen Soldaten, aber die gemeinen Leute mußten die Folgen mit den übrigen leiden.

Vereine und Geschäfte.

Eine nothwendige Folge des amerikanischen Regierungssystems ist das Vereinswesen. Eine Parteiregierung bedenkt die Schaffung von Vereinen. Bei einer Parteiregierung ist die Stärke Alles, und wer da immer glaubt, seinem Gegner nicht gewachsen zu sein, verbindet sich mit Andern. Unter diesen Vereinen stehen oben an, die geheimen Gesellschaften.

Unter geheimen Gesellschaften versteht man eine Verbindung von Männern, die sich zu ihrem Endziele die Regierung der Welt gesetzt haben und keine Mittel scheuen, ihren Zweck zu erreichen. Sie werden **geheime** Gesellschaften genannt, weil sie sowohl ihr Ziel als die Mittel, die sie anwenden, dieses Ziel zu erreichen, vor der Welt stets geheim halten. Es bestanden zwar geheime Gesellschaften schon zur Zeit Christi, aber eine Ausdehnung und Macht, wie sie in unsern Tagen erlangt haben, hatten sie in frühern Zeiten wohl kaum erreicht. Ihre Macht erstreckt sich über die ganze civilisirte Welt und auch in den uncivilisirten Ländern macht sich ihre Herrschaft geltend. Ihre Mitglieder haben die ersten Aemter im Staate wie in der Kirche und sehr viele Geschäftsleute und ansehliche

Grundbesitzer gehören ihnen an. Ihr Einfluß ist in allen Zweigen des Lebens erkennbar und ihrer Macht kann sich niemand entziehen. Sind in Amerika immer zwei Parteien, welche nach der Regierung streben, so gehören die hervorragendsten Männer der einen wie der andern Partei den geheimen Gesellschaften an, und wer immer als Sieger aus der Wahlurne hervorgeht, gehört den geheimen Gesellschaften an. Diese Gesellschaft läßt neben sich keine zweite Macht im Lande bestehen; Alles muß sich vor ihr beugen. Selbst die Religion muß ihrem Zwecke dienen, wenn sie nicht ihrer Macht weichen will. Scheinen auch oft ihre Mitglieder für die Religion begeistert zu sein, so geschieht es nur des Vortheils wegen. Sie nennen sich zwar Alle „Brüder," haben aber verschiedene Grade, von welchen jeder seine eigene Welt bildet, indem jeder nur die Geheimnisse seines Grades kennt. Ihr Gott ist die geheime Gesellschaft, Loge genannt, und die Menschheit betrachten sie als ihnen untergeordnet. Sie haben in großen Städten die prachtvollsten Häuser, wo sie ihre Zusammenkünfte halten, in kleinern aber miethen sie oft nur Zimmer zum genannten Zwecke. Ihre Zusammenkünfte finden in der Regel am späten Abende statt, und zwar in größern Städten wöchentlich, in kleinern aber oft nur einige Male des Jahres. Bei einer jeden dieser Versammlungen berichten sie die Vorfälle der Gegend, erhalten ihre Aufträge, leisten ihre Zahlungen, unterhalten sich unter einander, können sich an dem weiblichen Geschlechte ergötzen, das Ende aber macht immer eine Collekte für die Armen oder einem andern wohlthätigen Zweck. Sie haben die höchste Achtung vor ihren Vorgesetzten, marschiren vor ihnen her wie Soldaten im Gliede, während jene ihnen in den schönsten Chaisen nachfahren. Bei ihrer Aufnahme in den Orden, müssen sie mit ihrem Leben dafür einstehen, daß sie keines der Geheimnisse der Gesellschaft entdecken, und müssen versprechen, bei den Revolutionen und Volksgährungen thätig zu sein. Ihre Bezahlungen zur Loge sind oft sehr bedeutend und wenn sie aufhören zu zahlen, hören sie auf Mitglieder zu sein; erfüllt jedoch ein Mitglied seine Schuldigkeit bis zum Grabe, so wird es von seinen Brüdern begraben und hierauf laufen sie um das Grab herum und werfen Immergrünzweige in dasselbe. Es ist den Mitgliedern nicht verboten, einander zu betrügen und zu hintergehen, nur gegen Nichtmitglieder müssen sie einander begünstigen. Wird im Leben jede Leidenschaft begünstigt, so wird im Tode jeder gelobt. Die Tendenz ist destuctiv. Sie verstehen es, die Großen zu spielen, das Volk vor sich herzutreiben, zum Volke herabzusteigen, selbem eine kleine Lockspeise hinzuwerfen, und wo diese nicht anzieht, zu drohen, zu verfolgen und in's Unglück zu versetzen. Nie wird ein Mitglied dem Tode entgehen, wenn über dasselbe die Loge den Stab gebrochen hat. Sie verzweigen sich in verschiedene Vereine, von welchen die Freimaurer den ersten Rang einnehmen.

Sie nennen sich Freimaurer, nicht nur um ihren Anhängern anzuzeigen, daß sie innerhalb der Mauer ihrer Gesetze frei sind, sondern auch dem Volke ihren eigentlichen Zweck zu verbergen. Sie sind bereits in der ganzen weiten Welt verbreitet, verfolgen allenthalben dasselbe Ziel und scheinen in Amerika die Reichsregierung so ziemlich in Händen zu haben. Von ihren Vorständen werden die Logen der übrigen geheimen Gesellschaften eingeweiht und ihre Mitglieder gehören nicht selten auch noch andern geheimen Gesellschaften an. Den Freimaurern zunächst stehen die sogenannten Oddfellos.

Die Oddfellos sind Abkömmlinge der Freimaurer, stehen mit ihnen in Verbindung, verfolgen dasselbe Ziel, scheinen sich aber in Amerika mehr der Staatsregierung als der Reichsregierung in ihrer Thätigkeit zuzuwenden. Sie leiten ihren Ursprung von England ab, wo sich ein gewisser Odd mit den Freimaurern zerschlug, eine eigene Loge gründete, und daher Oddfellos (Oddsnachfolger) genannt werden. Ihre Gesetze sollen milder und ihre Handlungsweise gemäßigter sein, als die der Freimaurer.

Außer ihnen gibt es noch unzählige Logenbrüder im Lande, als: Hermansbrüder, Mäßigkeitsapostel ꝛc., aber sie sind von den obigen Logen abhängig und geleitet und werden in der Regel zu untergeordneten Zwecken benützt. Ueberhaupt, wer immer glaubt, mittelst eines Vereines sein Leben

leichter machen zu können, gründet einen Verein
oder läßt ihn eingehen, je nachdem es seinem Zweck
zusagt. Die Gründer der politischen Vereine gehö=
ren im Lande in der Regel den geheimen Gesell=
schaften an und der Verein selbst steht mit ihnen in
Verbindung Von dieser Verbindung scheinen selbst
nicht ganz unabhängig zu sein die Räuberbanden
von Newyork und Chicago 2c., die Pflastertretter, in
Amerika Loffers genannt, sowie die gemeinen Dir=
nen, bei uns Kartendamen genannt, sie mögen in
Häusern beisammen wohnen oder einzeln einherwan=
dern. Es ist merkwürdig, wie die geheimen Gesellschaften diese Gattung Leute heranzuziehen und
für ihre Zwecke zu benützen verstehen, bald sie füt=
tern, ernähren und vermehren, bald sie Hunger lei=
den lassen und vermindern, je nachdem sie der=
selben bedürfen. Sie sind ihnen zur Regierung
des Landes zum wahren Bedürfnisse für die nie=
dern Klassen geworden, sind aber stets so gehalten,
daß sie der Regierung selbst nicht schädlich werden
können. Sie machen die besten Soldaten im Kriege
und sind die dienstgefälligsten Werkzeuge im Frieden,
wenn es sich handelt, das gute Volk zu necken, zu
beunruhigen, zu reizen, zu rauben, zu morden, zu
brennen. Sie bedürfen nur eines Winkes, so fallen
sie über ihr Opfer her, und müssen sich oft harte
Strafe gefallen lassen, wenn sie ohne höhern Befehl
sich etwas zu Schulden kommen lassen. Hinter
ihnen halten sich die Mitglieder der geheimen Ge=
sellschaft recht gerne verborgen, wenn es gilt ge=

meine Handlungen auszuführen. Sie scheinen benützt worden zu sein, Chicago in Brand zu stecken, leisten gute Dienste bei Revolutionen, sind geeignete Werkzeuge Städte und Länder zu verwüsten, die Throne zu stürzen und werden die Leibgarde der geheimen Gesellschaften genannt.

Auch der gewöhnliche Arbeiter und Handwerker wird von den geheimen Gesellschaften nicht vergessen. Haben die Arbeiter auch nicht immer die Mittel, um sich den geheimen höhern Gesellschaften anzuschließen, so werden unter ihnen selbst Vereine gebildet und selbe von Freimaurern eingeweiht und geleitet. Auch gehören die Vorstände dieser Vereine bereits immer den geheimen Gesellschaften an. Es bestehen unzählige Arbeiter und Handwerkervereine im Lande, welche alle dem Scheine nach Hebung des Arbeiterstandes und gegenseitige Unterstützung zum Zwecke haben, aber auch zu politischen Zwecken benützt werden und Einzelnen dienen müssen, sich selbst zu bereichern. In der That war es Amerika, welches vor allen übrigen Ländern dem Arbeiter Gerechtigkeit wiederfahren ließ und ihn in seine menschlichen Rechte einsetzte, während sie in andern Ländern noch lange als Sklaven behandelt wurden. Dafür ist gewiß jeder Arbeiter dem Lande dankbar, wenn auch in neuerer Zeit für den Arbeiter nicht immer besser gesorgt ist, als in den alten gesorgt war. In den alten Zeiten wurde der Diener wie die Magd als Familienglied betrachtet, hatte Kost und Wohnung bei der Herrschaft, wurden zu mäßiger

Sparsamkeit angehalten, im Alter war für Spitäler gesorgt, in der Jugend für Waisen- und Krankenhäuser; in der neuen Zeit ist der Arbeiter sich selbst überlassen, in Wirthshäusern jeder Gefahr ausgesetzt, er spendet sein Geld frei und wenn er im Alter oder in Krankheit zu einem Vereine seine Zuflucht nehmen will, ist der Verein längst beraubt oder aufgehoben; in den alten Zeiten wurden genannte Anstalten von den Reichen für die Armen errichtet, heute werden sie mit dem Gelbe der Armen errichtet, Gründer, Verwalter, Aufseher bereichern sich und die armen Leute können Hunger leiden; in den alten Zeiten lebten die Vorstände dieser Anstalten von den milden Stiftungen der Reichen, heute von dem, was sie den armen Inwohnern abziehen und zurückhalten; in den alten Zeiten waren diese Anstalten frommen Leuten anvertraut, die sich dem Wohle der armen einzig und allein aus Liebe zu Gott gewidmet hatten, heute werden sie solchen anvertraut, die Einfluß und Geld besitzen, sich solche Stellen zu verschaffen; kurz, in den alten Zeiten lebten die Armen von den Reichen und heute die Reichen und die schlauen Schwindler von den Armen. Freilich hat der Arbeiter heute einen höheren Lohn als in den alten Zeiten, aber es ist auch Alles theurer geworden und sein geringer Lohn wird ihm nur gegeben, um ihn wieder nehmen zu können. Man thut dieses nicht nur in den gesunden Tagen, sondern selbst noch im Krankenhaus und Spital, indem man nicht selten noch von dem abzieht, was man zu reichen verpflichtet ist. Wohl erlaubt man dem Arbeiter sich zu verehelichen, aber sein Verdienst ist selbst in Amerika so spärlich zugemessen, daß er damit kaum eine Familie ernähren kann. Was sind die 6 Dollars per Woche in diesem Lande, die der Arbeiter beim Stricke, in Krankheit ꝛc. aus der Vereinskasse erhält, wenn er in gesunden Tagen mit 20 Dollars seine Familie kaum ernähren kann? Hat er nicht immer mehr in die Kasse einbezahlt als er aus derselben erhält? Womit bestreiten diese Vereine ihre Auslagen, wenn nicht mit dem Gelde der armen Arbeiter? Sind die neuen Vereine etwas Anderes als Zufluchtsstätten der Einzelnen, sich auf Kosten Vieler zu bereichern? Unsere edlen Männer, die Spitäler, Waisenhäuser, Krankenhäuser und Versorgungsanstalten aus Liebe Gottes gründeten, sind nicht mehr; heute will jeder auf Kosten seiner Mitmenschen reich werden. Gehen wir nun zu den christlichen Vereinen über.

So lange die christliche Kirche besteht, bestehen die christlichen Vereine. Christus selbst ist der Gründer dieser Vereine, indem er die 12 Apostel auswählte, und seit dieser Zeit finden wir in der Kirche Christi religiöse Vereine. Oder was sind denn die geistlichen Orden anders als Vereine von Männern und Frauen für bestimmte religiöse Zwecke? In der Zeit verlor das Salz seine Kraft, die Religion war von den Leidenschaften der Menschen verdunkelt worden, Gott erweckte fromme Männer, die vereint mit einander und vom gleichen Geiste beseelt, dem Menschengeschlechte seine Verirrungen zeigten und es zu seiner ursprünglichen Bestimmung zurückzuführen bemüht waren. Diese frommen Männer erkannten die hohe Bestimmung des Menschen, der sich durch Leidenschaften bis unter das arme Vieh erniedrigt hatte, und lehrten die Menschheit, wie sie sich zur ursprünglichen Würde erheben, glücklich leben und selig sterben könnte. Um diesen Zweck zu erreichen, bildeten die Benediktiner die Jugend heran, steuerten die Franziskaner dem Laster entgegen und führten die Jesuiten die Abgefallenen zur Kirche zurück. Was diese Orten geleistet, ist anerkannt; bewahrten die Benediktiner die Jugend vor Verführung und eiferten die Alten zum Guten an, so entrissen die Franziskaner alle jene dem Laster, die eines guten Willens waren, während die Jesuiten Licht verbreiteten, wo sie hinkamen, Tausende der verlorenen Schafe zur Heerde zurückführten und sie mit geistlichen Nahrungsmitteln versahen. Aehnlich diesen Orden wirkten alle übrigen in der Kirche Gottes.

Die geheimen Gesellschaften betrachten die Frau nur als ein Werkzeug des Mannes, das wohl zu benützen aber in keine Geheimnisse einzuweihen ist; die Kirche aber hat die Frau wie den Mann in ihre Geheimnisse eingeweiht und so theuer ihr der Mann ist, so theuer ist ihr die Frau. Waren es Männer, die die Seelen erschütterten und zu Gott zurückführten, so waren es Frauen, die ihre Gebete zum Himmel sandten und die Erschütterten mit liebreichen Händen aufnahmen. Mit den Männerorden zugleich entstanden die Frauenorden und soviel Gutes die Männer wirkten, soviel wirkten auch die Frauen. Wo das Wirken der Männer nicht hindrang, drang das der Frauen, und da die Männerorden längst aufgehoben waren, waren die Frauenorden noch thätig.

Aber auch in der Welt hat die Kirche den Dienst der Frau nie unterschätzt; auch in ihr scharten sich Frauen wie Männer, beteten, fasteten, gaben Almosen und wirkten zum Besten der Menschheit, wie wir es im III. Orden des heiligen Franziskus und Dominikus 2c. finden. Daher kam es auch, daß die Menschen in Reichthum wie Armuth sich glücklich fühlten und die Welt einem Paradies immer mehr ähnlich zu werden schien. Die glückliche Menschheit verband sich mit der unglücklichen, um auch sie glücklich zu machen, und so entstanden nicht nur unsere Klöster sondern auch die Bruderschaften, die sich bereits über den ganzen Erdkreis verbreiteten.

Hat man diese geistlichen Orden und Bruderschaften in andern Ländern aufgehoben oder vermindert, so läßt man ihnen in Amerika bis jetzt volle Freiheit angedeihen. Es gibt dort nicht nur Hunderte von Mannsklöstern, die sich dem Unterrichte der Seelsorge und den Missionen widmen, sondern auch Tausende von Frauenklöstern, die sich mit der Erziehung der Jugend, der Pflege der Kranken, dem Wohle der Armen und Waisen abgeben. Ihre

Hingebung ist nicht nur von den Katholiken sondern auch von den Andersgläubigen anerkannt. Außer diesen geistlichen Orden bestehen auch katholische Vereine fast in jeder Gemeinde, welche in den Städten in Unterstützungs=, Schul=, Waisen= und Armenvereine verfallen, auf dem Lande aber, wo diese Vereine keinen Zweck hätten, weil es dergleichen Hilfsbedürftige nicht gibt, in Vereine zur Schmück=ung der Kirchen und Beförderung des religiösen Le=bens sich theilen. Wie in den alten Zeiten die Orden und Bruderschaften verschiedene Namen führten, so in Amerika die katholischen Vereine. Die Namen aller dieser Vereine aufzuzählen wäre unmöglich, da man im Lande auch dem religiösen Eifer keine Hindernisse setzt. Man glaube jedoch nicht, daß diese religiösen Vereine nicht ebenso für das eigene Interesse ausgebeutet werden, als dieses bei den politischen der Fall ist. In der Regel betrachtet man das Eigenthum des Vereines als sein Eigen=thum oder macht es sich möglichst zu Nutzen. Möchten die Mitglieder eines Vereines dafür sorgen, daß das Geld des Vereins auch den Statuten ge=mäß verwendet werde!

Bereits an jedem Hause, in jeder Anzeige findet man N — und Compagnie. Es sieht in Amerika aus, als wenn ein einzelner Mann kein Geschäft mehr treiben könnte. Die Farmer allein machen bis jetzt hievon eine kleine Ausnahme, aber auch sie haben bereits angefangen, Vater und Söhne zu schreiben, und werden vielleicht in Bälde statt Söhne Compagnie setzen. Es hat dieses vor Allem darin seinen Grund, daß die Regierung kein Eigenthum hat, sondern einzig und allein von den Steuern besoldet ist, welche das Volk zu diesem Zwecke ausgesetzt hat. Jedes großartige Unternehmen als: Eisenbahnen, Wasserleitungen, Brücken- und Straßenbauten, Gasbeleuchtungen und ähnliche Unternehmen werden daher vom Volke unternommen und ausgeführt. Es hat dieses das Gute, daß das Volk aus allen diesen einträglichen Unternehmungen den Nutzen zieht. Da aber diese großartigen Bauten und Unternehmungen selten von einem Manne unternommen werden können, so werden sie in Compagnie unternommen und mit Aktien ausgeführt. Mit diesen Aktien geht es in Amerika, wie überall in der Welt, ein hinlängliches Kapital wird aufgenommen, beim Baue zieht man den größten Vortheil aus dem Unternehmen, milkt die Kuh so lange sie Milch gibt, verkauft sie hierauf und die Aktieninhaber können sehen, was sie bekommen. Um das Geld zu einem solchen Unternehmen zu erhalten, wird das Unternehmen hochgepriesen, die Aktien unter dem Werthe verkauft und hohe Zinsen versprochen. Eine zweite Ursache dieses Compagniewesens ist die Großartigkeit des Geschäftswesens. Mit der ganzen bekannten Welt treibt Amerika Handel und die Vereinigten Staaten selbst sind fast so groß als ganz Europa. Schiffsladungen, die Millionen Dollars werth sind, kommen an und

gehen ab, großartige Bebürfnisse wie großartigen
Ueberfluß hat das Land, welche leichter in Com=
pagnie als allein umgesetzt werden. Daher diese
kolossalen Bank= und Geschäftshäuser, von welchen
man vielleicht nur in England einen Begriff hat;
daher dieses großartige Fabrik= und Geschäftswesen,
wie man es wohl nirgends mehr in der Welt findet.
Eine dritte Ursache liegt in der Freiheit aller
Geschäfte und Gewerbe und in dem leichten Verkehr.
Ohne es auch dem Gerichte nur anzuzeigen, kann man
im Reiche, wo und wann man will ein Geschäft anfangen und aufgeben, und unter jedem beliebigen Namen
ein neues Geschäft beginnen. Bei dem Namen, den
man sich gibt, wird man genannt, und das Ge=
schäft, das gerade geht, treibt man. Geht zu ge=
wissen Zeiten ein Geschäft nicht, so treibt man ein
anderes, und bricht man an einem Orte, so fängt
man anderswo an. Man verläßt das Geschäft, das
man erlernt hat und wendet sich einem andern zu,
das man nicht erlernt hat. Nicht nach der Lehr=
zeit frägt der Amerikaner, nur um die Arbeit
kümmert er sich. Da aber die meisten Leute arm
in's Land kommen und selbst die Amerikaner
nicht alle reich sind, so widmet man sich in
Städten dem Taglohne nur so lange, bis man
sich verbessern kann. Hat sich ein kluger Mann
so viele Freunde erworben und ist er bekannt
geworden, so wünscht er nicht länger andern zu
dienen und fängt sein eigenes Geschäft an. In
der Regel fehlt ihm aber das nothwendige

Geld und er tritt mit einem Zweiten und Dritten in Verbindung, um anfangen zu können. Nun tragen aber selten diese kleinen Geschäfte so viel, daß 3 Familien leben können und noch seltener finden sich 3 Männer, die lange mit einander Geschäfte machen wollen. Der Schlaueste aus ihnen hat gewöhnlich beim Beginn des Geschäftes den schlauesten Contrakt abgeschlossen und zieht am Ende das Geschäft an sich. Kann der Bankier keine guten Geschäfte mehr machen, übersteigen die Auslagen bei Feuerversicherungsgesellschaften die Einnahmen, ist das Geld in die Lebensversicherung einbezahlt, so bricht die Bank und der Bankier fängt unter einem andern Namen in einer andern Stadt dasselbe Geschäft an. Aehnlich geht es bei den Eisenbahngesellschaften, Brücken- und Strassenbauten und wie diese Gesellschaften immer genannt werden mögen. Auch die großen Handelshäuser machen hievon keine Ausnahme, aber im Kleinhandel ist dieses nicht so leicht möglich, da man anfänglich keine Waaren auf Credit bekommt. Der Klügste beschwindelt daher seine Mitcompagnien, lockt ihnen ihr geringes Vermögen unter Schmeicheleien und Gefälligkeiten aus der Tasche, versetzt das Geschäft in Schulden, bereichert sich möglichst, bringt das Geschäft in schlechten Ruf, fängt mit seinen Collegen Streit an und neckt sie so lange, bis sie ihm das Geschäft allein überlassen. Gewöhnlich sind sie um diese Zeit um ihr Vermögen gekommen und müssen zu ihrer früheren Beschäftigung zurückkehren. Daher heißen die

Deutschen im Lande jede Compagnie „Lumperei."
Dieses ist das gewöhnliche Ende bei allen Vereinen
im Lande, die katholischen vielleicht allein ausge=
nommen.

Mexiko.

Schon in meiner Jugend hörte ich von den Revolutionen in Mexiko und meine Lehrer, die von Politik soviel als ich verstanden zu haben scheinen, schilderten mir die Mexikaner als ein unruhiges verkommenes Volk. Was man aus dem Munde seiner Lehrer hört, glaubt man, und es zu bezweifeln, fällt selten einem Studenten ein. Erst später, als ich in diese Art von Unruhen etwas mehr eingeweiht wurde, schienen sie mir etwas verdächtig und ich schickte mich an, sie näher kennen zu lernen. Es war dieses um die Zeit, wo der amerikanische Bürgerkrieg bereits beendigt war und Kaiser Max, dessen Tod die Aufmerksamkeit von ganz Deutschland auf sich gezogen hat, Mexiko regierte. Ich weiß, daß mein geneigter Leser begierig ist, die Erfahrungen zu hören, die ich in diesem unglücklichen Lande gemacht habe und ich habe keine Ursache sie ihm vorzuenthalten. Ich brauche nicht zu bemerken, daß diese Unruhen und Bürgerkriege im genannten Lande bereits mehr als hundert Jahre wüthen, weil dieses ohnehin bekannt ist.

Nach einer unglücklichen Fahrt von 30 Tagen kamen wir in die Nähe der fruchtbaren Felder, Wiesen und Waldungen von Mexiko und im

Rücken derselben erhoben sich schöne Anhöhen, über welche die stattlichen Felsen hervorragten, und unter diesen auch jener, bei dessen Anblick die Spanier bei der Entdeckung dieses Landes am 2. April 1519 „Vera-Cruz" (ein wirkliches Kreuz) ausriefen. Es ist dieses einer der höchsten Felsen der Gegend, dessen Spitze ein wirkliches Kreuz bildet. Unweit dieses Berges am mexikanischen Meerbusen, liegt die Stadt Vera-Cruz, an deren Gestaden wir bald hierauf landeten. Nach wenigen Minuten war auch schon die Sanitätspolizei und Mauthkommission auf unserem Schiffe eingetroffen und wir verließen bald hierauf das Schiff. Eines der ersten Gebäude, welches wir vom Meere aus sahen, war das Franziskanerkloster, welcher Orden in Mexiko, wie in vielen andern Ländern, ehemals eine bedeutende Rolle spielte. Es war ein großes Gebäude mit einer großen Kirche, welches noch sehr gut erhalten zu sein schien und keinen Zweifel übrig ließ, daß es von Klostergeistlichen bewohnt sei. Meine Mitreisenden hatten mich in dieser meiner Ansicht bestärkt und meine erste Frage bei meiner Landung war: „wie viele Franziskaner wohl in diesem großen Kloster wohnen könnten?" Ich wurde über den Rücken angesehen und ein nahestehender Herr antwortete, daß die letzten Mönche vor 14 Jahren vertrieben worden seien, während ein anderer ihm zuflüsterte „dieser Herr träumet von den alten Zeiten." Hierauf wendete er sich gegen mich und sagte: „Im Innern des Landes mögen sie noch

Klöster finden." Diese Worte waren für mich befremdend, denn ich hatte mir Mexiko als ein wildes, ödes, verwüstetes Land vorgestellt, welches sein Heil von Amerika erwartet.

Vera=Cruz ist eine schöne regelmäßige spanische Stadt mit 10,000 Einwohnern, mit schönen nicht recht hohen Ringmauern umgeben, welche an verschiedenen Stellen schöne Thürme zieren. Vier schöne Thore führen in die Stadt und außerhalb derselben befand sich noch vor etlichen Jahren kein Haus. Die Stadt ist im Quadrat angelegt, hatte lauter schöne breite Straßen und die Häuser waren größtentheils 2 Stock hoch. So ziemlich in Mitte der Stadt, in der Nähe der Pfarrkirche, befindet sich ein schöner Park und in der Umgebung desselben wohnte die vornehme Welt.

Mexiko hat ein sehr angenehmes Klima, ist im Sommer des Meeres und der Berge wegen nicht zu warm und im Winter nicht kalt. Sind im Winter auch die Berge mit Schnee bedeckt, so graset doch das Vieh in den Thälern auf der Weide. Das Land ist so fruchtbar, daß die Felder strotzen von Reis, Mais, Flachs, Kartoffel, Jams, Pfeffer, Tabak und andern Früchten, während die Baumwollstaude, die Weinrebe, das Zuckerrohr und die Kaffestaude an Ergiebigkeit keinem andern Lande nachstehen; die Ställe sind überfüllt mit Rindvieh, Pferden, Mauleseln, Schafen, Schweinen, Hühnern und Gänsen, und die Fasanen, Papageien, Bienen und Seidenraupen bringen sich wild in den Wäldern fort. Holz hat

Mexiko im Ueberfluß, an Eisen, Kupfer, Quecksilber fehlt es nicht, seine Silberminen sind weltbekannt und selbst Gold, Smaragden und Diamanten sollen gefunden werden. Die an Amerika grenzenden Gegenden ausgenommen, ist das Land sehr bevölkert und man begegnet immer einem Dorf neben dem andern, während die Städte nie weit von einander entfernt sind. Die Städte sind in Mexiko wie in Europa und nicht wie in den Vereinigten Staaten, wo selbst in den größten Städten bald ein Haus aus Marmor, bald aus Ziegelsteinen, bald wieder aus Holz gebaut ist, die Strassen bald gepflästert bald nicht gepflästert sind und in Mitte der Häuser leere Bauplätze mit schlechter Einzaunung gefunden werden. Es ist in Vera-Cruz wie in allen mexikanischen Städten, immer ein Haus ans andere gebaut, immer ein Haus dem andern ähnlich und immer eine Strasse wie die andere. In keiner Stadt in Mexiko fehlt es an freien Plätzen oder öffentlichen Parks und Anlagen, wo es im Sommer so angenehm ist, freie Luft zu schöpfen. Auch begegnet man nicht jenen alten Häusern, die in den europäischen Städten oft so schabhaft geworden sind, daß sie kaum mehr zu bewohnen sind, sondern die Städte sehen neu aus und sind doch ganz ausgebaut. Was die Bauart betrifft, so ist sie die spanische und wer eine spanische Stadt gesehen hat, kann sich einen Begriff von einer mexikanischen machen, obgleich die spanischen Städte weit hinter den mexikanischen zurückbleiben. Wohl kann man sagen, welches die größte Stadt in Mexiko ist, welches aber die schönste sei, ist schwer zu bestimmen, denn immer ist eine wie die andere gebaut. Ist auch Vera=Cruz nicht so groß wie die Stadt Mexiko, Puebla und viele andere Städte im Lande, so ist es doch schöner als irgend eine andere Stadt gleichen Ranges in den Vereinigten Staaten.

Einen widerlichen Eindruck machen die aufgehobenen Klöster und Kirchen auf den Fremden. In jeder Strasse standen Klostergebäude und Kirchen, welche den verschiedenen Orden der katholischen Kirche angehörten und ehedem wahre Prachtgebäude waren, welche zur Zierde der Stadt beitrugen. Heute sind alle diese Klöster aufgehoben und theils geschlossen, theils dem Einsturze nahe, theils in Schutthaufen verwandelt. Es erregt ein eigenes Gefühl, wenn man durch die Strassen der Stadt geht und so vielen Kirchen begegnet, die schon zur Hälfte eingefallen sind, dessen Ueberreste aber noch Zeugniß geben, von der ehemaligen Größe und Schönheit derselben; bald aber auch den Ruinen der Klöster nicht ausweichen kann, welche ehedem die Pflanzorte der Tugend und Frömmigkeit, und die Zufluchtsstätten der Armen und Hungernden waren und jetzt bereits in Schutthaufen verwandelt sind. Würde doch wenigstens der Schutt entfernt sein! Ist er vielleicht bestimmt der Stadt ihr zukünftiges Schicksal anzuzeigen? Nur mehr eine Kirche in Vera=Cruz ist dem Volke zugänglich und ein Pfarrer und zwei Kapläne machen die ganze Geistlichkeit aus. Selbst im Innern des Landes sind alle Klöster aufgehoben, was wohl andeuten mag, daß keine katholische Macht im Anzuge ist. Noch unter Kaiser Max wurden Verhandlungen mit Rom angeknüpft, mehrere neue Bisthümer im Lande zu errichten und für Vera=Cruz war bereits ein Bischof bestimmt, aber das Unternehmen scheiterte, weil die Amerikaner es nicht zugaben, obgleich Mexiko für 8,000,000 Einwohner, welche alle katholisch sind, nur 8 Bisthümer hat

Man stellt sich das mexikanische Volk gewöhnlich wild und vernachläßiget vor, irret sich aber sehr. Die Mexikaner sind sehr feine, sittliche, gebildete Leute, und wenn es Wilde gibt, müssen sie vom Auslande gekommen sein. Die Mexikaner sind theils Abkömmlinge der Spanier, Creolen genannt, theils bekehrte Indianer, und stehen den Spaniern an Bildung und Tugenden nicht nach. Was die Frömmigkeit der Mexikaner betrifft, so vereinen sie den Eifer der Neubekehrten mit der Frömmigkeit ihrer Bekehrer. Ich war so tief gerührt bei dem Anblicke dieser verfolgten Nation, daß ich auf den Gedanken kam, dem Papste Vorstellungen über die Lage dieses Volkes zu machen, dachte aber nicht daran, daß ihnen der Papst so wenig helfen kann als ich. Ich kam mit einigen Deutschen zusammen, welche in der That waren, wie man sie in fremden Ländern trifft, aber selbst sie mußten zugestehen, daß die Mexikaner ein sehr christliches, sittliches, religiöses Volk sind. Unter Anderm machten sie die

Bemerkung, daß weder der Jude noch der Amerikaner im Lande Geschäfte machen kann, wenn er an Sonntagen nicht die katholische Kirche besucht. Auch wollten sie wissen, daß man die schlechte Welt mit ausländischen schlechten Frauenzimmern zu versehen habe, weil sie im Lande nicht zu bekommen seien. Man wird sich daher nicht wundern, wenn man von den vielen Mönchen, Priestern und Nonnen hört, die es in Mexiko gegeben hat, von den reichen Klöstern, großen Stiftungen und schönen Kirchen, von dem Eifer dieses Volkes für seine heilige Religion und der Anhänglichkeit an seine Priester; aber wundern würde man sich, wenn in einem solchen Lande der Armen vergessen würde, wenn sich niemand dem Klosterleben widmen wollte, wenn keine Bruderschaften und fromme Vereine bestehen und keine Anhänglichkeit an Gott und seine Kirche gefunden würde. Mexiko war ein glückliches Land, muß aber leider in unsern Tagen zu den unglücklichsten gezählt werden. Die Mexikaner tragen keine Schuld an ihrem Unglücke, werden mit Gewalt ausgerottet und aus den Armen der Eltern, Frauen und Kinder gerissen und unter Weinen und Seufzen zur Armee geschleppt. Sobald sich ihnen eine Gelegenheit bietet, verlassen sie die Armee und kehren zu den Ihrigen zurück. Jeder Desserteur, wenn er erwischt wird, wird erschossen. Wehmüthig ist es anzusehen, wie diese guten Leute mit dem Kreuze in der Hand unter Weinen und Schluchzen sterben müssen. Wohl mögen die Hauptführer der

Regierung sowohl als der Revolution Mexikaner sein; aber sind sie bei andern Revolutionen nicht gleichfalls von derselben Nation? Waren die Führer der Revolution in Ungarn, Spanien, Italien, nicht Ungarn, Spanier und Italiener? Gibt es ein Land, in welchem zu solchen Zwecken nicht Einzelne um's Geld gewonnen werden können? Weiß man nicht, daß, wenn in einem Lande eine Rovolution ist, der Auswurf der Menschheit sich in selbes flüchtet oder geschickt wird? Erwegt man nun auch noch die lange Zeit, welche die Bürgerkriege in diesem unglücklichen Lande währen, so muß man sich wundern, daß nicht die ganze Nation längst revolutionär geworden ist und alle guten Sitten im Lande untergraben sind. Man vergesse nicht, daß die Klöster aufgehoben sind, die Priester verjagt und die Nation in der Revolution aufgewachsen ist. Aber wenn das Volk so unschuldig an diesen Revolutionen ist, warum wählt es solche Präsidenten, die für die Revolution arbeiten? Wie fallen diese Wahlen in andern Ländern oft aus? Sorgt die einflußreiche Macht nicht vor Allem für ein günstiges Wahlgesetz? Führt man die Wahlen eher in einem Lande ein, als man sich hinlänglich in selben vertreten glaubt? Welche Mittel werden bei diesen Wahlen angewendet? Wie werden die Guten eingeschüchtert und welches Geld wird gespendet? Würde bei diesen Wahlen das gute Volk siegen, dürfte es auch seinen Sieg genießen? Würden nicht die Vorgesetzten selbst das Volk seines Rechtes berauben?

Könnten nicht aus fremden Ländern Hilfstruppen geschickt werden? Sollte aber auch die Wahl ganz rechtlich vor sich gehen, so hat ja das Volk gewöhnlich nur zwischen zwei Candidaten zu wählen, von welchen selten der eine viel besser ist als der andere. Ich bewundere die Einfalt dieses Volkes, welche darin besteht, daß es sich von der Wahlurne ferne hält, um, wo es nichts nützen kann, das Gewissen rein zu bewahren. Mexiko hat einen Gegner, dem es nicht gewachsen ist. Schon im Jahre 1810 hat dieser Gegner das alte Kaiserthum gestürzt und seit jener Zeit jedes Oberhaupt des Staates nach Willkühr ein- und abgesetzt. Mit vielem Gelde und langen Umtrieben wurde das alte Kaiserthum gestürzt und seit jener Zeit das Land nie mehr in Ruhe gelassen. Im Jahre 1849 war ein Theil des Landes so verödet und entvölkert, daß er annexirt werden konnte, und den andern erwartet dasselbe Schicksal. Ob es Brasilien, Chili und den übrigen Südstaaten besser ergehen werde, bezweifle ich sehr, wenigstens ist mir die Monrou-Lehre bekannt, welche lautet: „keine fremde Macht ist im Lande zu dulden," und die Revolutionen in diesen Ländern sind mir sehr verdächtig. Ein Haus kommt in andere Hände, ein Gut erhält einen andern Herrn und ein Land einen andern Herrscher. Wie Güter verkauft und Eigenthum an andere übergeht, so sind auch jederzeit Länder von andern Herrschern erobert worden oder an selbe übergegangen. Es ist dieses nichts Neues in der Welt.

Am Ende liegt auch wenig daran, wer Eigenthümer des Hauses sei, so lange es im guten Stande erhalten wird. Auch dem Volke kann wenig daran liegen, wer es regiert, so lange es gut regiert wird. Die Spanier haben Mexiko erobert, das Volk civilisirt, das Land urbar und das Volk glücklich gemacht. Was geschieht heute? Warum diese Bürgerkriege und Guirillasbanden? Haben sie einen andern Zweck als das Land zu verwüsten und die Einwohner todtzuschlagen? Kann Amerika nicht ohne diese Gräuelthaten das Land annexiren? Wer kann es hintern? Warum die Einwohner todtschlagen bevor man das Land annexirt? Will man das Land ohne die Einwohner? Ist die Welt nicht groß genug für seine Bevölkerung? „Lasset uns den Eigenthümer tödten und sein ganzes Habe gehört uns." O möchte man doch der Einwohner schonen und das Land nicht von Neuem ansiedeln! Leider ist dieses nicht die Politik unserer Tage. Die Nahrungsquelle der Politik ist das Geld, womit die Parteien organisirt und in Kampf miteinander getrieben werden. Wie der noble Herr die gemeine Arbeit nie selbst thut, sondern dafür bezahlt, so macht man es hier, und wie man zur gemeinen Arbeit Hände genug findet, so findet man sie auch zu dieser Arbeit. Mexiko, Brasilien, Cuba, Chili und andere Länder werden kaum Ruhe bekommen, bevor die Einwohner ausgerottet sind und das Land von Amerika annexirt. Bis dieses geschehen sein wird, werden noch Jahrhunderte vergehen und, wenn es Gott nicht anders wollen sollte, wird die Einwanderung in Amerika kaum früher enden.

Bei diesem Vorgehen von Amerika sah auch England seine amerikanischen Besitzungen bedroht und lauerte auf eine Gelegenheit, sie zu retten. Mr. Buchanan war amerikanischer Gesandter in London und wurde wahrscheinlich mit englischem Einflusse Präsident der Vereinigten Staaten. Gegen Ende seiner Präsidentschaft war auch Amerika so unterwühlt, daß die Süd- und Nordstaaten einander bereits feindlich entgegenstanden. Buchanan ließ es geschehen und legte weder der einen noch der andern Partei Hindernisse in Weg. Da die beiden Parteien in Amerika sich am heftigsten mit einander schlugen und Mexiko keine Hilfe leisten konnten, rückten die Engländer, Spanier und Franzosen in Mexiko ein und mochten wohl glauben, von da den amerikanischen Bürgerkrieg besser nähren zu können, um Amerika am Ende selbst aufzureiben. Bereits ohne Schwertstreich standen die vereinten 3 europäischen Mächte vor Puebla in Mexiko, als die Engländer und Spanier ihre Truppen zurückzogen und Mexiko den Franzosen überlassen mußten. Dem österreichischen Erzherzog Max soll Napoleon III. ein Kaiserthum versprochen haben, weil er bei der Schlacht von Magenta mit der österreichischen Flotte nicht zu rechter Zeit eintraf, und da er das österreichische Kaiserthum nicht erhielt, welches er erwartet haben soll, so soll er sich mit dem Kaiserthum Mexiko begnügt haben.

Mexiko hatte bis jetzt keine Ruhe gehabt und erhielt dieselbe auch nicht unter Kaiser Max. Ich zweifle nicht, daß er seinen Thron aufrichtig zu erhalten suchte, aber auch unter seiner Regierung zogen Kriegsbanden, Guirillas genannt, im Lande herum, brannten, morbeten, raubten und plünderten, wo sie hinkamen. Freilich waren diese Banden schon vor seiner Ankunft im Lande, aber unter seiner Regierung allein sollen 40,000 Mexikaner ausgerottet worden sein, mehrere Hundert Priester erschossen und die silbernen Glocken, goldenen Kelche, Monstranzen, Leichter, wie das mexikanische Geld mußte in die Schmelze nach Frankreich wandern. Auf dem Schiffe, auf welchem ich nach Frankreich reiste, waren 25 Wagenladungen von silbernen Glocken, Monstranzen, Kelchen und 8 Millionen Dollars in Silber. Kaiser Max war allgemein im Lande gehaßt und sein tragisches Ende muß man ihm selbst zuschreiben. Er hatte Todesurtheile auf Erschießen unterschrieben, konnte seine Unterschrift nicht leugnen und wurde erschossen.

Reise durch Frankreich über Rom nach Hause.

Als apostolischem Missionär gab mir der französische Gesandte freie Fahrt von Mexiko nach Frankreich, ich hatte Gelegenheit auch Frankreich zu sehen und langte nach einer glücklichen Fahrt am dreißigsten Tage in Brest an.

Brest ist der erste Kriegshafen von Frankreich, ich erwartete in demselben eine große Anzahl von Kriegsschiffen, fand aber nur etliche wenige, da Napoleon III. gerade in Cherbourg ein Manöver hielt. Diese Stadt liegt in der Bretagne, einer französischen Provinz, die lange Zeit in den Händen der Engländer war. Es wird hier eine eigene Mundart gesprochen, die den Franzosen ebenso hart verständlich ist als den Engländern. Die Stadt ist hoch gelegen, hat eine prachtvolle Umgebung, schöne Gärten, Anlagen nnd Spaziergänge, schöne Strassen, herrliche Gebäude, eine starke Festung und zählt bei 60,000 Einwohner.

Die Bretagne wird zu den religiösesten Provinzen von Frankreich gerechnet und hatte ehedem sehr viele Klöster. Sind auch mehrere dieser Klostergebäude abgebrochen, so stehen doch noch viele. Die Klosterkirchen werden als Pfarrkirchen

benützt, wo die Klostergebäude nicht von Ordens=
leuten bewohnt sind. Muß man schon staunen,
wie der liebe Gott bei der Aufhebung der Klöster
zusehen konnte, so muß man noch mehr staunen,
wie man es wagen konnte, die Klöster aufzuheben,
an welchen das Volk allenthalben mit Leib und
Seele hing. Viele wollen die Entsittlichung der
Klöster als die Ursache ihrer Aufhebung angeben,
ich aber glaube, daß, wenn wegen Entsittlichung
etwas aufgehoben werden müßte, unsere heutige
Welt zuerst an die Reihe kommen würde. Freilich
hatten die geheimen Gesellschaften in so manchem
Kloster Anhänger gefunden und von den Kloster=
obern selbst mögen ihnen einzelne angehört haben,
aber würde man uns Aufschluß geben, mit welcher
Mühe und Gewalt sie sich in den Klöstern ein=
nisteten und ihren Anhängern die ersten Stellen
verschafften, so würden wir uns über die Stürme
staunen, die es in diesen Klöstern bei diesen
Wahlen absetzte. Nicht ihrer eigenen Entsittlichung
sind die Klöster anheimgefallen, sondern der Ent=
sittlichung der Welt mußten sie weichen. Sind aber
auch die Klöster aufgehoben, so ist doch Gott nicht
aus den Herzen Aller verdrungen und wird nie ver=
drungen werden.

Des andern Morgens gegen 10 Uhr verließ
ich Brest und am darauffolgenden Morgen gegen
5 Uhr langte ich in Paris an. Es ist allgemein
bekannt, daß man bei Eisenbahnfahrten nur die
nächste Umgebung der Bahn flüchtig übersehen und

über ein Land kein richtiges Urtheil abgeben kann. Mir schien es, als hätte ich nie eine schönere Landgegend durchreist als von Brest nach Paris. Die Gegend schien mir ziemlich eben zu sein, nur manchmal sah ich kleine Anhöhen, die Aecker waren theils mit kleinen Bäumen bepflanzt, theils mit Hecken umgeben, schienen mehr Gärten als Felder zu sein, die Landstrassen waren mit Bäumen geziert, sehr reinlich gehalten und die Kiesauflagen waren so klein zerschlagen, daß die Strassen mehr mit Cement gepflästert als mit Kies beschüttet zu sein schienen, die Berge und Hügel der Strassen waren abgetragen und die Strassen bereits so eben als die Eisenbahn. Welch ein Unterschied zwischen diesen und den amerikanischen Strassen! Die Bauernhäuser waren zwar nicht großartig, aber nett und reinlich gehalten und immer stand der Viehstall in einiger Entfernung vom Wohnhause. Oefters begegnete ich auf der Bahn katholischen Geistlichen, aber nie waren sie anders gekleidet als in der Soutane und einem dreispitzigem Hute auf dem Haupte. An den Bahnstationen war immer auf beiden Seiten der Bahn ein kleiner englischer Park und die Front davon mit Blumen bepflanzt. Die Eisenbahnwaggons wurden wie die bayrischen geöffnet und stehen den besten bayrischen gewiß nicht nach, während der Fahrpreis dem bayrischen so ziemlich gleichkam. Die Städte waren in der Regel größer und schöner als in Deutschland und die Lebensmittel kaum theurer.

In Paris hat bereits jede Bahn ihren eigenen Bahnhof und je nach der Richtung von der man kommt oder nach der man reiset, ist der Bahnhof gelegen. Diese Bahnhöfe befinden sich alle außerhalb der Stadt. Man nimmt daher gewöhnlich einen Omnibus oder Fiaker, wenn der Weg in die Stadt etwas weiter ist. Pferdeeisenbahnen hatte damals Paris noch nicht, aber Omnibusse gingen durch alle Strassen, und waren so geordnet, daß man sie nach Belieben wechseln konnte, ohne für jeden einzeln bezahlen zu müssen. Für 15 Pfennige konnte man auf ihnen durch ganz Paris fahren. Man begegnete auf den Strassen wie in den Omnibussen Geistlichen und Weltlichen, Mönchen und Nonnen, welche ihren Geschäften nachgehen, aber niemand belästigte sie. Es gibt in Paris Jesuiten, Karmeliter, Franziskaner, Kapuziner ꝛc. und eine Unzahl von Congregationen, welche die Hilfsbedürftigen aufsuchen, die Kranken pflegen und für dieselben Almosen sammeln oder Schule halten und der Seelsorge obliegen, ohne daß ihnen das geringste Hinderniß in Weg gelegt wurde. Haben auch die geheimen Gesellschaften einen großen Einfluß im Lande und scheint die Regierung ganz in ihren Händen zu sein, so habe ich doch nie gehört, daß sie der Religion Hindernisse in Weg legen oder sie verfolgen. Der Franzose scheint mir so zartfühlend zu sein, daß er niemand dessen berauben will, um was er selbst nicht beraubt sein möchte.

Ist Newyork die bewegteste Stadt, die ich gesehen habe, so ist Paris die schönste. Paris hat 8 Stunden im Umfange, 4 im Durchmesser, zählt 2 Millionen Einwohner und macht an Schönheit den ersten Platz jeder andern Stadt in der Welt streitig. So viele reinliche schöne breite Strassen wie Paris hat, wird kaum eine andere Stadt haben. Diese Strassen sind größtentheils mit einer Masse gepflästert, die wie Gußeisen aussieht. Ganze Reihen Häuser wurden angekauft und niedergerissen, um die alten Strassen eben und breit zu machen. Die neuen Strassen sind eine wahre Zierde, die Gebäude an denselben 8 und 9 Stock hoch und immer das eine Gebäude schöner und prachtvoller als das andere. Die schönsten Plätze an diesen neuen Strassen wurden nicht selten zu Kirchen ausersehen. Zeigt schon das Aeußere dieser Tempel Gottes, daß sie dem unendlichen Gott geweiht sind, so verkündet das Innere, daß der unendliche Gott sich in selben verborgen hält. Die Wände sind nicht selten vergoldet und mit schönen Bildern behängt, die Altäre sind prachtvoll gearbeitet und die Sakristei ist mit kostbaren Ornaten und Gefäßen versehen. Diese Kirchen einzeln zu nennen und zu beschreiben, ist nicht meine Aufgabe, nur soviel möchte ich sagen, daß nach dem prachtvollen Dome (Notre dame) die von der Kaiserin Eugenie erbauten den übrigen nicht nachstehen. Auch sind diese Kirchen so reinlich und schön gehalten, wie es nur den Franzosen eigen ist. Paris hat gegenwärtig 30 Pfarrkirchen, 36 Hilfskirchen, 70 Manns- und 120 Frauenklöster, 60 Gruppen von Brüdern und Schwestern von heiligen Vinzenz von Paul wirken in den zerstreuten Volksschulen von Knaben und Mädchen und 46 Unterrichtsanstalten stehen die Orden vor. Es war eine Zeit in Frankreich, wo man die Kirchen geschlossen und die Geistlichen verjagt hat, heute baut der Staat die Kirchen und besoldet die Geistlichen. Zu diesem Zwecke sind die Geistlichen in ganz Frankreich in 3 Klassen eingetheilt und die Regierung zahlte den Geistlichen der III. Klasse auf dem Lande damals jährlich 1200 Franken, der II. Klasse in kleinern Städten 1500, und der I. Klasse in Paris und andern großen Städten 1800. Freilich konnten sie mit dieser geringen Besoldung in Paris nicht leben, aber das geringste Meßstipendium war 5 Franken und für eine Predigt wurde immer von 20 bis 30 Franken bezahlt. In seinem religiösen Wirken wurde dem Priester kein Hinderniß in Weg gelegt. Auch die Andersgläubigen, wenn ihrer auch nicht viele sind und größtentheils in den großen Städten leben, wird in der Ausübung ihrer Religion kein Hinderniß in Weg gelegt und ihre Religionsdiener stehen in der Besoldung den katholischen Geistlichen nicht nach. Man lobt diese Toleranz und würde sie mit Recht loben, wenn sie allgemein geübt würde. Hat es Fürsten gegeben, welche nicht immer so tolerant waren, so geschah dieses, weil die Religion zu politischen Zwecken benützt wird. Wäre dieses nie der Fall gewesen, so hätten wir nie eine Inquisition gehabt und hätten heute noch keinen Gustavadolfverein ꝛc.

Bis jetzt war ich der Meinung, daß die Franzosen keine guten Katholiken sind und selten ihren Religionspflichten nachkommen, überzeugte mich aber gar bald vom Gegentheil. Um von den Franzosen in dieser Beziehung den rechten Begriff zu bekommen, muß man sie in 3 Klassen abtheilen. Die erste Klasse bilden die Politiker, die in Frankreich soviel Religion haben als in andern Ländern, die zweite das Proletariat, welches in Frankreich nicht schlechter ist als anderswo, und zur dritten Klasse gehören die Bürger und Bauern, welche den weitaus größten Theil der Bevölkerung ausmachen und unserm Bürgerstand nicht nachstehen. Es gibt in Frankreich noch sehr viele gute Christen, die oft sogar scrupulös sind in Erfüllung ihrer Christenpflichten. Freilich findet der, welcher das Volk nach den Zeitungen beurtheilt, dieses nicht so, aber der Fehler liegt nicht im Volke, sondern in den Zeitungen. Die Zeitungen sind nicht selten bezahlt und noch öfters beeinflußt vom In- und Auslande, beschäftigen sich nur mit den politischen Vorgängen im Lande, — den Politikern und dem Proletariat — und vergessen des ruhigen Bürgers, des Kerns der Bevölkerung, der in Frankreich wie in jedem andern Lande sich ruhig verhält und im Kreise seiner Familie bei seinem Geschäfte sein einziges Glück auf Erden findet. Wenn England Frankreich unzählige Male in Revolution versetzte und in blutige Kriege

verwickelte, und wenn es heute die Macht besitzt,
Frankreich über Nacht in Revolution zu versetzen,
so hat es dieses dem französischen Bürgerstande
nicht zu verdanken; wenn aber im Gegentheil
Frankreich bis heute seine Selbstständigkeit bewahrt
hat, heute noch eine Macht genannt wird und nicht
längst an den Rand des Verderbens gebracht ist, so
verdankt es dieses seinem Bürgerstande. Diesen
Bürgerstand dem häuslichen Kreise zu entfremden,
gelang selbst Napoleon III. nicht, welcher um diese
Zeit Frankreich regierte. Soviel auch gegen die
Regierung dieses Mannes geschrieben und gesprochen
werden mag, so wird sich Frankreich dieses großen
Monarchen doch stets dankbar erinnern. Ob er eines
natürlichen Todes gestorben ist, weiß ich nicht, aber
soviel kann ich sagen, daß während seiner Regierung
Frankreich im Innern blühte, nach Außen geschätzt und geachtet war und die Zustände in
der Türkei nicht stehen würden, wie sie gegenwärtig
stehen, wenn Napoleon III. noch Frankreich regieren
würde. Um diese Zeit war aber auch noch ganz
Frankreich für Napoleon begeistert und es ist nur
zu bedauern, daß er so frühzeitig mit Tod abgegangen ist. Er war ohne Zweifel der Mann
Frankreichs Ansehen, Wohlstand und Macht zu heben. Besonders beliebt war die Kaiserin wegen
ihrer Sittenreinheit und Frömmigkeit. Ihr war es
überlassen, Kirchen zu bauen und Wohlthaten zu
spenden. Sie wohnte mit ihrem Gemahle in den
Tullerien, einem großen prachtvollen Gebäude,

welches gegen die Mitte von Paris gelegen, zwei
Stockwerke hoch und im doppelten Quadrate nach
Art der großen Klöster erbaut ist. Unweit dieser
Residenz befindet sich ein schöner Park und in dessen
Nähe der Palast Bourbon. Der schönste Tempel in
Paris ist das Pantheon, bestimmt die Leichname um
das Vaterland verdienter Männer aufzunehmen.

Von Paris setzte ich meine Reise fort, fuhr an
verschiedenen Städten vorüber, die schön und groß
zu sein schienen und kam glücklich in Lyon an. Es
ist dieses die zweitgrößte Stadt in Frankreich mit
etwa 200,000 Einwohner. Lyon ist jedem Missio=
när wohl bekannt. Nach Lyon kommen die Briefe
der Missionäre aus allen Welttheilen und in Lyon
wird der Missionäre in aller Welt gedacht.
Es befindet sich nemlich hier die Wiege des Mis=
sionsvereins, welcher auch heute noch Millionen
Franken an Geld und Waare in alle Welttheile
verschickt, um die katholische Religion in selben zu
erhalten und zu verbreiten. Ohne diese Anstalt müß=
ten Hunderte von Missionen ganz aufgegeben wer=
den und andere könnten kaum bestehen. Von dieser
Stadt werden Kirchenparamente in alle Welt ver=
schickt und der Name Lyon bürgt für Geschmack.
Der Missionär hat daher die höchste Meinung
von Lyon.

Ich langte am Abende an und schon am näch=
sten Morgen sollte ich Zeuge sein von der Fröm=
migkeit der Lyoner. Es befindet sich nemlich unweit
der Stadt auf einer Anhöhe eine Muttergotteswall=

fahrtskirche, die mir mein Begleiter vor Allem zeigen wollte. Da noch Alles in tiefen Schlaf versunken war — vor Anbruch des Tages — bestiegen wir den steilen Hügel und fanden die sehr schöne Kirche gefüllt von Andächtigen, die theils den heiligen Messen beiwohnten, theils die heiligen Sakramente empfiengen. Auf meine Frage, ob es hier alle Tage so zugehe, erwiederte mein Begleiter, daß er mich so frühe hieher geführt habe, weil wir später in der Kirche kaum mehr Platz gefunden hätten. Ist es doch etwas Eigenes mit diesen Wallfahrtskirchen, sagte ich zu mir selbst, wenn man sie auch schließt und sperrt, die Wallfahrer verspottet uud verhöhnt, so eilen die Leute doch immer wieder denselben zu. Nicht nur in Leiden, Unglück und Krankheiten nimmt man zu diesen Gnadenorten seine Zuflucht, sondern selbst die größten Bekehrungen kommen in ihnen vor. Es gibt noch sehr viele solche Gnadenorte in Frankreich, selbst in der Nähe einer jeden größern Stadt befindet sich der eine oder der andere und alle sind sie sehr fleißig besucht. Wer aber deswegen glauben würde, daß alle Franzosen so besonders gottesfürchtig wären, oder daß sich die Lyoner so besonders an Gottesfurcht auszeichnen, würde sich irren. Es besuchen nicht alle Katholiken in Frankreich an Sonntagen die Kirche und es gibt selbst in Lyon solche, welche selbst an Ostern ihren Christenpflichten nicht nachkommen. Es sind eben die geheimen Gesellschaften zu stark vertreten, deren Mitglieder, wie bekannt ist, nicht besonders religiös sind.

Es gibt zwar auch unter ihnen Einige, welche, wenn es ihr zeitlicher Vortheil erfordert, die Kirche besuchen, aber der bei Weitem größere Theil wird selten oder nie in der Kirche gesehen. Dieses wirkt um so nachtheiliger auf das Volk, als diese Männer die hervorragendsten Stellen in der Stadt und selbst auf dem Lande begleiten. Von Frankreich sagt man, daß nicht nur die Regierung, sondern selbst jeder Bürgermeister auf dem Lande dieser Gesellschaft angehöre, und in Lyon glaube ich mich nicht zu irren, wenn ich selbst die Gelder des Missionsvereins in ihrer Verwahrung suchen würde. Uebrigens ist Lyon sehr groß, wird aber dem Reisenden von Paris nicht besonders gefallen. Ich hielt mich hier nicht länger als einen Tag auf und setzte des andern Morgens in aller Frühe meine Reise nach Marseille fort.

Die Gegend die ich nun durchreiste, war nicht so eben und fruchtbar als die frühere, die Landstraßen nicht so bequem und die Bahnstationen nicht so schön, das Volk aber nicht weniger höflich und zuvorkommend. Man spricht auch in Frankreich verschiedene Dialekte, aber der Fremde fühlt es nicht, da der Franzose es versteht, dem Fremden stets mit Höflichkeit entgegenzukommen. Es ist die Höflichkeit dem Franzosen so zu sagen angeboren und er hat eine eigene Gabe seine Gesellschaft zu unterhalten. Es ist ein wahres Vergnügen in einem französischen Waggon zu fahren, nur wäre zu wünschen, daß den Franzosen auch immer zu trauen wäre. So führ auf dieser Eisenbahn ein paar

Jahre vor mir ein sehr frommer Priester, der als Prediger in Paris sehr großes Aufsehen erregte, aber kein besonderer Freund Napoleon III. war. Auf dieser Reise wurde er einmal in ein eigenes Coupé gethan und da der Zug schon im Abfahren war, eine Frauensperson zu ihm hineingeschoben, welche auf der nächsten Station Lärm machte und mein frommer Priester war seines Amtes entsetzt und lebte um diese Zeit zurückgezogen in Lyon. Doch warum solcher Vorfälle erwähnen, die bei der heutigen Welt so häufig vorkommen.

Marseille ist die größte Handelsstadt am mittelländischen Meere und hat einen sehr bedeutenden Hafen. Am Hafen ziehen sich die Prachtgebäude der Stadt dahin, mit welchen auch diese Stadt in neuester Zeit geschmückt wurde. Man sah der Stadt an, daß sie am Geiste der Verschönerung und Vergrößerung Antheil nehme, welchen man damals in Frankreich bemerkte. Nach dem Muster von Paris wurden auch hier ganze Quadrate alter Häuser abgetragen, die Straßen geregelt und neue Häuser gebaut. Weit entfernt den armen Leuten ihre Häuser abzudrücken, zahlte der Magistrat und die Regierung die alten Häuser so gut, daß die Einwohner mit diesem Gelde neue bauen konnten. Es war eine gute Zeit für Frankreich, besonders aber für die Seestädte. Wie hätte es aber auch anders sein können? War ja die französische Waare gesucht im Auslande, und im Inlande blühten Handel und Geschäfte. Marseille zählte damals etwa 150,000 Einwohner und es herrschte ein so bewegtes Leben wie in einer Stadt von einer halben Million Einwohner. Unter diesen waren gegen 20,000 Deutsche, während in Lyon kaum 15,000 Deutsche waren und in Paris kaum mehr als 70,000. Es war nun einmal so, daß man Deutsche überall in der Welt traf und immer nur in untergeordneter Stellung. Es mag dieses daher kommen, daß Deutschland etwas stiefmütterlich von der Vorsehung bedacht wurde und seine Einwohner nicht so leicht ernähren kann als andere Länder; denn würde es diesen Deutschen im Auslande nicht besser ergehen als in ihrem Vaterlande, gewiß würden sie das Ausland dem Vaterlande nicht vorziehen. O wie wehe thut es dem deutschen Herzen, wenn es seine Landsleute in allen Ländern der Welt in untergeordneter Stellung sehen muß! Warum findet man so selten die Franzosen in einer untergeordneten Stellung im Auslande? Es kommt dieses daher, weil Deutschland keine Colonieen hat, wie Frankreich und andere Nationen. Was wäre Marseille ohne Algier oder andere auswärtige Besitzungen? In die Colonieen schickt man seine Landsleute, um sie zu regieren, von den Colonieen bezieht das Mutterland seine Bedürfnisse, in die Colonieen schickt es seinen Ueberfluß an Waare ꝛc. und von den Colonieen kommt das Geld in's Mutterland zurück. Was macht England so reich und mächtig? Die Colonieen. Sollte einmal auch Deutschland reich und mächtig werden, so dürfen die Colonieen nicht fehlen. Hätte England keine Colonieen, so wäre es arm und auch die Engländer würden in untergeordneter Stellung im Auslande getroffen werden.

Ist aber auch Marseille eine Seestadt und weht der Seewind der Religion heftig entgegen, so gehört doch die Stadt wie Gegend zu den bestkatholischen in Frankreich. Leben auch in dieser Stadt, wie anderswo, viele, die es mit der Erfüllung ihrer religiösen Pflichten nicht zu strenge nehmen, so ist doch weitaus die Mehrzahl pünktlich in Erfüllung derselben. Es gibt sehr viele Kirchen in der Stadt und sie sind groß, schön und fleißig besucht. Der Dom zeichnet sich wegen seiner eigenen Bauart aus und ist an einem der schönsten Plätze gelegen. Unweit der Stadt ist ein sehr besuchter Wallfahrtsort und in der Stadt mehrere Herrn- und Frauenklöster. Bewundert die Welt die Sittenreinheit des französischen Klerus, so staunet sie über die regularische Observanz in den Klöstern.

Von hier konnte ich nach Rom entwebers zu Wasser oder zu Land reisen, allein da ich zu Wasser die Contumaz in Civita-Vechia fürchtete, setzte ich auf der Eisenbahn meine Reise fort. In Nizza, welches damals von Frankreich schon annexirt war, verweilte ich einige Tage. Diese Stadt zählte damals kaum 40,000 Einwohner, sah alt aus, hatte enge Straßen und nur außerhalb derselben waren am mittelländischen Meer einige Gebäude, welche die Aufmerksamkeit des Fremden auf sich zogen und im Winter wegen des milden Klimas von hohen Herrschaften bewohnt sind, im Sommer aber leer stehen.

Gewöhnlich hört man in den neuannexirten Ländern nur Klage über die Härte und Strenge der neuen Regierung, über Ueberbürdung mit Abgaben, Vertreibung der alten Einwohner und Ansiedelung mit neuen ꝛc. Es geschieht dieses immer, wenn ein Volk gegen seinen Willen annexirt wird und deswegen von der neuen Herrschaft gedrückt werden muß. Hier fand ich zum Erstenmale in meinem Leben Alles vergnügt und zufrieden mit der neuen Herrschaft. Man sprach die alte Sprache, hatte die alten Soldaten, die alten Beamten, die alten Abgaben und merkte kaum, daß die Regierung gewechselt war. Sind die Engländer und andere Nationen in ihren Colonieen und andern Besitzungen selten recht beliebt und oft sogar ihres Lebens nicht recht sicher, so ist dieses anders bei den Franzosen. Vor allen Völkern der Welt, versteht es der Franzose, die Völker für sich zu gewinnen und sie erst dann mit Frankreich zu verbinden, wenn sie mit Sehnsucht der Realisirung dieses Wunsches entgegensehen. Auch die Grafschaft Nizza machte hievon keine Ausnahme.

An der Grenze der Grafschaft Nizza war die Mauth und weiters wurde nicht bemerkt, daß Frankreich zu Ende sei und Italien beginne. Weder das Geld noch die Eisenbahnen, noch die Strassen, noch die Einwohner machten von den frühern einen Unterschied. Selbst die Logen, welche sehr zahlreich vertreten waren, schienen keinen Unterschied zwischen Frankreich und Italien zu kennen. Der einzige Unterschied, welchen ich bemerkte, war in dem religiösen Gebiete. Sangen in Nizza noch die Religiosen ihre Psalmen, so standen in Italien die Klöster öde und verlassen da und man sah nur mehr hie und da einen Mönch am Altare, welcher sich gleich nach der heiligen Messe wieder in das Hintergebäude seines Klosters flüchtete, während der bessere Theil von Soldaten bewohnt war. Wie früher das Lob des Herrn in diesen heiligen Klosterhallen ertönte, so jetzt die Flüche und Verwünschungen der rohen Soldaten. Ach! wer soll es diesen Mönchen verargen, wenn sie sich vor ihrem lieben Heilande niederwarfen und ihn unter Strömen von Thränen baten, ihre Tage zu verkürzen, um den Gräuel der Entehrung ihrer heiligen Mauren nicht länger ansehen zu müssen. Man muß eben selbst Mönch sein, um zu fühlen, was es heiße aus seinem Kloster vertrieben zu sein, und diese heilige Mauren, wo früher nur das Lob des Herrn verkündet wurde, entehrt zu sehen. Höret auf zu weinen und zu jammern ihr fromme Mönche, denn „euer Lohn wird groß sein im Himmelreich!"

Die Gegend am mittelländischen Meere, zwischen Nizza und Genua, mag man wohl romantisch nennen, aber fruchtbar kann sie kaum genannt werden. Ich bemerkte größtentheils unfruchtbare Hügel und Thäler, welche mit Olivenbäumen bepflanzt waren,

Dörfer und Städte waren selten und ohne alle Bedeutung, bis wir endlich in Genua anlangten.

Genua wird eine von den vielen großen schönen Städten Italiens genannt. Sie ist auf einer schönen Anhöhe an der Böschung des Golfs gleichen Namens gelegen und zieht sich in allmähliger Abstufung bis zum Seehafen herab. Ist auch dieser Seehafen nicht besonders belebt, so ist er doch der wichtigste in Oberitalien. Die Stadt zählt 130,000 Einwohner, hatte sehr viele große schöne Kirchen, großartige Paläste, ein königliches Schloß, viele Wissenschafts= und Erziehungsanstalten und bedeutenden Handel. Ueberhaupt ist kaum zu leugnen, daß die italienischen und französischen Städte den Vorzug vor den deutschen haben. Nicht nur sind in Italien wie in Frankreich die bedeutenden Städte zahlreicher als in Deutschland, sondern sie sind auch schöner und größer.

Ohne Unterbrechung reiste ich von hier über Civita=Vechia nach Rom. Die Gegend durch welche wir fuhren, war, wie alle Gegenden am Meere, weder besonders reizend noch besonders fruchtbar. Auch fiel unterwegs dieses Mal nichts besonders vor, als ich aber später abermals nach Rom reiste, um eine Klage anhängig zu machen, merkte ich recht wohl, daß man mich strenge bewache und etliche Stunden vor Rom brachten mehrere gemeine Burschen einen Menschen in meinen Waggon, der sich wahnsinnig stellte, wüthete und tobte und vor Rom wieder abgesetzt wurde. In Rom selbst wurde ich im deutschen Hospiz nicht aufgenommen, nirgends vorgelassen und durfte nicht einmal die heilige Messe lesen. So ergeht es, wenn man nach Rom seine Zuflucht nimmt! — Im Vatikan (päpstlichen Palast) hatten die erste Wache italienische Soldaten und zur zweiten konnte ich nicht gelangen. Wer da glaubt, daß der Papst frei sei, versuche gegen den Willen der italienischen Regierung zu ihm zu kommen.

War auch im Jahre 1865 der Papst noch frei, so war doch Rom nicht mehr das Rom, welches ich 1850 verließ. Es herrschte nemlich ein anderer Geist in Rom, die Stadt wie das Land war unterwühlt, die bedeutendsten Geschäfte und die Regierung selbst schien mir in den Händen der geheimen Gesellschaften zu sein. Selbst die bedeutende Mehrzahl der Ordensgeneräle schien mir den geheimen Gesellschaften anzugehören. Vom Papste wollte man dasselbe wissen, allein für mich war dieses ohne Interesse, da ich wohl weiß, daß, wenn dem auch so wäre, der liebe Gott seine Erwählung zugelassen hätte, weil er wohl wußte, daß dieser Umschwung kommen werde und Pius IX. für diese Zeit die geeignete Person sei, die Kirche Gottes zu regieren.

Gegenwärtig sieht es in Rom aus wie in andern Ländern. Die Klöster sind alle aufgehoben, die Jesuiten vertrieben, die guten Priester leben verborgen, ihre Stellen sind mit andern besetzt, die Stadt ist mit fremdem Gesindel überfüllt, welches die guten Leute einschüchtert, selten betet noch jemand den englischen Gruß mit entblößtem Haupte auf den Straßen und noch seltener erhält man Fastenspeisen an Fasttagen in den Gasthäusern. Mir schien es, als hätte sich der Auswurf der Menschheit von Italien nach Rom gemacht und die guten Einwohner sich geflüchtet. Auch ich verließ schon nach 4 Wochen Rom und reiste über Florenz und Bologna nach Deutschland.

Zu den schönsten Städten Italiens gehört ohne Zweifel Florenz. Diese Stadt liegt zwar hoch, ist aber so von Anhöhen umgeben, daß sie aussieht, als wäre sie in einen Kessel hineingebaut. Die Strassen sind so breit und schön, die Häuser so hoch und so regelmäßig, wie kaum in einer andern Stadt Italiens. Man gab mir die Einwohnerzahl auf 300,000 an, allein wenn sich auch die Einwohner in der Zeit, wo Viktor Emanuel hier residirte, bedeutend vermehrt haben sollten, so ist doch diese Annahme ohne Zweifel zu hoch. Wohl kaum hat eine Stadt in Italien, Rom und Neapel allein ausgenommen, so viele und so schöne Kirchen als Florenz, worunter sich die Metropolitankirche mit ihren vortrefflichen Gemälden besonders auszeichnet. Mir schien es, als wäre die Revolution mit dieser Stadt schonender verfahren als mit Rom und andern Städten, wenigstens bemerkte ich keine größere Anzahl Gesindel als man gewöhnlich in großen Städten zu finden pflegt. Selbst der Jesuitengeneral und andere Jesuiten fanden hier ein Exil, was sie in Rom nicht finden konnten. War ja der Revolution unter Kaiser Joseph II. von Oesterreich vorgearbeitet und bedurfte nicht mehr ihrer vollen Stärke, um in ruhigen Besitz des Landes und der Stadt zu gelangen.

Auch Bologna wird zu den größten Städten Italiens gezählt, hat mehr als 100,000 Einwohner, sehr viele schöne Paläste und Kirchen, unter welchen letztern sich besonders St. Peter, die Residenzkirche, auszeichnet. Diese Kirche wird zu den größten der Welt gezählt und liegt am schönsten Platze von Bologna. Besonders berühmt ist die Universität, welche schon im Jahre 1158 gegründet wurde. Mir wird diese Stadt immer unvergeßlich sein, weil unweit derselben der Zug, auf dem auch ich mich befand, entgleiste und ich abermals mein Leben dem lieben Gott verdankte. Leider war man damals in Italien auf solche Fälle nicht vorbereitet. In Mitte der Nacht verunglückte der Zug und erst am nächsten Morgen gegen 9 Uhr traf ein Zug ein, welcher, da er nicht passiren konnte, die Passagiere aufnahm und nach Bologna brachte, wo sich niemand um sie kümmerte. Ueberhaupt war damals ganz Italien in größter Unordnung. Ich will nur des Geldes erwähnen, welches nur in Papier bestand und so verschieden war, daß es in einer Stadt und Umgebung genommen wurde, in der andern nicht. Ich glaube, daß ich mit dem italienischen Gelde in der Tasche hätte verhungern müssen, wenn ich nicht zufälliger Weise einige Franken Gold bei mir gehabt hätte.

Ist die Gegend von Rom bis Bologna bergig und nicht recht fruchtbar, so beginnt unweit dieser Stadt das ehemalige Lombardisch=Venetianische Königreich, welches ehebem zu Oesterreich gehörte und wohl mit Recht zu den fruchtbarsten Ländern der Welt gerechnet wird. Nicht minder fruchtbar ist das Herzogthum Modena, welches an der nördlichen Grenze des Gebietes von Bologna seinen Anfang nimmt.

Dieses Herzogthum umfaßte nur 99 ☐ Meilen mit 406,000 Einwohnern, wurde aber mit Recht zu den glücklichsten Ländern der Welt gerechnet. Wenn ich dieses glückliche Ländchen beschreiben soll, so mangeln mir die Worte. Es ist schön und so fruchtbar wie der fruchtbarste Garten in einer schönen Ebene. Während die Felder grünen, blühen an den Rainen die Reben und wimmeln an den Maulbeerbäumen die Seidenraupen. Es trennen nemlich Raine immer einen Acker vom andern, diese Raine sind mit Reben und Maulbeeren bepflanzt, so daß die Weinreben sich von einem Maulbeerbaum zum andern schlingen. Ist auf den Feldern eine Frucht geerntet, so wächst schon wieder eine andere. Die Strassen sind so gut in den Feldern als in der Nähe der Städte, und die Saatfelder so dicht bestellt, daß ein Strohhalm dem andern kaum Platz machen kann. Gleichet so die Fruchtbarkeit dieses Ländchens dem Paradiese auf

Erden, so lebten die Einwohner desselben ähnlich zufrieden unsern Stammeltern im Paradiese. Wie ein Kloster war das Ländchen regiert, niemand durfte Noth leiden, jedermann war bemüht, dem Willen Gottes nachzukommen. Priester, Mönche und Nonnen besorgten die Seelsorge, Schulen, Armen und Kranken, reichlich war für Spitäler und Krankenhäuser gesorgt und die Armen und Kranken in demselben fühlten kaum, daß sie von der Wohlthätigkeit des Nächsten abhängen. Die Herzogin wie die vornehmsten Damen des reichen Landes dienten den Kranken und besuchten die Armen und Verlassenen. Der Herzog sprach mit jedem, den er auf seinen Spaziergängen traf, erkundigte sich um das Befinden seiner Unterthanen und war eifrigst bemüht, den gerechten Wünschen seiner Unterthanen zu willfahren. Wie ein Vater war er bei Allen geachtet und wie eine Mutter die Herzogin geliebt. Schon lebten sie in der Verbannung und noch weinte und seufzte das Volk nach ihnen. Auch nicht einen Menschen im ganzen Herzogthum hörte ich klagen über sie. Um sie vertreiben zu können, mußte man das Gesindel aus andern Ländern schicken. Da dieses das Seufzen und Schluchzen der Einwohner nicht stillen konnte, schüchterte es dieselben ein, hielt öffentliche Umzüge auf den Strassen, neckte, verfolgte und vertrieb das gute Volk. Wohl sah man ein, daß man eine Abstimmung nicht wagen könne und annexirte das Ländchen mit Gewalt der Waffen. Die guten jungen Leute

wurden in andere Regimenter gesteckt, das Land mit
vielen neuen Bewohnern angesiedelt und auch nicht
einen Soldaten aus Modena traf ich unter den
neuen Soldaten des ehemaligen glücklichen Herzog-
thums. Es ist eben so in der Welt, daß man ein
Land mit Gewalt nimmt, wenn man es auf keinem
andern Wege nehmen kann, was für die Einwohner
nicht am Besten ist.

Was soll ich nun von der Stadt Modena
sagen? Sie ist zwar nicht recht groß, zählt kaum
40,000 Einwohner ist aber so schön, daß ich sie das
schönste **Städtchen** des schönen Italiens nennen
möchte. Am Eingange steht die Residenz, welche
die Aufmerksamkeit eines jeden Fremden auf sich zieht.
Ich möchte die Residenz des Umfanges wegen keine
königliche Residenz nennen, aber an Schönheit wird
sie nicht leicht von einer andern Residenz übertroffen. Sie sieht aus wie ein prachtvolles Schloß,
im modernen Style gebaut, und von ihr kann man
das ganze Herzogthum überschauen. In der Stadt
sind die Strassen geräumig, die Häuser und Paläste
schön und die Umgebung mit vielen schönen Anlagen
versehen. Hat auch jede andere Stadt in Italien
viele schöne Kirchen, so sind sie doch nirgends besser
erhalten und schöner geziert als in Modena. Der
Wind, der hier gegenwärtig weht, ist der Religion
nicht minder schädlich als in Rom.

Meine Reise führte mich nun durch die Unein-
nehmbaren Festungen von Mantua und Verona
nach Tyrol, einem Lande, dessen Schönheit man so

oft bewundern hört. Was ich von Tyrol denke, ist, daß es ein Ländchen ist, welches seine Einwohner spärlich und mühsam ernähret. Die Thäler sind selten und in der Regel enge und von den Bergen und steilen Felsen kann man nicht leben. Sind die untern Theile der Berge angebaut, so ist die Arbeit mühsam und die Ernte selten ergiebig, das Holz aber kostet mehr Arbeit als es werth ist. Es sind daher die Landhäuser sehr ärmlich und die Städte unansehlich. Etwas besser wird es gegen Südtyrol in Gegenden wo viel Wein gebaut wird, aber auch der Weinbau erfordert hier viel Arbeit und ist nicht immer sehr ergiebig. Von den Städten erwähne ich nur Trient, Bozen, Brixen und Insbruck, aber auch von diesen Hauptstädten ist Trient ein altes Städtchen, Bozen nicht sehr bedeutend, Brixen wäre ohne den Bischof wohl kaum mehr als ein mittelmäßiges Dorf und so ist nur Innsbruck von einiger Bedeutung. Die Leute sind in Tyrol von Fleisch und Blut wie in andern Ländern und ihre Anhänglichkeit an Gott und Religion ist nicht immer so groß als man sich einbildet. Wer an diesen Bergen und kahlen Felsen Vergnügen findet, mag das Land schön nennen, ich aber freute mich, als ich mein Vaterland wieder sah.

Seitdem ich den vaterländischen Boden verlassen hatte, hatte sich viel geändert. Die Eisenbahnen, welche bei meiner Abreise kaum in Angriff genommen waren, durchschnitten und durchkreuzten jetzt das Land in verschiedenen Richtungen, die Telegraphen erstreckten sich bereits auf jedes Städtchen, die Städte hatten sich verschönert, das Land und die Erzeugnisse hatten einen schönen Werth, allenthalben herrschte ein reges Leben und selbst der Lohn des Arbeiters war bedeutend in die Höhe gegangen; kurz ich sah es meinem Vaterlande an, daß es eifrig bemüht sei, nachzuholen, was lange versäumt war. Nur Eins bedauerte ich, und dieses ist „die Abnahme der Religion," und dieses um so mehr, als ich überzeugt bin, daß kein Volk, kein Mensch, ohne Religion glücklich sein kann.

Ich sage nicht, daß ich mein Vaterland nicht mehr kannte, ich sage nur, daß ich in selbem niemand kannte und von niemand erkannt wurde. Die Alten waren heimgegangen, meine Altersgenossen waren wie ich alt geworden und der Jugend war ich ohnehin fremd. Jetzt erinnerte ich mich der Worte, die ich oft in Amerika von den alten Leuten gehört hatte, welche also lauten: „was thue ich in der alten Heimat, wo ich niemand mehr kenne." Dieses ist die Ursache, warum so wenige Auswanderer in ihren alten Tagen in ihr Vaterland zurückkehren, obgleich sie sich bei ihrer Auswanderung nach dem Tage sehnten, an dem sie, mit Schätze beladen, wieder zu den Ihrigen zurückzukehren hofften.

Einwanderung.

Ich kam in mein Eigenthum und die Meinigen schienen mich nicht aufnehmen zu können. Ich sage, sie schienen mich nicht aufnehmen zu können, weil mir Fälle bekannt sind, wo Geistliche aus Amerika in ihre Mutterdiözese zurückkehrten, keine Aufnahme finden durften, weil sie nach Amerika wieder zurückkehren mußten. Auch ich suchte abermals meinen Wanderstab hervor und wanderte als gewöhnlicher Einwanderer der neuen Welt entgegen.

Es ist diese Wanderung, in Amerika Wanderungsfieber genannt, so allgemein in Amerika, daß man, sobald man eine Zeit an einem Orte zugebracht hat, denselben verläßt und in der Hoffnung es anderwo besser zu finden, sich anderswo niederläßt. Dieses Wanderungsfieber haben nicht nur die Ledigen sondern selbst die Verheirateten. Jedes Frühjahr und Herbst sieht man ganze Karawanen den neuen Ländern zueilen, während Andere die Eisenbahnen so weit als möglich benützen.

Zu diesen Wanderern im Lande selbst kommen noch die Wanderer vom Auslande, in Amerika Einwanderer genannt. Ihre Zahl hat sich seit hundert Jahren mit jedem Jahre vermehrt und ist im Jahre 1873 auf 252,980 Köpfe gestiegen.

Die Einwanderung hat ihren hauptsächlichsten Grund in dem Wohlergehen der Eingewanderten. Gewöhnlich befindet sich der Einwanderer im Lande bei mäßiger Sparsamkeit bald in der Lage seine armen Eltern in Europa mit Geld zu unterstützen oder arme Geschwister auf seine Kosten nachkommen zu lassen. Kehrt ein Auswanderer nach Jahren in sein Vaterland zurück, so ist er in der Regel in guten Umständen, was seine Freunde und Nachbarn lockt, ihm ins Ausland nachzufolgen. Gefällt es auch nicht jedem Ankömmlinge im Lande, so gewöhnt man sich doch mit der Zeit an dasselbe und fühlt sich unter den Seinigen glücklich. Machen auch nicht Alle ihr Glück im neuen Lande und kehren einige unzufrieden aus demselbem zurück, so lauten die Berichte von der bedeutenden Mehrzahl von dort so günstig, daß man sich von diesen nicht abschrecken läßt, sein Glück zu versuchen.

Liefert auch jedes europäische Land seine Einwanderer, so gilt dieses doch von keinem Lande mehr als von Deutschland. Es ist Deutschland in der That keines der reichsten Länder und der Deutsche verläßt es an allen Enden und Ecken und eilet dem Auslande zu. Im Jahre 1873 waren es 104,214 Deutsche, die im Seehafen von Newyork allein landeten. Unter diesen mögen wohl Viele gewesen sein, welche aus Vergnügen nach Amerika reisten, Viele welche mit der Zeit wieder in ihr Vaterland zurückgekehrt sind, aber weitaus die Mehrzahl hat Amerika zu seiner bleibenden Hei=

mat gewählt. Es leben so viele Deutsche im Lande, daß man glauben möchte, Deutschland müsse entvölkert sein. Das Reisen in unsern Tagen, welches früher mit so vielen Beschwerden verbunden war, ist nun einmal zum Vergnügen geworden und eine Reise nach Amerika macht Vielen ein besonderes Vergnügen; da die Reise bis zum Meere in der Regel mit der Eisenbahn in einem Tage zurückgelegt werden kann und die Reise auf dem Meere selten mehr als 12 Tage währet. Die Gefahren auf der Eisenbahn achtet man wenig und doch sind sie bedeutend größer als auf dem Meere. Ist man auf dem Dampfschiffe angekommen, so sind die Reisebeschwerden zu Ende, wenn man nicht einige Tage mit der Seekrankheit zu kämpfen hat. Bei gewissen Krankheiten wird sogar eine Seereise als bestes Heilmittel angerathen.

Würde man mich um den besten Seehafen fragen, um nach Amerika zu gelangen, so könnte ich nur sagen, daß ich über Bremen und Hamburg nie klagen gehört habe. Es ist zwar die Ueberfahrt in diesen beiden Seehäfen etwas theurer als in Southampton (England) und Antwerpen (Belgien), aber sie ist auch sicherer und bequemer. Ich reiste über Antwerpen, kann jedoch diesen Seehafen nicht empfehlen, da in diesen Hafen nur solche Schiffe laufen sollen, die in England nicht länger laufen dürfen. Southampton wäre freilich zu empfehlen, wenn es nicht zu theuer und mühsam wäre, dorthin zu gelangen.

Leider sieht der Auswanderer in der Regel seine Geldbörse mit bedenklicher Miene an und sucht auf die billigste Weise übers Meer zu kommen. Das Billigste ist aber auch gewöhnlich das Schlechteste. Unbekannt mit dem Stande der Dampfschiffe in Antwerpen, vertraute ich mich einem solchen Schiffe an, hätte es aber auch bald mit meinem Leben gebüßt. Es bestand auch hier, wie in allen deutschen Seehäfen die Vorschrift, 3 Tage vor Abfahrt des Schiffes einzutreffen, wer aber bei der Abfahrt des Schiffes gegenwärtig war, wurde mitgenommen. Gewöhnlich kümmert sich vor Abfahrt des Schiffes niemand um die Auswanderer als der Wirth. Mir scheint, daß ein Vertrag zwischen den Auswanderungsagenten und Auswanderungswirthen bestehe und deswegen die Erstern den Letztern die Auswanderer auf 3 Tage zur Bewirthung schicken. Weder in England, noch in Frankreich, noch in Amerika besteht diese Sitte. Ich traf mit meinen Begleitern einen Tag vor Abgang des Schiffes ein, auch mein Gepäck war zu rechter Zeit eingetroffen, und ich danke Gott, daß ich nicht eher gekommen bin. Es sind diese Auswanderungswirthschaften sehr gewöhnliche Häuser, wie es sich kaum anders erwarten läßt. Dem Einen wurde sein Geld gestohlen, dem Andern sein Ring, dem Dritten die Uhr ꝛc. und nichts kam mehr zum Vorscheine. Auch ist die Kost nicht gut und Alles muß auf Stroh schlafen. Man kann zwar anständigere Gasthäuser finden, aber es ist in selben etwas theurer. Etliche konnten das

Kostgeld nicht bezahlen und der Wirth behielt das Koffer zurück. Nachmittags begleitete uns der Wirth, wie gebräuchlich ist, zum Schiffe, unser Gepäck, das wir auf der Reise brauchten, behielten wir bei uns, alles Uebrige wurde in das Innere des Schiffes geladen und kam uns auf der ganzen Seereise nicht mehr zu Gesicht. Jedermann eilte einer Cajüte zu, legte sein Handgepäck in seine Bettstelle und kam auf's Verdeck zurück, um seine Matraze oder Strohsack abzuholen. Erhält auch jeder Reisende eine Bettstelle, so muß er doch für seine Matratze, Strohsack oder Betten selbst sorgen, wenn er nicht erster oder zweiter Klasse reiset. So mancher der Mitreisenden hatte seinem Agenten die Matraze bezahlt und mußte sich dessenungeachtet ohne dieselbe bequemen. Einige wollten wissen, daß dieselben nicht geliefert wurden, Andere, daß sie auf dem Schiffe annexirt wurden. Ist das Annexiren überall in der Welt zur Mode geworden, so scheint es auf dem Schiffe geradezu einheimisch zu sein.

Ist auch die Zahl der Auswanderer welche ein Schiff bringen darf, bestimmt, so wird es doch auf diesen Schiffen gewöhnlich nicht so genau genommen. Neben der bestimmten Zahl Auswanderer, werden auch, wenn der Auswanderer viele sind, Unterköche ꝛc. mitgenommen. Gewöhnlich nehmen die Schiffe so viele Passagiere mit, als sie bekommen, und nie habe ich gesehen, daß jemand zurückgelassen wurde. Unser Schiff hatte nicht einmal die erlaubte Anzahl Passagiere. Die Cajüten waren ziemlich groß und der Raum für die Reisenden nicht zu sehr beschränkt. Jede Cajüte hatte durch die Mitte einen freien Gang, auf jeder Seite desselben waren 8 Bettstellen und die ganze Cajüte für 48 Personen eingerichtet. Die Frauen waren von den Männern so strenge geschieden, daß auch Ehemännern nicht erlaubt war, in den Cajüten ihrer Frauen zu wohnen. Noch hatte nicht jeder sein Bett in Ordnung, so schwamm auch schon das Schiff dahin, aber nur um bald wieder Halt zu machen. Es mußte nun jeder Mitreisende seine Cajüte verlassen und sein Fahrbillet auf dem Verdecke vorzeigen, so daß es in der That einem mit dem Schiffe Unbekannten schwer war, ohne Fahrbillet mitzukommen. In Fällen, wo ein Mitreisender ohne Fahrbillet getroffen wird, wird gewöhnlich eine Collecte für ihn unter den Passagieren veranstaltet. Oft hat ein solcher armer Mensch auf dem Schiffe geringe Arbeiten zu verrichten und nur selten oder nie wird der Fall vorkommen, daß er, wenn er zu rechter Zeit bittet, wegen Armuth zurückgelassen wird. Am Abende hatte jeder Passagier Gelegenheit die Schiffskost zu versuchen. Sie wurde für die Deckpassagiere aufs Verdeck gebracht und war so reichlich, daß jeder genug zu essen hatte. Wollte sie auch einem feinern Magen nicht recht behagen, so lag der Fehler darin, daß dieser sich den rechten Platz nicht gewählt hatte. Würde ein solcher in der I. oder II. Klasse gegessen haben, so hätten die Speisen seinem Gaumen entsprochen. Auch sind die genannten beiden Klassen mit Betten versehen, der

Salon bequem eingerichtet und der Tisch nach Art der besten Hotels, während die Deckpassagiere ihr Eß- und Trinkgeschirr, Löffel nnd Messer mit sich zu führen haben. Bier, Wein, Brantwein werden gegen besondere Bezahlung verabreicht, waren theuer und nicht gut.

Das Meer war stürmisch und die Seekrankheit stellte sich auch bald ein. Man gibt verschiedene Ursachen dieser Krankheit an und legt gewöhnlich dem Magen die Schuld bei, aber ich glaube bemerkt zu haben, daß, je nervöser die Leute sind, desto schneller und heftiger sie auch vom Meeresübel erfaßt werden. Es gibt kein Mittel gegen dasselbe und es endet von selbst, sobald das Meer ruhig wird. Gewöhnlich rechnet man zu den stürmischen Monaten März, April, September und Oktober, aber es läßt sich in dieser Beziehung keine Zeit bestimmen. Es wurde zwar auch jetzt noch Morgens, Mittags und Nachts das Essen regelmäßig verabreicht, aber die meisten Passagiere lagen auf ihren Liegerstätten und seufzten; besonders schwächliche Frauen und zarte Juden. Jetzt hörte man auch bald diesen, bald jenen jammern, daß ihm sein Geld, seine Uhr, Ringe, Schuhe, Kleider gestohlen worden sind und nie hörte man, daß es wieder zum Vorscheine gekommen ist. Man wird sich nicht wundern, daß es Gauner gibt, die die Gelegenheit benützen, so lange es Leute gibt, die ihr Geld und Kostbarkeiten nicht zu verbergen wissen oder es dem Schiffskapitän bis zu ihrer Landung in Amerika übergeben.

Nach einer glücklichen Fahrt von 10 Tagen wurde es auf dem Schiffe in Mitte der Nacht unruhig. „Wir sind verloren," schrie der Eine, während die Andern seufzten, weinten und jammerten. Es ist unmöglich eine solche Scene zu beschreiben. Wie wahnsinnig liefen die armen Leute auf dem Schiffe auf und ab und eine allgemeine Bestürzung und Niedergeschlagenheit herrschte. Die Leute ließen sich nicht beruhigen und der Schaffner des Schiffes ersuchte mich mit den Leuten zu beten. An so etwas war im Augenblicke nicht zu denken. Ich ermahnte die Leute zum Gebete, betete zu meiner göttlichen Mutter und ihrem geliebten Sohne und ermunterte hierauf auch die übrigen Passagiere zum Gottvertrauen. Das Schiff lückte so, daß wir unfehlbar verloren gewesen wären, wenn nicht der Sturm zu rechter Zeit nachgelassen hätte. Zur Danksagung für diese glückliche Rettung hielt ich nächsten Sonntag Gottesdienst, an dem Christen und Juden theilnahmen. Von diesem Tage an erfreuten wir uns des schönsten Wetters, die Seekrankheit legte sich und im besten Wohlbefinden erblickten wir am 16. Tage unserer Seereise die Stadt Newyork. Nach diesem Augenblicke sehnet sich der Auswanderer, da er nicht aus Vergnügen seine Reise unternommen hat. Bald hierauf kam uns ein Schiffchen nahe und ein Lothse stieg aus ihm in unser Schiff. Die Lothses sind Seemänner, welche keine andere Beschäftigung haben, als Schiffe in Seehafen ein= und auszuleiten. Die größte Gefahr droht nemlich dem Schiffe in der Nähe des Landes und bei der Einfahrt in den Hafen. Da aber die Schiffskapitäne immer erst nach einiger Zeit in einen Hafen einfahren, so können sie die Strömung nicht immer kennen und ein Lothse wird bezahlt, um ein Schiff sicher in Hafen zu führen. Auch ist jedes Schiff versichert, — selbst das Gepäck des Reisenden kann versichert werden, — wenn er dafür bezahlt, und die Versicherungskosten sind bedeutend geringer, wenn sich das Schiff bei seiner Ein- und Ausfahrt aus den Häfen eines Lothses bedienet. Es ist dieses wohl eine gute Einrichtung, wird aber ebenso wie Feuerversicherungsanstalten mißbraucht.

Sobald der Lothse die Leitung des Schiffes übernommen hat, tritt der Kapitän von derselben zurück, das Schiff schreitet dem Seehafen zu, und kaum hat es das Meer verlassen, so wird Anker geworfen, ein Polizeikommissär, ein Mauthbeamter und ein Doktor kommen auf's Schiff, durchsuchen die Bücher des Kapitäns und visitiren die Passagiere und das Gepäck. Es muß nemlich jeder Kapitän ein Buch mit sich führen, in welchem Alles, was sich auf dem Schiffe befindet und was auf der Reise vorgefallen ist, eingetragen sein muß. Selbst die Kranken und Todten müssen aufgezeichnet sein, wie deren Krankheiten. Es wird zwar nur der Gesundheitszustand der Passagiere untersucht, aber auch jede Klage angehört, welche vorgebracht wird. Viele Reisende schimpfen und fluchen auf dem Meere über Kost und schlechte

Behandlung, selten aber findet sich einer, welcher bei dieser Gelegenheit Klage stellt. Auf der Reise soll man seine Klagen anständig beim Stuart oder Kapitän vorbringen und wenn keine Abhilfe geschieht, bei seiner Landung beim Polizeikommissär seine Klage melden. Man braucht sich nicht zu fürchten, nicht gehört zu werden, da mir Beispiele bekannt sind, wo die Kapitäne strenge bestraft wurden, und andere, — wo Kapitäne ihre harte Behandlung selbst mit dem Leben büßen mußten. Der Kapitän hat auf dem Meere Gewalt über Leben und Tod, ist aber bei seiner Landung über Alles verantwortlich, was er auf dem Meere gethan hat und wird allda nach den Landesgesetzen gerichtet. Der Einfuhrszoll ist in Amerika in der That sehr hoch, oft so hoch, daß man leichter die Gegenstände im Lande kauft; jedoch wird für gebrauchte und zugeschnittene Gegenstände nie ein Einfuhrszoll erhoben. Ist die Untersuchung vorüber und herrscht keine ansteckende Krankheit auf dem Schiffe, so setzt das Schiff seinen Lauf fort, auf beiden Seiten der Einfahrt sind jetzt schöne einzelne Häuser mit schönen Gärten, welche sich ein paar Mal so häufen, daß sie kleinen Städtchen gleichen, an den beiden Ufern sind starke Festungswerke erbaut und über dieselben scheinen die Anhöhen und Waldungen herein, auf welchen die Newyorker ihre Sommerhäuser haben. Das Panorama vor Newyork ist in der That sehr schön und wenn endlich Newyork, die berühmte Weltstadt mit ihrer Unzahl von Häusern und

Thürmen selbst zu Gesicht kommt, wird das Auge
nicht müde, bis endlich die Anker in's Meer rollen
und der Reisende das Gestade betritt.

Es war Abends 5 Uhr als die Anker unseres
Schiffes in's Meer rollten; wir selbst jedoch mußten
diese Nacht noch auf dem Schiffe zubringen, weil
die Einwanderer nur von Morgens 8 Uhr bis
Abends 4 Uhr gelandet werden. Wie schmerzlich
dieses ist, kann sich der vorstellen, der sich nach der
Heimat sehnet und bei seiner Ankunft im Hause
nicht gleich eingelassen wird. Die Nacht schien
uns zu lange zu sein, denn schon am frühen Mor=
gen war das Schiff belebt. Gegen 8 Uhr fuhr
ein kleines Schiff, da die großen Dampfschiffe
nie am Gestade landen, an unserm Dampfer an
und brachte uns mit unserm Gepäcke zum Kastl=
garten. In etlichen Minuten waren wir hinter
einem alten runden Gebäude, das mehr einem Circus
als einem andern Gebäude glich. Es war dieser
Kastlgarten auf allen Seiten so abgeschlossen,
daß uns kein anderer Ausweg blieb, als durch
das offene Thor einzutreten. In das Innere
dieses Gebäudes bringt das Tageslicht nur spär=
lich durch die kleinen Fenster, die Abtheilungen sind
mit Latten gemacht und das Ganze gleichet einem
Lagerplatze. Zehntausend Einwanderer hatten an
diesem Tage gelandet und das Gedränge in dem=
selbem war so groß, daß mehrere Personen noch um
das Eigenthum kamen, welches ihnen auf dem

Meere gelassen wurde. Das Laufen und Rennen, Schreien und Fragen, Jammern und Seufzen war so, daß man kaum sein eigenes Wort verstehen konnte, und so verwildert waren die Leute, daß sie ihre Mitreisenden nicht mehr kannten und nicht mehr wußten, was sie redeten oder thaten, wo sie standen und was sie wollten. In diesem Tumulte bestieg ein Ausrufer eine Bühne und verkündete in deutscher Sprache, daß für N. ꝛc. Geld, Briefe ꝛc. angekommen sind, während ein anderer zu gleicher Zeit dasselbe in englischer Sprache verkündete, so daß weder die Deutschen noch die Englischen ein Wort verstehen konnten. Nahm man zu einem Bediensteten seine Zuflucht und fragte um Auskunft, so konnte man Alles eher erwarten als eine bescheidene Antwort. Selbst die Geldwechsler und Eisenbahn-Billetenhändler, welche von der Regierung aufgestellt sind, damit die Einwanderer nicht zu sehr betrogen werden möchten, machten hierin eine geringe Ausnahme. Endlich, nach ein paar Stunden, erschienen die Einwanderungswirthe mit ihren Sternen an der Brust, an deren Spitze ein Mann der protestantischen Missionsgesellschaft, welchen die Einwanderer zugetheilt wurden, worauf das Thor geöffnet wurde, und während die Einwanderungswirthe mit ihren Gästen ihren Wohnungen zueilten, lagen Brüder, Schwestern und Verwandte einander in den Armen und die Loffers horchten, ob sie vielleicht nicht den einen oder andern hintergehen oder beschwindeln könnten. Diese letzte Gattung Menschen weißt für jeden Arbeit und Beschäftigung, kennt jede Wohnung, gibt über Alles Auskunft, aber wehe dem, der sie anhört oder ihren Dienst in Anspruch nimmt. Wer Arbeit will, entdeckt es seinem Wirthe oder begibt sich in ein Nebenzimmer im Kastelgarten, wo in der Regel soviele Arbeitgeber als Arbeiter sich befinden. Auch die Wirthe sorgen manchmal für Arbeit, aber dieses thun sie nur dann, wenn der Arbeiter ihnen schuldet und nicht bezahlen kann.

Sind auch die amerikanischen Wirthe in der Regel so gut wie anderswo, so machen die Einwanderungswirthe manchmal eine kleine Ausnahme. Der Einwanderer kommt in der Regel arm und schmutzig im Lande an, kann sich in größern Hotels, wo täglich von 5 bis 10 Gulden bezahlt wird, nicht einquartiren, die gewöhnlichen Wirthshäuser nehmen ihn nicht gerne auf und so muß er sich mit den Einwanderungswirthen begnügen, wenn er in der Stadt keine Bekannten hat. Diese Wirthe haben ihre Häuser in der Grünwichstraße oder in der Nähe des Kastelgartens, zahlen einen hohen Hauszins und nehmen es mit der Rechtschaffenheit nicht immer so ganz genau. Sich einem solchen Wirthe anzuvertrauen oder ihm sein Geld auch nur sehen zu lassen, könnte ich kaum rathen. Es ist dieses auch nicht nothwendig, weil man ja recht leicht in unsern Tagen amerikanisches Papiergeld oder amerikanische Staatspapiere in Deutschland bekommen kann und an denselben nie etwas verloren sein kann. Doch wer deutsches Geld bei sich hat, es mag in Silber oder Papier sein, hat auch nicht viel zu verlieren, da im Lande jedes Geld geht. Selbst die Einwanderungswirthe, welche von der Person täglich für Kost und Logie 1½ Dollar nehmen, kann man mit deutschem Gelde bezahlen.

Wer nicht in Newyork zu bleiben gedenkt, verläßt in der Regel die Stadt mit einem der ersten Züge und wird unentgeldlich mit oder ohne Gepäck zur Eisenbahn gefahren. Hat er im Kastelgarten sein Eisenbahnbillet gekauft, so hat er sowohl in Newyork als in Baltemore, nur die Hälfte des gewöhnlichen Fahrpreises zu zahlen, aber er muß in Newyork mit den Güterzügen zufrieden sein während er in Baltemore jeden beliebigen Zug wählen kann. Diese Güterzüge gehen in Amerika langsam, bleiben oft halbe Tage an einem Orte stehen und gelangen nicht selten in 10 Tagen von Newyork nach Chicago, während ein anderer Zug in 36 Stunden daselbst anlangt. Auch halten die Güterzüge oft an solchen Stellen, wo der arme Einwanderer nichts zu essen bekommen kann. So artig das Eisenbahnpersonal mit den Passagieren gewöhnlich umgeht, so unartig geht es mit den Einwanderern um. So geschieht es, daß die Landreise in der neuen Welt für den Einwanderer oft unangenehmer ist, als die Reise über's Meer. Wollen wir hoffen, daß die amerikanischen Eisenbahngesellschaften dem guten Beispiele der Eisenbahngesellschaften von Baltemore bald nachfolgen und die Kultivirer dieser neuen

Länder auf die möglichst angenehme Weise zu denselben befördern.

Ist man an seinem neuen Bestimmungsorte angekommen, so hat man, wenn man verheiratet ist, keine Hauseinrichtung, keinen Handwerkszeug, kein Vieh ꝛc., lebt unter fremden Leuten und oft sogar weit entfernt von einem Nachbar, Kirche und Schule. Jetzt muß man sein Handwerk neuerdings erlernen, mit neuen ungewohnten Instrumenten arbeiten, an neue Sitten und Gebräuche sich gewöhnen. Es ist dieses eine harte Aufgabe und nicht selten sehnt man sich in dieser Zeit nach der alten Heimat zurück. Ist man unverheiratet, so steht man allein in der neuen Welt da, der alten Küche muß man entbehren und eine Gesellschaft hat man noch nicht gefunden. Kommt der Sonntag, wo man in der alten Welt mit seinen Kameraden so fröhlich war, so muß man in der neuen jeder Unterhaltung entbehren. Doch man gewöhnt sich mit der Zeit an sein Schicksal, sammelt sich neue Freunde, gewöhnt sich an die neue Ordnung, und wenn man jung in's Land gekommen ist, gewöhnt man sich so an die Sitten und Gebräuche der neuen Welt, daß man sich eben so unglücklich in der alten Welt fühlen würde, wenn man in dieselbe zurückkehren müßte, als man sich anfänglich in der neuen fühlte.

Einwohner.

Die Einwohner der Vereinigten Staaten bestehen, wenn man die Ureinwohner abgerechnet, aus Einwanderer und Abkömmlingen von den Einwanderern, und werden in Weiße und Schwarze eingetheilt. Die Gesammtzahl der Einwohner beläuft sich auf 42 Millionen, wovon gegen 38 Millionen auf die Weißen, etwa 3 Millionen auf die Schwarzen und etwa 300,000 auf die Rothhäute treffen.

Den Letztern, Ureinwohner genannt, sind ihre Distrikte oder Ländereien angewiesen und sie kommen mit den Weißen wenig in Berührung. Ich war schon mehr als ein Jahr im Lande und hatte noch keinen zu sehen bekommen. Wie jeder Mensch sich von ihnen seine eigenen Begriffe macht, so war es auch bei mir der Fall. Oft hatte ich von ihnen gehört, daß sie rauben, stehlen und morden und ich fürchtete sie. Auch war mir nicht unbekannt, daß man von ihnen erzählt, daß Amerika seine Soldaten nur halte, um die Weißen vor den Ueberfällen der Indianer zu schützen und die Weißen dessenungeachtet vor ihnen nie sicher seien. Nun bot sich mir eine Gelegenheit, sie näher kennen zu lernen, welche ich nicht unbenützt vorübergehen ließ.

Es war nemlich ein Freund von mir bei ihnen angestellt, welcher mich einlud, ihn einmal zu besuchen. Ich hatte zu Pferd nur 2 Tagreisen zu ihm und durch eine Gegend zu reisen, wo ich schon hie und da, wie es in diesen unangesiedelten Ländern gewöhnlich der Fall ist, ein Haus treffen konnte. Führte auch noch keine Strasse zn diesen Rothhäuten, so waren doch die Wagenräderspuren immer kennbar. Es erhalten nemlich die Indianer jährlich Geld und Kleider von der amerikanischen Regierung, welche ihnen nur auf der Achse zugeschickt werden können. Auch die amerikanischen Beamten, welche bei den Indianern angestellt sind, können ihre Bedürfnisse nur auf diesem Wege beziehen. Gibt es auch verschiedene Indianerstämme und hat jeder seine angesehensten Männer, seine eigene Sprache, Sitten und Gebräuche, so sind sie doch im Wesentlichen wenig von einander verschieden. Der Stamm zu dem ich mich begab, wird Menomeni genannt und die Gegend die sie bewohnten, war im nördlichen Theile von Wiskonsin. Die erste Tagreise führte mich durch Urwälder, in welchen die Eichen, Zuckerbäume, Aspen und Birken prachtvoll neben einander standen. Der Boden schien sehr fruchtbar zu sein. Am ersten Tage traf ich 3 Ansiedler und unter ihnen auf der Hälfte meines Weges einen Wirth, bei dem ich etwas zu essen erhielt, aber nur Kaffee und Wasser zu trinken. Ich hatte Mitleid mit diesen Leuten in ihrer wilden Einsamkeit, sie aber äußerten sich alle zufrieden und

wünschten nur etwas mehr Geld zu haben. Es
ist merkwürdig im Leben, je ärmlicher man leben
muß, desto zufriedener ist man. Am zweiten Tage
meiner Reise gelangte ich an eine unübersehbare
Ebene, welche sehr fruchtbar zu sein schien, aber auf
der ganzen Ebene konnte ich auch nicht ein Haus
sehen. Heute soll die ganze Prairie schon ange=
siedelt und etliche schöne Städtchen auf derselben
angelegt sein. Dieser Prairie entkommen, fand ich
ein Häuschen, in welchem ich einkehrte. Der Mann
erschrack, als er mich sah und die Frau floh. Er
war ein Canädier (französischer Mischling aus Canada), sie eine Indianerin. Sind die Canädier von
dunkler Farbe und zartem schlanken Körperbau, so
sind die Indianer kupferfarbig und wollhaarig,
haben runde Köpfe, breite unregelmäßige Gesichter,
starke Schultern und untersetzten Körperbau. Hat
der Canädier den Charakter des Franzosen, so ist
der Indianer beharrlich und ausdauernd. Ich er=
kundigte mich, warum die Frau geflohen sei und er=
hielt zur Antwort, daß es aus Achtung für ihren
Mann geschehen sei. Man findet nemlich im Lande
nie Weiße mit Ureinwohnern verehelichet. Die Ca=
nädier allein machen hievon eine kleine Ausnahme,
welche in der Regel nur bei solchen stattfindet,
welche mit den Ureinwohnern in häufigen Verkehr
kommen. Diese Gattung Canädier werden wir
später kennen lernen. Den Ureinwohnern sagt man
nach, daß sie sehr unreinlich und träge sind, ich
aber konnte mich in diesem Hause davon nicht

überzeugen, fand das Haus sehr reinlich und die beiden Leute sehr zufrieden mit einander.

Meine Reise ging jetzt durch einen kleinen Wald und hierauf kam ich wieder in eine große Hochebene, in welcher die Indianer wohnten. Der Boden, wo die Indianer ihre Häuschen hatten, war sandig und die Häuser standen unweit des Weges in einiger Entfernung von einander. Als ich an selben vorüberritt, standen die Hausthüren von mehreren offen, mehrere Indianer saßen vor ihrem Hause und ich gestehe, es gefiel mir sehr wohl und die Häuschen waren reinlich gehalten. Um jedes Haus waren etliche Tagwerke Land kultivirt und mit Zäunen umgeben. Von den Früchten habe ich nur mehr Türkenkorn auf den Feldern gesehen, da die übrigen Feldfrüchte bereits eingeerntet waren. Da ich ungefähr eine Stunde durch die Häuserreihen geritten war, bemerkte ich eine schöne Främkirche mit einem schönen Thurme und unweit davon ein nettes Dörfchen oder amerikanisches Städtchen. Neben der Kirche wohnte in einem kleinen Häuschen der katholische Geistliche und im Städtchen die Beamten und Geschäftsleute der amerikanischen Regierung. Es mochten gegen 20 Främhäuser in der Stadt sein, welche alle zweistöckig waren und noch ziemlich neu zu sein schienen.

Der Amerikaner erzählt recht gerne, wie theuer ihm seine Ureinwohner sind und wie väterlich er für sie gesorgt hat. „Er hat ihnen" wie er sagt, „das öde Land nur abgekauft, um es zu besserm Nutzen zu bringen, zahlt ihnen regelmäßig die Zinsen dafür und versieht sie mit Allem zum Leben Nothwendigem, Priester und Schule hat er ihnen gegeben, Land können sie bebauen soviel sie wollen und wenn sie einen Handwerkszeug oder ein Fuhrwerk wünschen, dürfen sie es nur sagen. Damit sie von den Weißen nicht betrogen und hintergangen werden können, ist der Handel mit ihnen, den Weißen verboten, und damit sie in ihren religiösen Ideen nicht verwirrt werden, erhalten bei einem Stamme nur Missionäre desselben Glaubens Zutritt, in welchem sie zuerst unterrichtet wurden. „Mehr," sagt der Amerikaner, „läßt sich für sie nicht thun." In der That fand ich bei den Menonemis keinen andern Geistlichen als einen katholischen und die Beamten im Orte zahlten ihm seinen Gehalt auf Rechnung der Indianer regelmäßig aus. Der Priester hatte eine sehr hohe Meinung von diesen Beamten, und von den Indianern, erzählte er mir, daß sie unter dem Jahre kein Geld haben und den Werth des Geldes daher auch nicht kennen, von Stollgebühren und Meßgeldern ꝛc. keine Rede sei, aber daß kein Wild geschossen und kein großer Fischfang gemacht werde, wo er nicht seinen Antheil erhalte. Auch wollte er wissen, daß die Indianer für ihre Religion eingenommen sind, die Priester ehren und man nie ein Wort gegen den Priester höre, wenn sie nicht gegen ihn gehetzt werden. Leider sind auch die Indianer, wie alle guten

Leute zu leicht reizbar und glauben zu leicht, was ihnen gesagt wird. Haben sie einmal eine Abneigung gegen jemand, so legen sie dieselbe auch nicht leicht mehr ab.

Der Amerikaner widmet eine besondere Sorgfalt der Erziehung der Jugend und man wird sich kaum wundern zu hören, daß die amerikanische Regierung auch bei den Indianern Freischulen errichtet hat. Das Schulhaus war groß und geräumig und nach Art der übrigen Schulhäuser im Lande eingerichtet, zwei Lehrer und zwei Lehrerinen waren angestellt und die Schule fleißig besucht. Da aber in derselben nur englisch gelehrt wurde, welche Sprache die Indianer nicht verstanden, so scheint mir die Schule mehr für die Kinder der Beamten als für die Eingebornen bestimmt zu sein. Uebrigens machten einige Indianerkinder ziemlich gute Fortschritte im Lesen, Schreiben und Rechnen, ein paar Mädchen sprachen sogar gut englisch und andere lieferten schöne Handarbeiten.

Es befindet sich auch im Orte eine Landwirthschaft, welche mit dem nothwendigen Dienstpersonal wie mit den nothwendigen Pferden, Wägen, Pflügen, Maschinen und Geräthschaften versehen ist und den Indianern ihre Felder pflügen und ihre Früchte heimfahren soll, wenn sie Land bebauen. Auch ein Schmied, Müller, Schneider, Schuster, Spengler wurde am Orte gehalten, um den Indianern Gelegenheit zu bieten, diese Professionen zu erlernen. Viele Indianer sollen diese Gelegenheiten benützen und diese Professionen lernen, aber die Mehrzahl zieht ihnen Jagd und Fischfang vor. Der größte Fluch des Indianers soll sein: „Du sollst arbeiten müssen, wie ein Weißer." Mir schien es, daß es nicht schwer wäre, die indianische Jugend zu nützlichen Mitgliedern der menschlichen Gesellschaft heranzubilden, wenn man es ernstlich wollte.

Die Indianer waren ehedem die alleinigen Besitzer der Vereinigten Staaten und wurden von einem Orte an den andern getrieben, bis sie endlich an der äußersten Grenze des kulturfähigen Landes ankamen, wo sie sich jetzt befinden. Hat ihnen auch die Regierung nie viel für ihr Land versprochen, so macht es doch, da sie ehedem im Besitz der Vereinigten Staaten waren, eine bedeutende Summe. Von dieser Summe wurde ihnen nie etwas versprochen oder bezahlt, aber die Zinsen hatte ihnen der Staat zu zahlen versprochen. Mit diesen Zinsen möchte man glauben, könnten die Indianer anständig leben, da sie von Millionen zu einer unbedeutenden Zahl verschmolzen sind, allein das Geld wird zu Schulen, Ackerbau, Geschäften 2c. verwendet und die Eingebornen erhalten einmal des Jahres je etliche Dollars und eine wollene Decke.

Wie unter den übrigen Indianerstämmen viele Katholiken sind, so war unter den Menonemi-Indianern die eine Hälfte katholisch, die andere heidnisch. Die Katholiken wohnten diesseits des Flußes, die Heiden jenseits. Man erzählte mir, daß sie sehr friedlich untereinander leben und wenn sie auf der

Jagd einen Hirsch erlegen oder im Wasser einen guten Fischfang machen, den Hirsch wie die Fische brüderlich mit einander theilen. Sie sind in der Regel verheiratet, haben nur eine Frau und leben sehr sittlich. Da sie die Verweichlichungen und Leidenschaften der civilisirten Welt nicht kennen und in Entbehrungen aufgewachsen sind, scheinen sie mir sehr glücklich und zufrieden zu leben. Bitter beklagten sie sich, daß sie nie lange an einem Orte gelassen werden, sondern immer von einem Orte zum andern ziehen müßten. Sie nannten mehrere Gegenden, die sie bewohnt hatten und sagten, daß sie jetzt bereits im äußersten Norden angekommen sind und noch nicht in Ruhe gelassen werden. In der That hatte die Regierung ihnen bereits abermals eine bestimmte Summe für ihr Land geboten, welche sie jedoch nicht annehmen wollten und am Orte belassen zu werden gebeten hatten. Zwar war um diese Zeit auf ihr Bittgesuch noch keine Entscheidung eingetroffen, jedoch glaubten sie aus gewissen Umständen abnehmen zu können, daß ihr Bittgesuch abschlägig beschieden werde. Ist es nemlich beschlossen, die Indianer von einem Orte zu entfernen, so kommen Unterhändler zu ihren angesehensten Männern und suchen sie zu bewegen, das Land der Regierung für eine bestimmte Summe abzutreten und sich an dem von der Regierung bestimmten Orte niederzulassen. Willigen die Indianer in diesen Vorschlag nicht ein, was gewöhnlich der Fall ist, so werden ihnen die Zinsen nicht mehr ausbezahlt, ihre Felder werden ihnen nicht mehr bebaut, die Kinder in der Schule mißhandelt und die Canädier müssen sie necken und verfolgen. Da ihre Gutmüthigkeit von den Weißen zu oft mißbraucht wurde und sie bei der Ankunft an ihrem neuen Bestimmungsorte selten finden, was ihnen versprochen wurde, so haben sie ein großes Mißtrauen gegen die Weißen. Möglich, daß die Regierung in diesem Falle ihr Bittgesuch berücksichtigte, da ich später nicht hörte, daß sie den Ort verlassen haben. Es scheint auch kaum mehr der Mühe werth gewesen zu sein, sie anderswohin zu verlegen, denn es waren ihrer nicht mehr recht viele. Diese Menomenis gehörten zu den zahlreichsten Indianerstämmen und waren um diese Zeit schon auf 900 Katholiken und vielleicht ebensoviele Heiden zusammengeschmolzen. „Bereits jeden Tag," sagte zu mir der katholische Geistliche, „habe ich Leichen einzusegnen." Er schrieb die große Sterblichkeit der unregelmäßigen Lebensart zu, allein in früherer Zeit lebten sie nicht regelmäßiger und doch vermehrten sie sich. Ich führe hier nur an, was der große Amerikaner Jefferson, der sich im amerikanischen Befreiungskriege so sehr ausgezeichnet hatte, schreibt:„ Ich zittere für mein Volk, wenn ich an die Ureinwohner denke."

Etwas später traf ich einen Freund, der längere Zeit unter den Indianern gewohnt hatte, und als ich mit ihm über die guten Indianer zu sprechen kam und ihm erzählte, daß es mir unglaublich scheine, daß sie die Weißen berauben und

tödten, fing er zu lächeln an und glaubte, „Um=
kehren heiße man auch Fahren." Er versicherte mir,
daß sie auf der Reise wohl betteln aber nie stehlen,
und wollte wissen, daß die Grausamkeiten, welche
von ihnen erzählt werden, theils erdichtet, theils von
ihren Feinden veranlaßt seien, da ihnen ihr Todes=
urtheil gesprochen sei, welches kein Präsident ab=
ändern werde oder könne.

Etwas besser als den Ureinwohnern geht es
unterdessen den Schwarzen. Sie werden „Schwarze"
genannt von ihrer Hautfarbe, haben aufgeworfene
rothe Lippen, schwarze krause Haare, spitzige Stirne
und sind in der Regel stark gebaut. Sie sind ur=
sprünglich aus Afrika eingeführt worden, jedoch sind
die gegenwärtigen Schwarzen alle in den Vereinigten
Staaten geboren. Viele von ihnen haben auch schon
eine gelbweiße Farbe, die deutlichen Spuren eines
weißen Vaters. Sie kennen keine andere Sprache
und Lebensart als die der Vereinigten Staaten und
kleiden sich, wie es im Lande üblich ist. Gibt es
auch unter ihnen viele sehr ordentliche Menschen, so
sind sie doch in der Regel roh und ungebildet. Bis
zum Jahre 1864 waren sie auf die Südstaaten der
amerikanischen Union beschränkt. Seit dem Jahre
1865 sind sie frei, haben die Rechte der Weißen,
können sich überall niederlassen, haben freies Wahl=
recht und sind den Weißen in Allem gleichgestellt.
Man sagt ihnen nach, daß sie sehr träge sind, sie
werden in der Regel nur zu untergeordneten Ar=
beiten benützt und haben an Achtung und Ansehen

seit ihrer Freimachung eher verloren als gewonnen.
Auch jetzt noch will kein Weißer mit ihnen arbeiten
oder Gemeinschaft machen, es müßte nur sein, um
sie zu uneblen Zwecken benützen zu können. Sie
vermehren sich, seitdem sie ihre Freiheit erlangt haben, mehr als früher, haben ihre eigenen Kirchen
und Schulen und werden nicht gerne in den Kirchen
und Schulen der Weißen gesehen. Ob man, wenn
die Ausrottung der Indianer eine vollendete That-
sache ist, nicht mit ihnen beginnen werde, kann ich
nicht sagen, nur soviel ist gewiß, daß sie wenig
Sympathie finden würden, wenn heute andere Ab-
sichten gegen sie geltend gemacht würden. Es er-
übrigt nun nur noch die dritte Gattung der Einwohner,
die „Weißen", kennen zu lernen. Weiße nennt man
die aus Europa abstammenden Einwohner. Sind
diese Einwohner in den Nordstaaten geboren, so
werden sie auch Yankees genannt. Der Yankee ist
höflich, ruhig, artig, dienstfertig, mitleidig, wohlthätig, haßt ein stolzes, rohes, wildes Wesen, wird
aber, wenn Güte fruchtlos verschwendet ist, roh und
nimmt selbst zu Gemeinheiten seine Zuflucht. Er ist
schlau und geschäftig und wagt auch dann noch,
wenn schon jeder andere alle Hoffnung aufgegeben
hat. Das Geld hat für ihn eine große Anziehungs-
kraft, wird jedoch ebenso frei von ihm ausgegeben
als eingenommen. Er liebt ehrlich zu scheinen
und betrügt lieber im Großen als im Kleinen. Er
ist kein Freund harter Arbeit und wenn er von
Noth gedrungen hart arbeiten muß, arbeitet er ein

paar Stunden aus allen Kräften und legt sich dann in die Sonne. Es gibt unter ihnen Arme und Reiche, Bauren und Handwerker, alle aber ziehen ein leichtes Geschäft einem mühsamen vor, wenn es auch nicht besonders einträglich sein sollte. Daher sind die Advokaten, Doktoren, Beamten, Prediger, Condukteure, Omnibusführer und Posthalter fast lauter Yankees und die Kaufleute, Eisenbahnspekulanten und Hotelhälter sehr häufig. Er ist schön und zärtlich gebaut, mager aber groß, unternehmend und unverzagt. Er versteht es bis zur geringsten Kapazität herabzusteigen, wenn es sein Vortheil erheischet, bringt aber auch gerne seine Ueberzeugung zum Opfer, wenn es sein Vortheil erfordert. Daher findet jeder Fortschritt bei ihm Beifall und jede Revolution ist ihm willkommen. Des Yankees Vergnügen ist sein Geschäft, zu rechter Zeit eine kleine Reise zu machen verschmäht er nicht und hie und da ein außergewöhnliches Vergnügen mitzumachen, ist er nicht abgeneigt, besonders wenn es ihm zum Vortheile im Geschäfte ist. Kostet er auch hie und da Brantwein, Wein und Bier, so ist er doch in der Regel sehr nüchtern. Er zeigt sich auch nicht besonders geneigt dem andern Geschlechte, wenn auch Ausnahmen stattfinden. Er huldiget keinem Glaubensbekenntnisse, sondern handelt nach seiner eigenen Ueberzeugung. Besucht er eine Kirche, so sucht er sich jene aus, wo ihm der Prediger am Besten gefällt. Seine Unterhaltung bildet die Politik und seine Reden drehen sich gewöhnlich um diesen Gegenstand. In seiner Kleidung ist er einfach und anständig, in seinen Reden und Manieren frei und ungezwungen. Die Freiheit liebt er, jeden Despotismus haßt er.

Die zweite Klasse der Weißen bilden die Einwanderer, die entwebers Amerika als Heimat adoptirt haben oder aber nur auf kurze Zeit sich dort aufhalten. Ohne Zweifel bilden sie den größten Theil der Bevölkerung und stammen aus Schweden, Norwegen, Dänemark, Schleswigholstein, Preußen, Belgien, Holland, Baden, Württemberg, Bayern, Schweiz, Tyrol, Oesterreich, Böhmen, Mähren, Frankreich, England, Schottland, Irland, Polen, Ungarn und Italien ab. Nicht sehr bedeutend ist die Zahl der Einwanderer aus Frankreich und Italien und gewöhnlich lassen sie sich im Süden der Vereinigten Staaten nieder; desto größer aber ist sie aus Deutschland und Irland. Bereits jeder dritte Mann in den Nordstaaten ist ein Deutscher und selbst in den Südstaaten haben sich viele Deutsche niedergelassen. Finden sich auch unter den Einwanderern Leute mit Vermögen, so landet doch die bedeutende Mehrzahl arm im Lande. Unter ihnen mag ein guter Theil Ausschuß sein, aber auch recht viele gute rechtschaffene Leute befinden sich unter ihnen. Von Armuth getrieben, vom guten Erwerb gelockt, von Freunden und Verwandten gerufen, verlassen viele das Heimatland und segeln der neuen Welt zu. Die Deutschen kommen größtentheils aus Franken, Rheinpreußen, Westphalen, Hannover ꝛc.

Diese Leute bleiben auch in der Regel ihrer Religion getreu und verpflanzen die deutsche Lebensart mit geringer Aenderung nach Amerika. Sie bauen ihre Häuser, besonders auf dem Lande, oft so genau nach dem Heimatlande, daß man, ohne sie gesprochen zu haben, die Gegend angeben kann, aus der sie gekommen sind. Ihre Hauseinrichtung ist nach deutscher Sitte geordnet, ihre Küche und Lebensweise ist deutsch, ihren Kindern geben sie bei Verehelichungen eine Aussteuer, und machen überhaupt vom Heimatlande nur in der Kleidung einen Unterschied, da sich in Amerika alles kleidet, wie man sich bei uns in den Städten kleidet. Gewöhnlich wohnen die Leute, die aus einer Gegend um dieselbe Zeit aus Deutschland kommen, auch in Amerika in einer Nähe beisammen, heiraten zusammen und pflanzen die deutsche Sprache, deutsche Sitten und Gebräuche auch in Amerika fort. So ist ein großer Theil vom Staate Pennsylvanien von Deutschen angesiedelt worden, die ersten deutschen Ansiedler sind längst todt, ihre Nachfolger sprechen ihr eigenes Deutsch, welches kaum verständlich ist, aber sie haben deutsche Sitten und Gebräuche und werden Pennsylvanisch-Deutsche genannt.

Ist auch die Zahl der Einwanderer aus Irland nicht so groß wie aus Deutschland, so ist sie doch nicht viel geringer. Der Irländer hat in der Regel einen gesetzten starken Körperbau und zähen Charakter, ist thätig, sparsam und intelligent. In Amerika befinden sich daher die Irländer in allen Aemtern und kann sich eine Nation rühmen, der Republik einen der größten Präsidenten gegeben zu haben, so ist es Irland. Ist der Irländer Beamter, so lobt man seine Geschicklichkeit, ist er Soldat, so rühmt man seine Tapferkeit, ist er Geschäftsmann, so achtet man seine Geschäftsführung, treibt er eine Profession, so sucht man seine Arbeit, und selbst von den irländischen Farmers sagt man, daß sie bei Erdarbeiten nicht zu übertreffen sind.

Es gibt viele Nationen, welche ausgerottet und mit andern vermischt wurden, aber die irländische Nation hat sich in allen Stürmen erhalten, bis sich ihr endlich eine Gelegenheit bot, seinen Einfluß geltend zu machen. Die Irländer starben unter dem Henkerbeile, wurden ihrer Habe beraubt, in die äußerste Armuth versetzt und zu den gemeinsten Arbeiten verurtheilt, aber weder das Henkerbeil, noch die finstern Kerker, weder Hunger noch Pest konnten den Muth der Irländer erschüttern. Man schloß sie von allen Aemtern aus, sperrte ihnen Schulen und Kirchen, organisirte gegen sie eine geheime Gesellschaft, Orandschmänner genannt, sprach über sie das Todesurtheil und doch leben sie noch. Amerika wurde von England losgerissen, ein Stern ging für Irland auf, die Irländer hatten eine Heimat gefunden, in der sie sich sammeln konnten. Geschaart stehen nun heute die Irländer in der ganzen Welt gegen ihren Feind und bedürfen nur der Organisation oder eines Winkes, um sich von den Unterjochten zu den Unterjochern zu erschwingen.

In Amerika steht jeder Irländer jeden Augenblick bereit, Haus, Hof, Frau und Kinder zu verlassen und gegen England zu marschiren.

Es gibt aber auch keine zweite Nation auf der Welt, welche so zusammenhält wie die Irländer. Wer einen Irländer beleibigt, hat alle beleibigt, und wer einen gewonnen hat, hat alle gewonnen. Wo der Irländer seinen Landsmann trifft, kennt er ihn und unterstützt ihn. Nur mit Achtung spricht der Irländer von seiner Nation und sie zu verläugnen, glaubt er keine Ursache zu haben. Der Irländer in Amerika sieht auf jeden Deutschen mit Verachtung herab, hat selbst von den deutschen Katholiken und deutschen Priestern eine geringe Meinung und besucht ihre Kirchen nur dann, wenn keine andere katholische Kirche in der Nähe ist.

Ihr Ansehen und Reichthum erregt nicht selten Neid bei den Deutschen im Lande und man hört nicht selten von den Irländern, daß sie so ungebildet sind. Wenn ein Deutscher keine Schulbildung hat, so mag dieses seine Schuld sein, wenn aber ein Irländer nicht schreiben und lesen kann, so ist dieses die Schuld jener Regierung, die ihm den Schulbesuch unmöglich machte. Bekommt ein Irländer hie und da etwas zuviel Whisky, so ist dieses auch bei andern Nationen der Fall.

Amerikanischer Reichthum und Macht.

Bei meiner Rückkehr fand ich die Zustände in den Vereinigten Staaten verschieden von denen, unter welchen ich das Land verlassen hatte. War damals die Jugend aus dem Kriege noch nicht zurückgekehrt, die Felder spärlich angebaut, standen die Geschäfte still, war der Preis des Eigenthums nieder, die Finanzen zerrüttet, die Union selbst noch nicht außer Gefahr, so war jetzt die Jugend in den Städten wie auf den Feldern thätig, die Geschäfte blühten, der Werth des Eigenthums war gestiegen, an Geld war kein Mangel und allenthalben herrschte das regste Leben. Ich mochte die Städte ansehen oder das Land bereisen, begegnete ich diesem neuen Umschwunge. Ich freute mich des Landes, welches sich so schnell von seinem vierjährigen Kampfe erholt hatte. Unterdessen hat Amerika jährlich viele Millionen von seinen im Kriege gemachten Schulden zurückbezahlt und seine Aufmerksamkeit wieder dem Auslande zugewendet. Vielen mag dieses unbegreiflich sein, nicht aber denen, welchen der amerikanische Reichthum bekannt ist. Wenn man die amerikanischen Städte sieht und durch die üppigen Felder, schönen Wiesen und großen Waldungen fährt, so möchte man glauben, der Reichthum des Landes be-

stehe in ihnen. Wohl ist der Ueberfluß an Lebens=
mitteln in einem Laude nicht zu unterschätzen, aber
den eigentlichen Reichthum eines Landes möchte ich
nicht in diesem Ueberflusse suchen, da dieser Ueber=
fluß nicht immer verwerthet werden kann und in
seinem Werthe zu sehr vom Auslande abhängig ist.
Der größte amerikanische Reichthum besteht im Mineral,
welchen ich nun Gelegenheit hatte, kennen zu lernen.

In frühern Jahren hörte ich wohl gerne von
den Goldminen von Kalifornien, Idaho ꝛc., von
den Silberminen von Nevada, von den Kupfermi=
nen von Lake=Superior, von den Eisenbergwerken
und andern Minen erzählen, hatte jedoch nie das
Vergnügen eine zu sehen. Bei meiner Rückkehr kam
ich in eine Mineralgegend und hatte Gelegenheit
auch diesen Erwerbszweig kennen zu lernen. Die
Regierung hatte das Mineralland für 2½ Dollar
den Aecker verkauft, und wer kein Mineralland hatte,
grub auf fremden Eigenthume und lieferte einen
Theil des gefundenen Minerals an den Eigenthümer
ab. Es gruben einzelne Personen, es ließen graben
reiche Eigenthümer, und selbst Gesellschaften hatten
sich zu diesem Zwecke gebildet. Man grub Gruben
in die Erde wie unsere Brunnen, unterhöhlte Berge
und Thäler, und wo man auf Mineral stieß, lag es
abgesondert unter einer Art Wölbung in der Erde.
Das Mineral bedurfte noch der Läuterung in den
Schmelzöfen, an welchen in der Gegend kein Man=
gel war. Oft wurde auf einen Haufen eine Quantität im Werthe von vielen Tausend Dollars, oft

eine geringere Quantität gefunden. Der Name des Minerals ist insoferne gleichgültig, da jede Mineralsorte, die es auf der Welt gibt, im Lande gefunden wird. Es werden jährlich für viele Millionen Gold, Silber, Kupfer, Blei, Zinn, Eisen ꝛc. gegraben und wenn eine Mine versiegt, ist schon eine andere entdeckt. Die halbe Welt bezieht ihr Mineral von Amerika und noch ist der Ueberfluß so groß, als er ehedem war. Viele Tausend Menschen arbeiten täglich in diesen Minen und noch scheinen sie unerschöpflich zu sein. Die Qualität dieses Minerals ist so gut als irgendwo in der Welt. Ist auch nicht zu leugnen, daß der Amerikaner Alles praktisch angreift und uns in Maschinerien, Instrumenten und Werkzeugen weit voraus ist, so könnten wir ihm doch bald den Vorzug streitig machen, wenn wir sein Material hätten. Rechnen wir zu allem diesen noch die Oelquellen, den Ueberfluß an Steinkohlen, so müssen wir gestehen, daß Amerika ein reiches, wenn nicht das reichste Land der Welt ist. Sollte Reichthum Macht sein, so gehört Amerika zu den mächtigsten Ländern der Welt.

Im gewöhnlichen Leben berechnet man die Macht eines Reiches nach der Stärke des Heeres. Diese Berechnung scheint mir unrichtig zu sein, da nicht immer der Stärkere siegt. Sollte man auch noch die Tapferkeit der Soldaten in Betracht ziehen, so kann man sie in der Regel nicht geringe genug anschlagen, da ein treuloser oder unvorsichtiger Führer den Erfolg der tapfersten Soldaten jeden Augenblick vereiteln kann. In unsern Tagen hat die Stärke der Armee und die Tapferkeit der Soldaten nicht immer viel zu bedeuten, da man mit Geld nicht selten sich die Sympathie eines Volkes erwerben kann. Bei unserm Wahlrechte ist das Ministerium nach der Sympathie des Volkes, und der Führer der Armee muß sich dem Willen des Ministeriums fügen, wie das Ministerium dem Willen des Volkes. Sympathiesirt nun die Mehrzahl des Volkes mit dem Feinde, so kann die zahlreichste und tapferste Armee sich keinen glücklichen Ausgang eines Krieges versprechen. Da man in unsern Tagen nicht nur Häuser sondern auch Reiche mit Geld kaufen kann, so ist Reichthum zur Macht geworden. Mit dieser Macht hat England der ostindischen Compagnie Ostindien ohne Schwertstreich abgenommen und vielleicht schon manche Armee die andere besiegt. Zwar ist Reichthum an und für sich noch keine Macht, wird jedoch zur Macht, wenn man ihn zu verwerthen versteht. Nun ist wohl kaum ein Volk auf der Welt, welches dieses besser versteht, als der Amerikaner. Amerika hat ohne Zweifel die entschlossensten und verwegensten Männer, beschäftigt damit das Ausland, beschützt damit das Inland und bedarf weder der Religion noch der Soldaten zu seinem Schutze. Sollte so England die erste Macht sein, welche ein großes Kaiserthum ohne Schwertstreich annexirte, so ist Amerika die erste Macht, welche ohne Soldaten regiert wird.

www.ingramcontent.com/pod-product-compliance
Lightning Source LLC
Chambersburg PA
CBHW032011220426
43664CB00006B/213